朝日新書
Asahi Shinsho 665

ルポ タックスヘイブン

秘密文書が暴く、税逃れのリアル

朝日新聞ICIJ取材班

朝日新聞出版

はじめに

ニューヨークから飛行機で2時間。窓の下には真っ青な海が広がっていた。

「ようこそパラダイスへ」

空港を出ると、陽気なタクシー運転手が出迎えてくれる。

北大西洋に浮かぶ英領バミューダ諸島。この小さな島々と米フロリダ半島の先端、そしてカリブ海のプエルトリコの3地点を結んだ三角形の海域は「バミューダトライアングル」と呼ばれる。

飛行機や船、乗務員が忽然《こつぜん》と姿を消すという「魔の伝説」で知られる場所だ。

港には無数の白いクルーザーが浮かぶ。ピンクの砂浜や薄いパステルカラーの家々、柔らかい風……。

一見リゾートにしか見えないこの島には、「もう一つの顔」があった。いや、日頃は隠されている「本当の顔」がある、と言ったほうがいいかもしれない。

島の中心都市ハミルトン。港近くに、司法省や金融庁と並んで、薄緑色でガラス張りの近代的な建物が立っている。

取材のターゲット。「アップルビー」という名の法律事務所だ。

4階建てのこの建物が、数千もの企業の所在地となっている。書類上だけに存在する「ペーパーカンパニー」が、ここに大量に籍を置いているのだ。

会社を所有しているのは、世界の大富豪や政治家、王族といった一握りの富裕層、あるいは世界的な巨大企業……。会社設立の目的は、資産をため込んだり、匿名性の高い取引に利用したりするためともされる。

バミューダの「もう一つの顔」。それは巨額の資金が世界中から流れ込む「タックスヘイブン」という顔である。

日本語で「租税回避地」と訳されるタックスヘイブン。所得税や法人税がかからなかったり、極めて安かったりする国や地域のことだ。

タックスヘイブンという存在自体は、以前から知られていた。しかし、そこで何が行われているのかは、高い秘匿性の壁に阻まれ、知ることは難しかった。

今回、その実態を明るみに出す貴重な資料がもたらされた。「アップルビー」などから流出した、1・4テラバイトに及ぶ大量の内部文書である。

南ドイツ新聞の記者にもたらされた文書は、国際調査報道ジャーナリスト連合（International Consortium of Investigative Journalists＝ＩＣＩＪ）を介して、世界各国のメディアの間で共有された。そこには、富裕層の本音が垣間見える電子メールから、大企業が交わした契約書まで、日頃は決して表に出ることのない資料が大量に含まれていた。

「パラダイス文書」と名付けられた一連の資料の分析と取材には、67カ国、96報道機関の記者ら382人が加わった。日本からは、朝日新聞と共同通信、ＮＨＫが参加した。

私たち取材班は一年近くにわたり、膨大な資料を読み込み、資料に登場した現場に向かい、人々の言葉に耳を傾けた。

バミューダだけではない。

アフリカへ、香港へ、インド洋へ――。

見えてきたのは、タックスヘイブンの実態である。

資産を守るために奔走する資産家や、税逃れの複雑な仕組みの恩恵を享受する大企業、それを支えるために動く法律や会計の専門家集団……。それらが国境を越えてつながっているさまが、取材から浮かび上がってきた。

「上位1％」の超富裕層が、世界の富の半分を独占しているといわれる時代。世界各地で「格差」が叫ばれ、社会の歪《ゆが》みや経済のリスクが広がっている。タックスヘイブンの中をのぞきこむと、その理由の一端が見えてくる。税制度が骨抜きにされ、お金持ちや大企業だけが得をする世界が、そこにはある。

タックスヘイブンの話は小難しく、縁遠い話だと思われるかもしれない。だが、そう考えてこの問題を放置し続ける限り、世界の格差は広がり続けていく。

現場をルポする本書が、一人でも多くの人にとって、タックスヘイブンを自分たちに関わる問題として考えるきっかけとなれば幸いである。

２０１８年３月　朝日新聞ＩＣＩＪ取材班

登場人物の肩書と年齢は、原則として取材当時のもので、記者たちの敬称は省略した。

通貨換算は、１米ドル＝１１０円、１ユーロ＝１３５円、１ポンド＝１５０円、１ＣＦＡフラン＝０・２円、１モーリシャスルピー＝３・３円、１香港ドル＝13・4円とした。

ルポ タックスヘイブン

秘密文書が暴く、税逃れのリアル

目次

第2章　影の案内人
～法律事務所アップルビーから税逃れの提案書

第4章 強者の楽園
～アフリカから富を吸い込む金融立国モーリシャス

第5章　タックスヘイブンと日本
～パラダイス文書から浮かび上がった日本

パラダイス文書アーカイブ

写真、図版提供　朝日新聞社

第1章

膨大な文書の森に踏み込む

〜バミューダの法律事務所からデータが大量流出

野上英文
高野　遼

パナマ文書後、新たなリーク

新たな文書に関する情報が朝日新聞の記者にもたらされたのは、2016年12月8日のことだった。

「新しいプロジェクトがあります」

東京・西早稲田。夕暮れ時、在米イタリア人ジャーナリスト、シッラ・アレッチ（35）が、声をひそめた。米ワシントンに本拠を置き、世界のジャーナリストによる共同の調査報道を進める非営利組織「国際調査報道ジャーナリスト連合（ICIJ）」。彼女は、その専属記者で、アジアの窓口役を担っていた。

この年の4月、ICIJと提携する朝日新聞など世界のメディアは、グローバルな税逃れの実態を暴く「パナマ文書」を一斉に報じた。報道をきっかけに、アイスランドとパキスタンの首相が辞任に追い込まれるなど、世界に大きなインパクトを与えた。

それからほどなく、パナマ文書の「続編」が、ひそかに動き出していたのだ。

「オフショア（タックスヘイブン＝租税回避地）に会社を設立する法律事務所のリーク（情報漏出《ろうしゅつ》）が南ドイツ新聞に来ました。最近、分析を始めたばかりです。いま参加すれば、スタートから関われるので、やりがいがあります」

朝日新聞はパナマ文書に続き、このプロジェクトに参加することを決めた。

2017年3月27、28日。ドイツ・ミュンヘン。南ドイツ新聞本社に、ICIJと提携する世界各国の100人以上の記者が集結した。新たなリーク文書に、どのように連携して取り組むかを話し合うためだった。

文書を入手したのは、南ドイツ新聞の2人の記者たちだった。フレデリック・オーバーマイヤーとバスティアン・オーバーマイヤー。兄弟ではないが、よく似た姓のこの2人。パナマ文書に続いて、再び大量の流出データを入手した2人が会議の主役だった。

新たに入手した文書とは何なのか。大勢の記者が注目するなか、その全容が説明された。データは全部で1・4テラバイト。史上最大規模だったパナマ文書の2・6テラバイトに次ぐデータサイズになる。

流出元は複数あるが、その中心が「アップルビー」という名前の法律事務所。英領バミューダ諸島で設立され、世界10カ所にオフィスを持つ。タックスヘイブンを専門に取り扱う法律事務所としては、最大手の一つとされる。顧客リストにある法人数は2万5千近く

「パラダイス文書」報道の経緯

バミューダ発祥の法律事務所「アップルビー」など21カ所
↓ 流出
複数の人物
↓ 提供
南ドイツ新聞（独ミュンヘン）
↓ 共有
国際調査報道ジャーナリスト連合（ICIJ、米ワシントン）
↓ 提携
朝日新聞を含め67カ国、96の報道機関の記者ら382人
↓ ロス米商務長官、トルドー加首相の周辺、鳩山元首相らを取材
11月5日（日本時間では6日午前3時）に報道を開始

にのぼり、180の国と地域にまたがる。最も多いのは米国で、英国が続く。

電子メール、契約書、銀行口座、データベース……。膨大なデータには、ビッグネームも名を連ねる。ウィルバー・ロス米商務長官などのトランプ政権の幹部たち、カナダの歴代3人の首相たち、ドイツのゲアハルト・シュレーダー元首相。ナイキやフェイスブックといった大企業の名前も挙がった。

パナマ文書とは何が違うのか。

「より多岐にわたるタックスヘイブンの情報が含まれている」

「一流の法律事務所からの流出で、米国の著名な顧客が多い」

そんな説明に、記者たちの期待は高まった。パナマ文書では米国についてのニュースが少なく、ロシアや中国の関連が多かったため、米国による陰謀論もささやかれた。今度は米国の顧客が多く利用する法律事務所が流出元となっていた。

解禁日は、分析と取材に十分な時間をかけたい、というＩＣＩＪ事務局長ジェラード・ライルの意向が通り、半年以上後の11月5日（日本時間では6日）と決まった。世界中のメディアが協力する大プロジェクトが、本格的に動き出した。

巨大データベースで「宝探し」

取材の基本は、流出した文書をひたすら読み込むことだった。巨大なデータは、ＩＣＩＪの技術担当者によって順次データベース化。インターネット上に専用の検索サイトが準備され、記者たちがデータベースにいつでもアクセスできる仕組みとなった。

記者たちはこの検索サイトに、思い思いのキーワードを入れていく。たとえば、「Tokyo」と入れてみる。ヒット件数は3万2209件だ。最初に出てくるのは、「Tokyo」が社名に入っている企業の情報。続いて、東京への出張日程についての打ち合わせメール。多種多様なファイルがデータベースにはある。

文書の内容は、法律事務所で交わされた電子メールや、社内でまとめたメモ書きから、正式な契約文書や議事録まで多岐にわたった。読み始めれば、きりがない作業だった。

情報が断片的だったり、プロジェクト名にコードネームがつけられていたりと、内容を完全には理解できないものも少なくなかった。ただ、ときに「宝物」に当たるのが、この取材の面白さでもあった。

たとえば、タックスヘイブンを利用した税逃れのスキームがあったとする。お金の流れだけがわかっても、当事者が「税逃れのためではない」と否定してしまえば、言い逃れの余地が残ることも多いだろう。

ところが今回の文書には、本来は表に出ないはずだった電子メールのやりとりが多くある。その中には、彼らの「本音」が露骨に書かれていた。

「うちの法律事務所のアドバイスに従えば、支払う税金が安くなります」

そんなあからさまな「税逃れへの誘い文句」もあれば、そのために支払われた手数料の金額までもが詳細に書かれた文書もあった。

メールアドレスや送受信の日時なども、取材を深めるうえで貴重な手がかりとなった。たとえば、本文の末尾に記された送信者の所属や肩書に加えて、メールアドレスの末尾に「@gov.bm」とあることで、英領バミューダ諸島の政府関係者だと判断できた。送受信日時の間隔からは、メールの重要度や緊急度も推し量れた。日付が特定されれば、当時の政治・社会情勢も重ねて文脈を読める。何度も返信や転送が繰り返されたメールからは、ビジネス上の上下関係やネットワークも浮かんだ。

たとえば自分たちの仕事を振り返ってみても、朝から晩までメールを使って仕事を進めている。そんなメールには、いつ（When）、どこで（Where）、だれが（Who）、なにを（What）、なぜ（Why）、どのように（How）という5W1Hの足跡が残っている。それを文書上のデータで一つひとつたどると、日ごろは水面下で隠されているタックスヘイブンを使う人たちの実態が見えてくる。文書の読み込み作業は、記者にとって魅力的な「宝探し」だった。いい資料が見つかると、その関連文書をさらに探して、膨大なファイルを一つずつ開いていく。夢中になり、パソコンに向かってクリックし続ける作業が深夜に及ぶことも珍しくなかった。

仮想のニュースルーム

数カ月にわたって、世界各国の記者たちは「宝探し」を続けた。最終的に文書の取材に関わった記者は67カ国、96の報道機関から382人になった。

実は、ＩＣＩＪ加盟の記者たちが打ち合わせのために集まる会議が開かれたのは、２０１７年３月のミュンヘンでの一回きりだった。互いに連絡を取り合う場は、主にインターネット上だった。

「Ｇｌｏｂａｌ　Ｉ－ＨＵＢ（グローバル・アイハブ）」と呼ばれるウェブサイトがその舞台となった。たとえるなら、参加する記者たちだけにアクセスが許された、フェイスブックページのようなものだ。

各記者がパラダイス文書の中で見つけたネタを投稿し、世界中のメンバーに知らせる。投稿には「素晴らしい発見だ！」「ありがとう。とても面白い」などと称賛が集まることもあれば、「そのネタなら、こんな情報も見つけたぞ」と別の記者が話題を広げていくことも少なくない。

記者たちはそれぞれ自分の国のネタを探すことが基本だが、記者の分担といった明確なルールは存在しない。ネタを見つけたら投稿で「シェア」し、興味を持った記者が「いいね！」と応えて取材に加わる。国境をまたぐ話題ばかりとなるため、必然的に多国籍の取材チームができあがる。そんなことが、いくつものネタの周りで起きていった。

「アイハブ」のサイトには、次々と「グループ」が立ち上がった。「トランプ」「ロシアとプーチン」「英国」「アフリカ」といった国や地域ごとのグループ。「多国籍企業」「セレブ」「スポーツ」といったジャンル別のグループもあった。そうしてできた計86にわたるグループのそれぞれで、活発な議論が同時進行で繰り広げられた。

日ごろ世界でバラバラに活動しているジャーナリストたちが、ネット上で自由に出入りして、新たなニュースを形にしていくこの場を、「仮想のニュースルーム（報道局）」と、取材を取りまとめたICIJ副事務局長マリナ・ウォーカー・ゲバラは表現した。

多くの記者たちが参加する取材で、最も懸念されたのは取材途中での「情報漏れ」だった。巨大なデータを取材チームで共有する一方、それが外部に漏れたら大変なことになる。取材への妨害を避けるため、政治家や大企業といった相手に、取材をしていることを事前に察知されるのさえ、避けなければならない。ICIJはパナマ文書で大きな反響を巻き起こした実績があるだけに、「第2弾」に向けてはより慎重な情報管理が求められた。

データベースやアイハブにアクセスするためには、記者ごとに割り振られたユーザーネームとパスワードが必要とされた。さらに、各記者のスマートフォンのアプリで1分ごとに更新される「ワンタイムパスワード」も同時に入力しなければ、ログインできない仕組みとなっていた。

記者同士のやりとりも、厳しく制限された。たとえば、取材の内容について電話やメール、ファクスでやりとりをするのは厳禁とされた。政府当局などに、いつ盗み見・盗聴されているかわからないからだ。唯一の連絡手段は、「暗号化」処理をした電子メール。メールはすべて、送る前に共通の暗号化ソフトを使って、無意味なアルファベットの羅列に変換して、送信する。受信した人は、パスワードを使って暗号を解かなければ、内容は読めない仕組みだ。

情報管理は、社内でも徹底された。朝日新聞の取材班のメンバー間でも、やりとりは「暗号化メール」か「口頭」のみ。取材会議をするために、東京・築地にある東京本社3階には専用の小部屋も用意した。打ち合わせで資料を印刷するときも、かならず「コピーやファクスは厳禁」と冒頭にただし書きを付け加えた。

取材チーム以外には、社内の同僚にさえ、この新たなプロジェクトに参加していることは口外しないことになっていた。そうはいっても、「何をコソコソやっているの」と声をかけてくる同僚も少なくない。そうしたときは「パナマ文書の続きをしている」とだけ答えるようにしていた。

こうした情報管理が不便でもどかしい思いは拭えなかったが、たった1社の管理の甘さによって、プロジェクト全体を潰すわけにはいかない。神経をすり減らす取材が続いた。

2017年6月になると、アイハブに「ストーリー・メモ」というグループが立ち上げられた。ICIJ事務局の呼びかけで、国や報道機関ごとに、その時点までのリサーチでどんな記事が書けそうかをリストアップするためだ。

ニューヨーク・タイムズ紙は、2ページにわたり七つのテーマを記したメモを提出。英公共放送のBBCは、11項目ものテーマを箇条書きで寄せ、「さらに多くの他のストーリーも取材しています。まとまれば投稿します」と書き添えた。日本からも、朝日新聞、共同通信、NHKが合同で7ページの資料をつくり、投稿した。ベルギー、スウェーデン、カナダ、韓国、フランス……。各国から次々とテーマが寄せられた。

集まったメモを元に、ICIJ事務局で検討が始まった。数多くのストーリーの中から、どれをメインに据えて報道するのか――。7月11日、副事務局長のウォーカーが14のテーマに絞り込んだリストを投稿した。「幅広い発見の数々に、とてもワクワクしています」。14のテーマを世界一斉に解禁し、残りのテーマも各国で独自に報道をしていく。解禁日に向けた準備が徐々に整ってきた。

命名「パラダイス・ペーパーズ」

「このプロジェクトにはまだ、名前がついていません。報道の内容はもちろんですが、キャッチーな（人目を引く）名前も大切です」

南ドイツ新聞記者のフレデリック・オーバーマイヤーがそんな投稿をしたのは、5月30日のことだった。取材を進めると同時に、「パナマ文書」に続く今回の文書のネーミングについても議論が交わされた。

フレデリック・オーバーマイヤーは自ら、「シャドー・ワールド（影の世界）」「グローバル・シークレッツ（世界的な秘密）」「ダーティー・マネー（汚いカネ）」といった案を投稿した。

これに対し、書かれた側を不当におとしめようとしていると受け止められないよう、中立的な名前を希望する意見が数多く出た。税逃れは、必ずしも違法ではないためだ。

「名前には具体性があったほうがいい」「英語以外への翻訳のしやすさも考えて」など、他にもさまざまな声が寄せられた。

議論が尽きて「シャドー・ランド（影の土地）」に決まろうかとしていた7月下旬、流れを変えたのはイタリアのニュース週刊誌「レスプレッソ」の記者だった。

「『パラダイス・リークス（情報漏出）』とか『パラダイス・ペーパーズ（文書）』はどうだろう?」

イタリアではタックスヘイブンを「税のパラダイス（楽園）」と呼ぶためだ。パナマ文書に続く一連の取材は、「パラダイス」にふさわしいリゾート地を舞台にしたケースが多く、全体を網羅するネーミングとしてもぴったり。賛同が集まり、最後はＩＣＩＪ事務局長ジェラード・ライルのひと声で決着した。

「みんなありがとう。そろそろ勝者を決めるときが来たようです」

8月2日、プロジェクトの名前は「パラダイス・ペーパーズ」に決定した。

報道解禁日へ

11月5日の解禁日まで2カ月に迫ると、アイハブのサイト上でのやりとりも慌ただしくなっていった。

大きな問題の一つは、パラダイス文書で疑惑が浮上した個人や企業に、いつ、どうやって取材をするのかということだった。世界中に広がる取材相手には、一斉に取材をかけることが原則になる。相手側の複数の関係者同士で口裏合わせをされたり、先回りして取材を妨害されたりすることを防ぐためだ。直接取材の開始日は、9月11日に設定された。

「文書の流出については明かさないし、文書を渡してはならない」

「警戒されることを避けるため、世界的なプロジェクトであることは伏せる」

「他国の記者と連携し、地元の報道機関を優先させる」

さまざまなルールを決めたうえで、取材は文書の読み込みから、対象者への直接取材という仕上げの段階へと進んでいった。

9月25日には、最大の文書流出元である法律事務所「アップルビー」への取材に踏み切った。

「ICIJは、現在と過去のアップルビーの仕事について詳細な調査取材をしています。以下の質問にお答えください」

ICIJ専属記者のウィル・フィッツギボン名義で、5ページの質問状をメールで送った。

「文書によると、アップルビーは税逃れ疑惑のある個人や企業にサービスを提供してきています。これについてコメントはありますか?」

「アップルビーは、なぜ多国籍企業の税逃れを助けるのですか?」

質問は13項目に及んだ。

6日後、アップルビーから2ページの回答が届いた。その後も両者のやりとりは続き、報道解禁日の直前まで5往復にもわたった。

フィッツギボンは、各国の記者から質問を集め、最終的には63項目の質問を投げかけた。一方でアップルビーは、先に文書の内容自体を提供することなどを求めてきた。議論は平行線が続いた。

報道解禁を2週間後に控えた10月21日には、アップルビーは突然、公式ホームページにコメントを発表した。

「先日、ICIJと提携メディアから質問を受けました」

そう始まるコメントは、報道に先んじて、疑惑を否定する内容だった。

「私たちは顧客に適法なビジネスのアドバイスを提供しています」

「疑惑の内容については徹底的に調査し、問題点を示す証拠はなにもありませんでした」

コメントの末尾には、問い合わせ先が記されていた。パナマ文書の再来を恐れた顧客を安心させたい思惑も見て取れた。

これを機に、一部メディアは「パナマ文書の第2弾がくる」と報道し始めた。

朝日新聞の取材班では、解禁日が前倒しされるのではないかと焦る記者もいた。

10月25日朝、ＩＣＩＪ副事務局長のウォーカーは、アイハブにこんな投稿をした。「パニックになってはいけない。逆にこれで我々の報道への読者・視聴者は増えるでしょう。私たちができることは、ストーリーを完成させることに集中し、気を散らさないようにすること。つぶやきや反応をしないでください」

準備は大詰めを迎えた。半年以上をかけて完成した多くの原稿が、それぞれの担当記者から「アイハブ」に投稿されてきた。

報道解禁の初日となる11月5日を皮切りに、6日間にわたる「配信計画」も立てられた。初日にはインパクトの大きいテーマを集め、パラダイス文書の概要とともに伝える。2日目以降もスクープを流し続ける。それを、世界中で足並みをそろえて進めることになっていた。

報道解禁日にトップニュースを飾るテーマの一つは、ウィルバー・ロス米商務長官とロシアとの関係性を暴いた原稿だった。担当するＩＣＩＪの記者から、10月30日に最初の原稿が投稿されると、細かい事実関係について次々と質問が寄せられた。ロス氏側からのコメントも届き、原稿の内容は最新の情報に更新され続けていった。

それぞれの原稿に添えられる写真や動画、デジタルグラフィックスもさまざまなメディアから届き、共有されていった。
解禁を1日半後に控えた11月3日、ウォーカーは熱気が高まる参加メンバーの気を引き締めるため、「アイハブ」に今度はこんな投稿をしている。
「みなさん、決して報道の内容を誰にも話さないでください。フィニッシュラインまで、もう少し。ガードを下げてはいけません。まだ36時間あります。頭を下げて仕事に集中し、沈黙を守りましょう」

「パラダイス文書」世界同時解禁

パラダイス文書の報道が、ＩＣＩＪと提携する各国メディアで世界同時に解禁された。ＩＣＩＪが事前に示した解禁時刻はこうだ。

米国・ワシントンＤＣ　２０１７年11月５日　午後１時
チリ・サンティアゴ　同午後３時
ブラジル・ブラジリア　同午後４時
英国・ロンドン　同午後６時

ドイツ・ベルリン　同午後7時
レバノン・ベイルート　同午後8時
トルコ・イスタンブール　同午後9時
インド・ニューデリー　同午後11時半
インドネシア・ジャカルタ　11月6日　午前1時
日本・東京　同午前3時
オーストラリア・シドニー　同午前5時

時差の関係でずれているが、いずれも同時刻だ。

直前にICIJは、公式ツイッターでこう予告していた。

「我々の次のプロジェクトへの準備はいいですか？」

その投稿には、「新たなリーク」という太文字を中心に据え、大きな波が押し寄せる4秒の短い動画も添えられていた。

朝日新聞は11月6日午前3時の解禁時刻に合わせて、デジタル版でパラダイス文書の報道を始めた。英領バミューダ諸島でのアップルビーへの取材などを盛り込んだ特集ページ

「疑惑の島」を公開した。
6日付の朝刊は、1面から国際面、特設面、社会面まで計8ページの大展開だった。ドナルド・トランプ米大統領の初来日をしのいで1面トップを張った見出しはこうだ。
《米閣僚、ロシア企業から利益　ロス商務長官／利益相反の指摘／パラダイス文書》
リード（前文）と呼ばれる原稿の書き出しが続く。

《米トランプ政権のウィルバー・ロス商務長官が、タックスヘイブン（租税回避地）にある複数の法人を介して、ロシアのプーチン大統領に近いガス会社との取引で利益を得ていたことが、朝日新聞が提携する国際調査報道ジャーナリスト連合（ＩＣＩＪ）の調べでわかった。ガス会社の主要株主には、プーチン氏の娘婿や、米国の制裁対象である実業家らが含まれている。商務長官は外国への制裁判断にも影響力を持ち、複数の専門家が「深刻な利益相反の恐れがある」と指摘している》

米トランプ政権のウィルバー・ロス商務長官。パラダイス文書でロシアのプーチン大統領に近い企業との利害関係が判明した＝17年５月

世界でも一斉に報道が始まった。

日本時間の午前3時ちょうど、英BBCは「BREAKING NEWS（ニュース速報）」とテロップを出して報じた。メインキャスターの男性がこう口火を切った。

「つい先ほど、『タックスヘイブンの秘密』をめぐって、1300万点以上に及ぶ過去最大級の文書流出について、調査報道の第1弾が公表されました。パラダイス・ペーパーズは、世界中の裕福で権力を持つ人たちの税の問題を暴きました」。英国でのトップニュースは、エリザベス女王をめぐる疑惑についてだった。

ニューヨーク・タイムズは、電子版で「商務長官とプーチン『取り巻き』とのオフショア（タックスヘイブン）のつながり」と見出しに打つ特別ページを公開した。

パラダイス文書を最初に入手した南ドイツ新聞は、1面トップでロス氏の「ロシア疑惑」や文書の概要を報じるほか、12ページにわたる特集紙面を掲載した。写真や地図、グラフにイラストを交えて、世界中に広がる税逃れの疑惑を詳細に書き込んだ。そして初日から3日連続、1面で取り上げた。

ブラジル、アルゼンチン、マレーシア、韓国、アルジェリア……。欧米以外の報道機関も、一斉に報道を開始した。

各国は世界共通のスクープに、独自に取材した各国ごとのネタも加え、タックスヘイブンの疑惑について報じていった。

突き止めたタックスヘイブンの「巨大帝国」

「パラダイス文書」プロジェクトで、ロス米商務長官らトランプ政権の閣僚に迫ったのは米国の記者たちだ。

取材の中心となったのは、ICIJ記者のサーシャ・シャフキン（34）。米コロンビア大学大学院のジャーナリズムスクールを2010年に出た後、ニューヨークで記者経験を積み、4年前にワシントンのICIJに移った。ICIJではこれまで、世界銀行の資金提供プロジェクトをめぐる疑惑などを調査報道していた。

ICIJがパラダイス文書の分析を始めた16年秋、ホワイトハウスに近いオフィス街。ビル4階に入るICIJのオフィスで、シャフキンはデスクトップパソコンに向かい、目をこらして、文書を読み込んでいた。シャフキンの狙いは、トランプ政権の大物や米国の大富豪たちだった。

ウィルバー・ロス。その名前をパラダイス文書のデータベースに打ち込むと、多くのファイルが出てきた。そのなかの一つに、ロス氏の関連企業だけをまとめたエクセルファイルがあった。

ファイルを開く。「GROUP WL ROSS（ロスグループ）」と分類された法人が54社も列挙されていた。その所在地はこう記されていた。

▽ケイマン諸島　45社
▽米デラウェア州　8社
▽ジャージー島　1社

いずれもタックスヘイブンとして知られる地名だ。

ロス氏は、タックスヘイブンに「巨大帝国」を築いている——。

シャフキンは、パソコン画面を見ながら、胸の高鳴りを感じた。ここまで多数の法人を持つ顧客は、2万5千近い法人を抱えるアップルビーでも20に満たない。シャフキンは分析開始から2カ月ほどたった16年末ごろ、これを糸口に、ロス氏の取材を掘り下げることに決めた。

ファイルにあるロス氏の法人名は同じような名前ばかりで、それぞれのつながりや事業の実態は一見してわかりづらい。いったい、どの法人に注目したらいいのか――。

ヒントになった資料がある。ロス氏が米商務長官に就任する際に、政府に提出した9ページの書面だ。政権入りするにあたり、ロス氏は利益相反を防ぐため、多くの株式や役職を手放さなければいけなかった。その内容を報告した書面に、重大なヒントが隠されていた。

書面には、ロス氏が手放すことを宣言した株式や役職が列挙されている。だが、そのなかに「保有を続ける資産」という項目があった。たった9社だけ、ロス氏は政権入り後も株式を保有し続けることが明記されていた。

数多くの会社との関係を絶つのに、9社だけ手放さずにいる。なぜなのか――。その9社を調べていくと、うち4社がパラダイス文書に登場することに気づいた。

そして、その4社は一つの海運会社につながっていた。

この海運会社は、どんなビジネスをしているのか？

得意先はどこだ？

米証券取引委員会の資料を見ると、海運会社の大口取引先のなかに、ロシアのガス・石油化学会社「シバー」の存在が見えた。

では、シバー社をオーナーとして支配しているのは誰か？

ロシア大統領ウラジーミル・プーチンの娘婿《むこ》や、米国の制裁対象となっているロシアの大富豪の名が浮かび上がってきた。シャフキンにとって「とても大きな突破口が、突然やってきた」。

事実の多くは、さまざまな公開資料でも裏付けられた。

「バラバラに存在していたパズルのピースが、パラダイス文書をきっかけに、一つに結びついた」。シャフキンは、手応えを深めていく。

17年6月、その時点での分析の成果を、シャフキンはＩＣＩＪに携わる各国記者に「アイハブ」で一斉に伝えた。

「取り組んでいる主な調査結果は次のとおりです」

そういってシャフキンが伝えた概要はこうだ。

《投資家で、フォーブス誌に「世界有数の大富豪」として取り上げられるほどの存在だったロス氏。17年2月の商務長官就任時に、米国の法律に従い、保有資産を公開したうえで、職務と利益相反になりうるとして大半の資産を手放すことを宣誓し、米上院から承認されていた。

しかし、タックスヘイブンである英領ケイマン諸島で、長官就任後も株を保有する複数の法人を通じて、海運会社「ナビゲーター」（ナビ社）と利害関係を保っていたことがわかった。ナビ社はロシアのガス・石油化学会社「シバー」にガス輸送船を貸し出している。両社の取引が拡大すれば、ロス氏も利益を得る構図となっている。

シバー社はロシアの元国営企業で、プーチン大統領の娘婿キリル・シャマロフ氏が取締役を務めるなど、同国政府と密接な関係にある。大株主の実業家も米国の制裁対象で、米国企業は取引が禁じられている》

「Fantastic（素晴らしい）」「トランプ政権に大きな影響を与える話だと思う」……。

各国記者から称賛が一斉に寄せられた。

文書のリークを受けたフレデリック・オーバーマイヤーも、「ありがとう。このプロジェクトの中で、間違いなくベストストーリーの一つだ」と投稿した。

これを機に、ロス氏の疑惑をめぐる取材の輪も一気に広がった。

スウェーデン公共放送は9月28日、スウェーデン沖で疑惑のカギを握る船の撮影に挑んだ。チャーター船から構えたカメラレンズの先には、朱色のタンカー船。その胴体には、プーチン氏の娘婿や旧友らが役員を務める石油会社の社名が白い太字で記されていた。さらに船尾に回ると、今度は、パラダイス文書でロス氏とのつながりが判明した海運会社の社名もあった。両社のビジネス関係を目に見えるかたちで示す「物証」を押さえた。

こうした船の航海履歴を調べ出す記者やロシアの事情通から証言を取ってくる記者もいた。さらに情報が集まっていた。

ロシアと同じベッドに

パラダイス文書から新たに見えてきたニュースの骨格を固めていく一方で、シャフキンらは、その背景取材も同時に進めた。

見えてきたのは、ロス氏と海運会社「ナビゲーター」との深いつながり。さらにロス氏自身のロシアとの親密さだった。

2016年11月30日、米ニューヨーク。トランプ次期大統領から商務長官に指名された数時間後、ロス氏はミシュラン一つ星の人気レストラン「グラマシー・タバーン」を訪れていた。

シャンデリアが輝く個室を予約したのは、太平洋のマーシャル諸島で設立された海運会社「ナビゲーター」。同社CEO（最高経営責任者）とともに現れたロス氏は「我々の利害は一緒だ」と言った。ブルームバーグ・ビジネスウィーク誌がそう報じている。

大富豪で、知日派としても知られるロス氏。多数の企業を束ねる「ロスグループ」は、低迷企業を投資で再生させ、世界各地で巨額の利益を上げてきた。なかでもナビ社は、かつてロス氏自身が取締役を務め、株価を倍増させた。ロス氏は後にナビ社への投資を「ホームラン」と振り返った。

ただ17年2月に政権入りする前に保有資産の大半を手放した。商務長官として利益相反がないようにするためだ。グループの主要な役職も退き、ナビ社とも距離を置いたように見えた。

だが実際は、ロス氏はナビ社の実質的な株主の立場をひそかに保ち続けていたことがパラダイス文書からわかった。そして、それはロス氏が、長官就任の後も、プーチン大統領に極めて近い企業との関係を持ち続けてきたということを意味していた。

構図をより詳しくみてみる。ナビ社の大口取引先に名を連ねるのが、ロシアの元国営企業である、ガス・石油化学会社の「シバー」。この会社こそが、プーチン大統領と極めて密接な関係にある会社なのだ。取締役には、プーチン氏の娘婿が就いていた。さらに、大

ロス米商務長官とロシアの関係

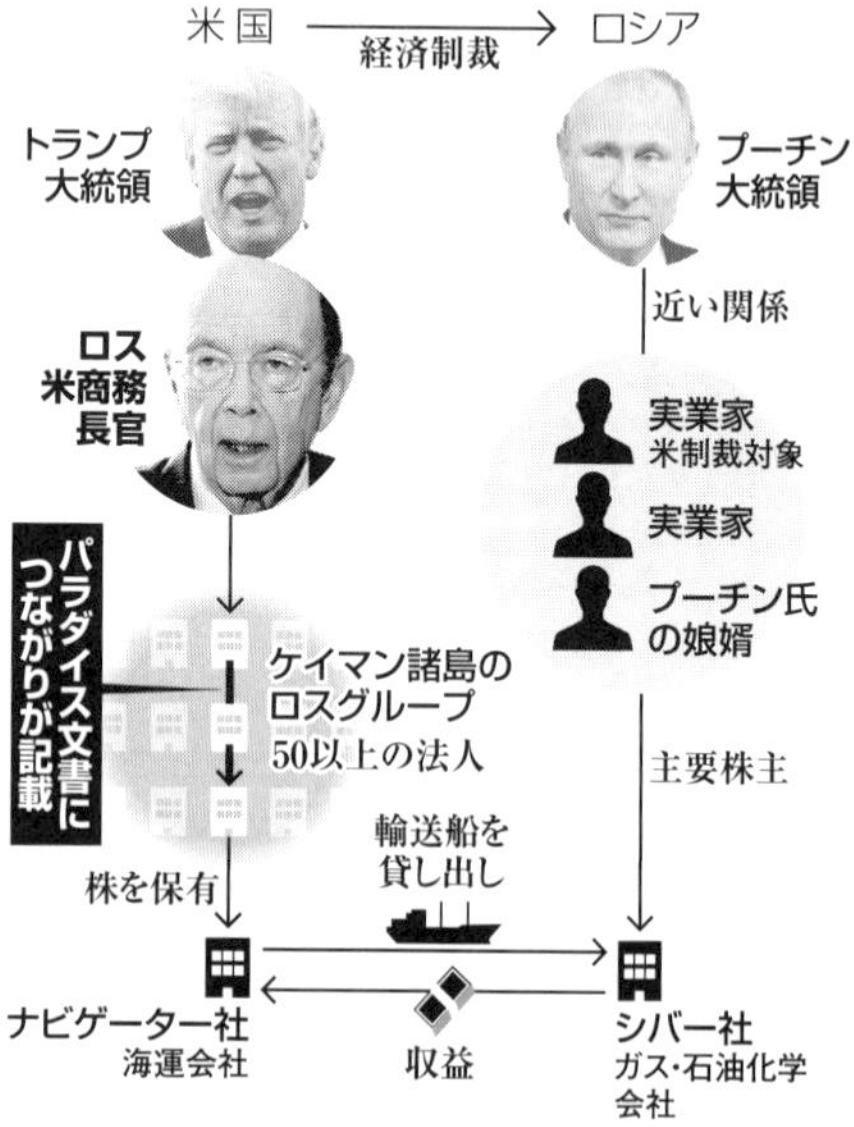

ロス氏とロシアとの関係をめぐる経緯

2012年	10月	ロス氏のグループ企業がナビ社の筆頭株主になる
13年	2月	シバー社の取締役・シャマロフ氏がプーチン氏の娘と結婚
	第4四半期	ナビ社が2隻の輸送船をシバー社に10年契約で貸し出す
14年	3月	ロシアのクリミア併合にともない、米国がロシアへ制裁開始
17年	2月	ロス氏が商務長官として承認を受ける
	第1四半期	ナビ社がシバー社に新たに2隻を貸し出す
	11月	ロス氏が長官就任後もシバー社と利害関係にあったことが発覚

株主には実業家のゲンナジー・ティムチェンコ氏。プーチン政権を支えるキーマンとして、14年のクリミア併合を受けて米国から制裁対象にされた人物だ。さらに、筆頭株主には実業家のレオニード・ミケルソン氏。彼が経営するエネルギー会社もプーチン政権を支えて

きたとして、制裁対象とされていた。まさに、プーチン大統領の側近で固められた会社だったのだ。

制裁に応じて欧米の銀行などがシバー社との取引を控えるなか、ナビ社はシバー社へのガス輸送船の貸し出しをむしろ拡大させていった。ナビ社のサポートのおかげで、シバー社は制裁の縛りから逃れ、欧州などへと液化石油ガスの輸出を続けることができたのだ。ナビ社はこうした一連の取引で、これまでに6800万ドル（74・8億円）の収益を上げたとされる。

こうした利益の一部が、ロス氏に回ったとみられている。まるで米国の制裁を骨抜きにするかのような行為で、ロス氏はタックスヘイブンを通じて、水面下で利益を得てきた構図になる。そして、その関係はロス氏が政権入りをしたあとも、ひそかに続いていたのだった。

シバー社とビジネスをするというのは、どういう意味を持つのか。米国の元エネルギー政策担当者に聞くと、こんな答えが返ってきた。

「それは、ロシアと同じベッドに入るようなものだ」

表向きは、プーチン大統領のロシアに制裁を科してきた米政権。しかし、その中枢にいる人物が、裏ではロシアと密接な関係にあったことがわかった。

トランプ政権への波紋

分析のさなか、米トランプ政権は16年大統領選をめぐるロシアの干渉、いわゆる「ロシア疑惑」に揺れていた。

シャフキンらは、閣僚であるロス氏とロシアとのつながりが、新たな火種になるとみて、その背景を探っていた。

ニューヨーク・タイムズ紙記者のマイク・マキンタイヤ（53）も、取材班に加わっていた。プーチンとロシア政府の対外戦略についての一連の報道で17年のピュリツァー賞を受賞したメンバーの一人だ。頼もしいロシア専門家の加入で、取材はさらに進んだ。

ロス氏とロシアとのつながりは、1990年代にさかのぼる。当時のクリントン米大統領は、ロシアでの投資やビジネス拡大を狙って米政府が設立した「米ロ投資ファンド」の役員にロス氏を指名した。

またロス氏はキプロス銀行の副会長も務めた。キプロスはロシアマネーの流出先で、同銀行はロシアの新興財閥に融資してきた。

こうした経歴から、ロス氏は商務長官として米上院から承認を受ける際に、自らのビジネスとロシアとの関係を何度も問われた。

「米上院と米国民は、あなたとロシアとの関係を余さずに知る資格がある」

ICIJ専属のサーシャ・シャフキン記者（右）とニューヨーク・タイムズ紙のマイク・マキンタイヤ記者＝17年10月、米ワシントンのICIJ

民主党の上院議員らはロス氏の長官就任前に書面で問うた。ロス氏はこれには直接答えず、上院の公聴会で、同銀行へ投資したロシア人を「私のパートナーではない」とだけ回答した。

ロス氏のロシア側との関係の発覚は、トランプ政権のアキレス腱になっている「ロシア疑惑」の根深さを改めて印象づけるものだった。

ロシア疑惑はロバート・マラー特別検察官が捜査を進める、▽16年の大統領選でのトランプ陣営とロシアの協力関係▽ジェームズ・コミー連邦捜査局（FBI）長官解任をめぐるトランプ氏の司法妨害――の2点が主眼だった。

マラー氏は17年10月、トランプ陣営のポール・マナフォート元選対本部長ら2人を、ウクライナの親ロシア派側から受け取った数千万ドルの報酬をめぐる資金洗浄（マネーロンダリング）や脱税の罪などで起訴した。マナフォート氏が資金洗浄に利用していたのはキプロスだった。

また同様に訴追されたジョージ・パパドポロス元外交顧問は、司法取引で捜査に協力。トランプ政権では、ロシアとの関係で、すでにマイケル・フリン大統領補佐官が辞任に追い込まれていた。

このため、ロス氏の問題はマラー特別検察官の捜査とは別としても、議会などから追及の声が高まるのは必至とみられた。現職閣僚の問題であり、「政権と無関係」というトランプ氏の決まり文句は通用しにくいからだ。

トランプ氏自身に対する米国民の視線も厳しさを増していた。ワシントン・ポスト紙が、17年11月に公表した世論調査では、ロシア疑惑をめぐって「大統領自身も罪を犯した可能性が高い」と考える人が49％に上った。

パラダイス文書が報道される直前の11月3日、アジア歴訪に出発したトランプ氏は記者団に、「ロシアとの結託はない。何もない。率直に言って（捜査が）継続しているのは侮辱だ」と不満をあらわにした。

疑惑の主、トランプ氏の恩人

パラダイス文書の元資料を補強したのが、米国の公開資料だ。

朝日新聞もそれらを手元に集めて、疑惑の「裏取り」を試みた。たとえば、ロス氏の長官就任時の倫理宣誓書や、ナビ社から米証券取引委員会に出された資料など。それらはネットで公開されていたり、請求すれば数日後にメールで届いたりと、誰でも簡単に手に入れることができた。かねて指摘されているが、日米の情報公開の差には、新鮮な驚きがあった。

米国では、官公庁やメディアが数多くの動画をネット上で公開し続けている。それを見返すことで、ロス氏の「過去の言動」も確認できた。

17年1月18日、米上院のビデオを見てみた。

ロス氏は、真っすぐ前を見据え、やや しわがれた声で答えた。「どんなささいな疑いも持たれないよう、細心の注意を払うようにしている」。米トランプ政権の商務長官に就任するのを前に、利益相反を問われた際のことだ。

投資家として数々の低迷企業を立ち直らせ、「再建王」の異名をとる80歳の大富豪。トランプ氏との出会いも、米雑誌のバックナンバーで確認した。

1990年、トランプ氏はカジノ計画で金回りのトラブルを抱え、債権者に追放されそうになっていた。カジノ倒産に待ったをかけたのが、債権者集団代表のロス氏だった。リムジンに乗るトランプ氏を一目見ようと人々が殺到する光景に「まだまだ値打ちがある大物」と判断したとされる。トランプ氏はビジネス界にとどまり、結果的に大統領まで上り詰めることができた。

政権幹部に問題が起きるたびに更迭してきたトランプ氏。だが、パラダイス文書の報道後、「恩人」の疑惑には無言を貫いている。

米政治動かすマネー

エスタブリッシュメント（既得権層）への米国社会の怒り――。

それが、2016年の大統領選の勝敗を分けた。だが大口献金で政治に影響力を持つ富裕層が、支持政党を問わず、タックスヘイブンとつながっている実情がパラダイス文書で明らかになった。大統領選時に巨額の献金をしたカジノ王や投資家らも、タックスヘイブ

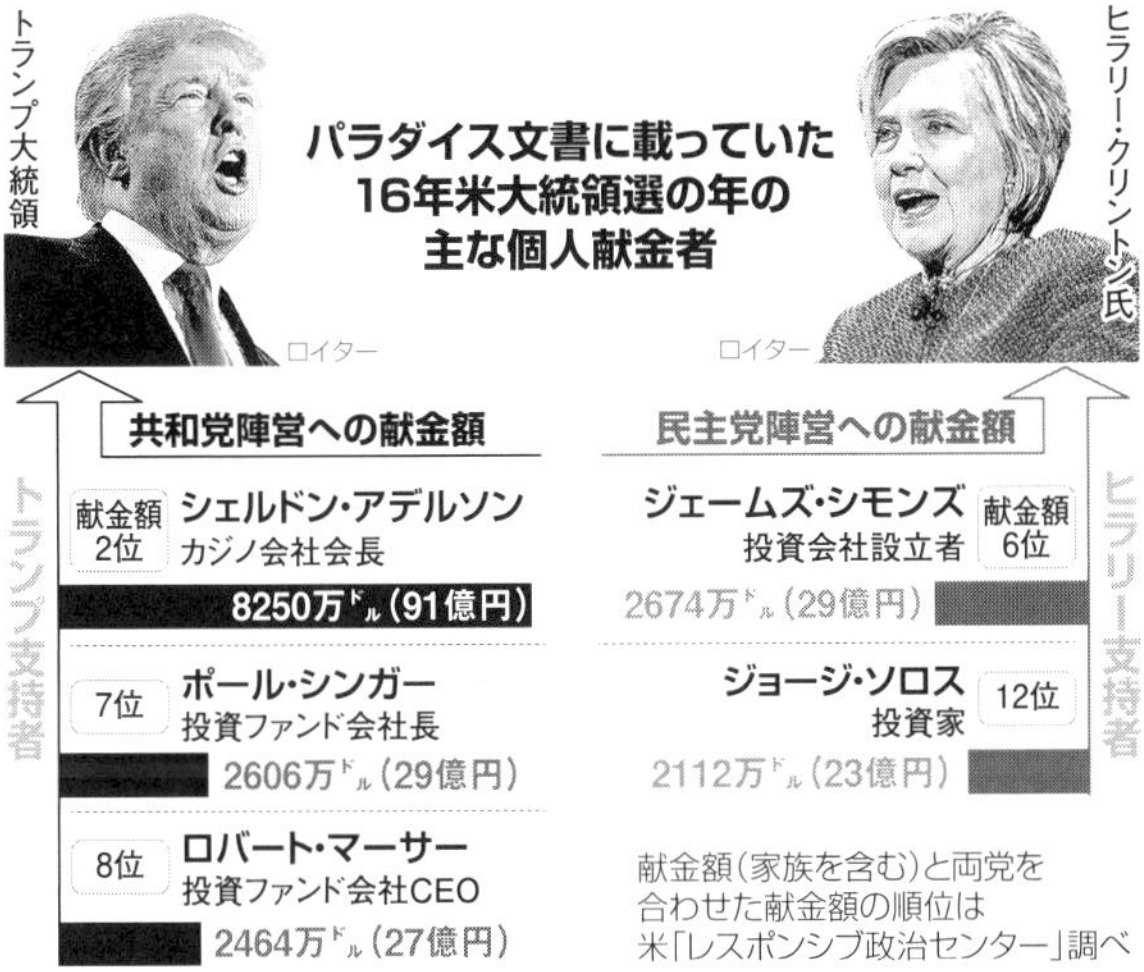

献金額（家族を含む）と両党を
合わせた献金額の順位は
米「レスポンシブ政治センター」調べ

ンを利用していたのだ。

朝日新聞ICIJ取材班は、そうした富裕層らと、選挙を監視する米「レスポンシブ政治センター」が公開した主な献金者のリストとを、一つひとつ、つき合わせた。その結果、文書に記載のある計5人だけで、献金額が計1・8億ドル（198億円）に上った。

16年の大統領選で民主党候補の指名争いをしたバーニー・サンダース氏はこう批判した。

「カネが政治を支配する。これこそ米国政治の問題だ」

矛先は、民主党候補となったヒラリー・クリントン元国務長官。「既得権層の代表」だとして、共和党候補のトランプ氏も攻撃した。クリントン氏が集めた選挙資金の総額は約8億ドル。半分以上が大口個人寄付者からだった。

そんなクリントン氏への主要な大口献金者の一人が、投資会社創設者のジェームズ・シモンズ氏。数学者として独自の投資システムを生み出してウォール街で名を上げ、献金を通じて政治に関わってきた。

ICIJの取材では、シモンズ氏は英領バミューダ諸島に信託財産を持ち、個人の信託財産としては世界最大規模である70億ドル（7700億円）以上を保有していた事実が明らかになった。2030年までに信託額は350億ドル（3兆8500億円）に膨れあがると試算される。同氏は民主陣営に2674万ドル（29億円）を献金。約半分は、クリントン氏を支持する団体向けだった。

クリントン氏の有力支援者で、2112万ドル（23億円）の献金をした投資家のジョージ・ソロス氏も、バミューダ諸島やバージン諸島に企業ネットワークを持つことが文書から発覚した。

一方、選挙戦で既得権層を激しく批判したトランプ氏もこうした献金に支えられていた。米ラスベガスのカジノリゾート「サンズ」のシェルドン・アデルソン会長は共和党候補だったトランプ氏を支持。「レスポンシブ政治センター」によると、共和陣営に個人寄付者としては最高の８２５０万ドル（91億円）を献金した。

パラダイス文書の中には、英領バミューダ諸島のプライベートジェット運用会社の社長として、アデルソン氏の名があった。

トランプ支持者でスティーブン・バノン元首席戦略官の登用にも影響を及ぼしたロバート・マーサー氏は、２４６４万ドル（27億円）を献金した。同氏の経営する投資ファンドの八つの子会社が、バミューダに登記されていた。

米ＣＮＮから「家族の次にトランプ氏に近い人物」と評された不動産投資家トーマス・バラック氏。選挙戦で３２００万ドル（35億円）の資金を集めた。バラック氏の会社は世界各地のタックスヘイブンにネットワークを持ち、自身もケイマン諸島の二つのペーパーカンパニーで取締役を務めていたことが文書から判明した。

投資ファンド社長のポール・シンガー氏もトランプ氏への大口献金者。文書からは、ケイマンの傘下企業を通じ、海外で債権回収の事業を展開してきたことが明らかになった。

サンダース氏はパラダイス文書の報道を受けて、米議会による調査と、租税回避に対抗する新法の制定を求める書面を上院予算委員長に提出。「上位１％の富裕層が自らの利益のため、他の人の犠牲のもとに課税システムを都合よく変えている」と主張した。

また同氏はＩＣＩＪと提携する英ガーディアン紙に声明を寄せ、「トランプ政権の富裕層たちが数十億ドルの税を逃れ、利益をタックスヘイブンに移している。抜け穴をふさぎ、公平な税制を求めなければならない」と訴えた。

英女王の名も

タックスヘイブンの利用は、米国の政界だけではない。

「分配金の詳細」――。

パラダイス文書の一つに、こう題された文書があった。日付は２００８年6月12日。本文はこう続く。「みなさまに3千万ドル（33億円）の分配金をお知らせいたします」

受益者の中には、エリザベス英女王の個人資産を表す名称があった。

それによると、女王は05年、タックスヘイブンで有名な英領ケイマン諸島のファンドに７５０万ドル（８億２５００万円）の個人資産を投資。３年後に36万ドル（３９６０万円）の分配金の知らせを受け取った。

女王のお金はこのファンドを通じ、別の会社へ投資された。英国の家具レンタル・販売会社「ブライトハウス」を支配下に置く会社だ。ブライト社は、一括払いができない客に年率99・9％の高利を求める手法が、英国議会や消費者団体から批判を浴びていた。

女王のタックスヘイブンの利用は、英国で論争を引き起こした。パラダイス文書からは、チャールズ皇太子についてもタックスヘイブンとの関わりが発覚し、議論に拍車をかけた。王族からの投資がタックスヘイブンに流れていたのもさることながら、投資の内容自体の不透明さに批判の矛先は向いた。

実際は、女王や皇太子が自ら投資先を決めているわけではなく、投資アドバイザーといった立場の人物が代わりに資産運用を担っているとされる。「投資の判断に、本人は関わっていない」と王室側も主張する。

問題は、王族から海外への投資が非公開とされていたことだ。パラダイス文書の報道を受け、ある国会議員はこう指摘した。

「おそらく、本人は投資の内容を理解していなかったのだろうと考えられる。王族の評判と品位を守るためにも、すべての投資についての適切な透明性が必要なのは明らかだ」

パラダイス文書は、これまで隠されてきた事実を明らかにするものだった。隠れた事実が判明するからこそ、情報公開を求める機運にもつながった。

エリザベス女王など英王族にとどまらず、パラダイス文書での著名人や企業の投資先には、英領のバミューダ諸島や英王室属領のジャージー島などが並んでいる。王室属領とは、英国王が伝統的に領有し、高い自治権を持つ土地だ。

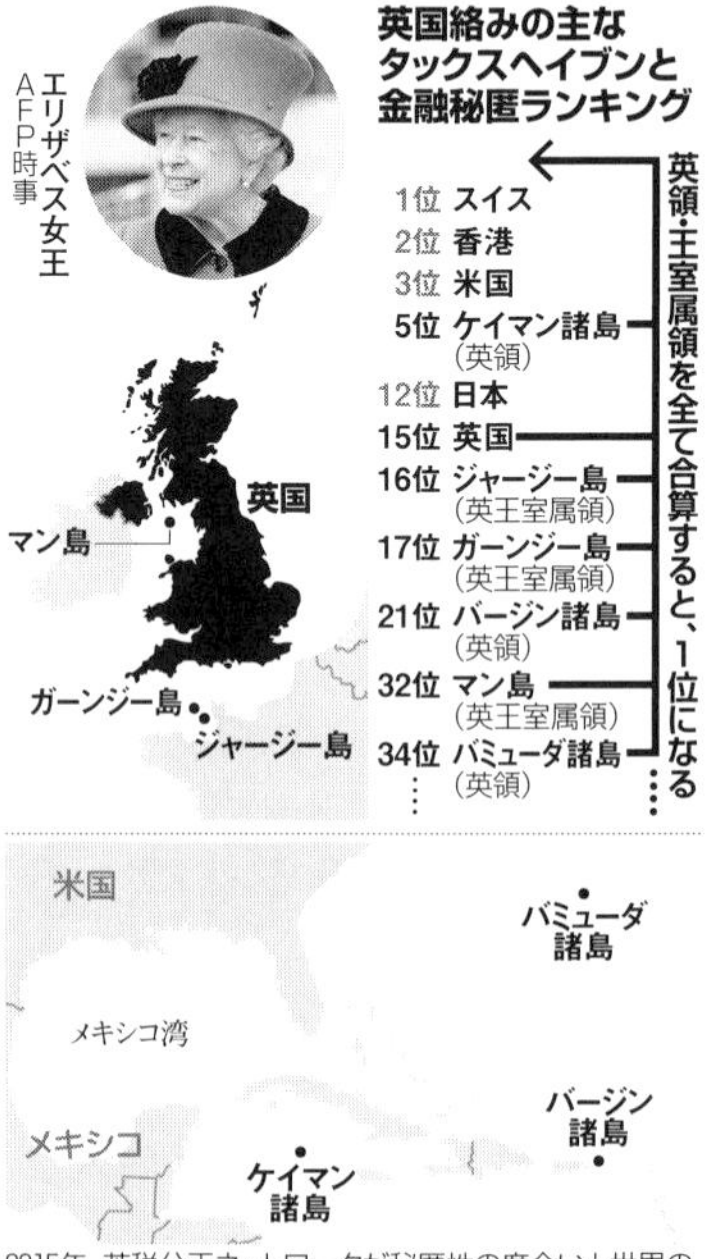

1位	スイス	
2位	香港	
3位	米国	
5位	ケイマン諸島（英領）	
12位	日本	
15位	英国	
16位	ジャージー島（英王室属領）	
17位	ガーンジー島（英王室属領）	
21位	バージン諸島（英領）	
32位	マン島（英王室属領）	
34位	バミューダ諸島（英領）	

英領・主室属領を全て合算すると、1位になる

2015年。英税公正ネットワークが秘匿性の度合いと世界の金融サービスの輸出に占める規模を組み合わせて数値化

多くは法人税率や金融取引にかかる税率を抑え、取引をめぐる情報公開度が低い「タックスヘイブン」として知られる。世界有数の金融センターであるロンドンを抱える英国は、金融取引によって海外領土と強く結びついている。

英国には計14の海外領がある。また英王室属領も三つある。英国に近い地でも欧州連合（EU）のルールに縛られないという、「グレーゾーン」だ。

大英帝国は第2次大戦後、インドやアフリカ、オセアニアなどで多くの植民地を失った。残った海外領や王室属領の多くは戦後、金融業に重点を置いた。バミューダ諸島は保険会社、ジャージー島は銀行や投資ファンドが多いなど、それぞれ特徴がある。投資家に有利な仕組みを競い合うように作り、外国から資金を呼び込んできた。そうした資金は、金融取引などを通じて英国に流れている。

英シンクタンク「キャピタル・エコノミクス」の試算によると、人口約10万人のジャージー島を通じた外国から英国への投資は2014年で総額5千億ポンド（75兆円）に上り、外国の投資家が英国で手に入れた資産全体の約5%を占めた。人口約3万人の英領バージン諸島にある企業を介しては、15年に約1690億ドル（18・6兆円）の投資が英国に向かったという。

「欧州における金融の窓口」を宣伝文句としてきたロンドンのシティーは、同時に世界中に広がる海外領や王室属領の「タックスヘイブン」ネットワークの窓口でもあるのだ。

国際NGO「グローバル・ウィットネス」（本部・英国）のマリー・ワーシィー氏は、「英国と海外領は相互に支え合うシステムになっている」という。EU離脱を控えて英経済に陰りが見えるなか、「より重要な位置づけになっている」とも指摘する。

アップルビーに送られた元ドイツ首相の名

2011年10月、ロンドンに本拠を構える法律事務所から、あるメールがアップルビーに送られた。

「私の顧客が英領バージン諸島での会社法に関して助言を求めています。もし可能ならば、助けてあげることはできますか？」

顧客の名前は3人書かれていて、全員がロシアと英国の共同企業体（JV）「TNK-BP」で社外取締役を務めていた。ジェームズ・レン（英鉄鋼大手コーラス＝現在はインド・タタ傘下＝の元会長）、アレクサンドル・ショーヒン（元ロシア副首相）、そしてゲアハルト・シュレーダー（元ドイツ首相）の3氏である。

TNK-BPはロシアに拠点を置くものの、登記はタックスヘイブンである英領バージン諸島にあった。メールを受け取ったアップルビーの担当者は、その3人が大物だと認めながらも、結局オファーを断った。同僚にはこのようなメールを送っている。

「BPには気をつけなければいけないから、慎重になりましょう」。詳細は不明だが、アップルビーはＢＰと係争中だったと見られている。

パラダイス文書からわかったのは、シュレーダー元ドイツ首相とショーヒン元ロシア副首相という政界の大物２人が、タックスヘイブンにある会社と関わりを持っていたこと。だがそれ以上にシュレーダー氏は、ロシアとのつながりで糾弾を受けた。

シュレーダー氏は、１９９８年から２００５年までドイツの首相を務めた。ドイツ社会民主党（ＳＰＤ）で長く活躍する傍ら、弁護士としても活動してきた。

シュレーダー氏には大の「親ロシア」という横顔がある。プーチン大統領とは親友で、14年春には、ロシアがウクライナのクリミア半島を併合してから1カ月しか経っていないにもかかわらず、ロシアを訪問。プーチン氏の故郷サンクトペテルブルクで自らの70歳の誕生会を開き、プーチン氏と抱擁を交わした。欧米諸国がロシアの振る舞いに反発するなかでの行動に、シュレーダー氏は非難を浴びた。

そんな親ロシアであるシュレーダー氏を、ロシアの巨大企業は放っておかなかった。

03年9月にできたＴＮＫ－ＢＰは英国とロシア両国の肝いりで、英国ＢＰが75億ドル（８２５０億円）を投資して設立。シュレーダー氏は09年に社外取締役として迎えられた。2年ほどで辞任したが、ＴＮＫ－ＢＰはその後、ロシア最大の国営石油企業ロスネフチに買収され、世界最大規模の国際石油会社となった。そして17年9月、シュレーダー氏はロスネフチの会長に就任したのだ。

ロスネフチはウクライナ危機の影響で、欧米諸国から制裁を受けている、いわく付きの企業。そんな企業の会長に就任したことに、シュレーダー氏の後任であるメルケル首相は「容認できない」と猛反発。ドイツ政界からは他にも「報酬目当てで近づいたロシアの手先」「プーチンの雇われ召使」といった声が上がった。

シュレーダー氏は、タックスヘイブンにある企業に名を連ねていたことに関して、ドイツ紙へのコメントを拒否している。

鳩山元首相

ある国に近いとみなされる外国の有力政治家が、その国と関わりの深い企業の役員に引き立てられる。ロシアとシュレーダー氏の構図と似通う事例が日本でも見られた。

２００９～10年に首相を務めた日本の鳩山由紀夫《はとやまゆきお》氏は政界を引退した翌13年、バミューダ諸島に設立され、香港が拠点の石油・ガス会社「ホイフーエナジー」の名誉会長に就任した。この人事を掲載した年次報告書などがパラダイス文書に含まれており、それによると副会長には、ジョージ・W・ブッシュ元米大統領の弟ニール・ブッシュ氏が就いている。シュレーダー氏が親ロシアで知られるように、鳩山氏は「親中派」とみなされている。鳩山氏は16年に、日本が参加を見送っている中国主導のアジアインフラ投資銀行（AIIB）の顧問に就任し、中国とのつながりを強めている。

朝日新聞の取材に対し、鳩山氏は「会社のトップと数年前に出会い、子どもの結婚式にも呼ばれた。その後、名前だけでも連ねてほしいと言われた。鳩山の名前で信頼を得たいと思ったのでは」と説明。鳩山氏は同社から顧問料を受け取っていると明らかにした。バミューダとの関わりについては「知らない」と話している。《5章に詳報》

報道後、各国で追及強まる

こうしたパラダイス文書の報道を受け、追及の動きは各国で広がった。

南米アルゼンチンでは、金融相のルイス・カプト氏とエネルギー鉱業相のファン・ホセ・アラングレン氏が野党から刑事告発を受けた。

カプト氏は2015年に政権の要職に就くまで、ケイマン諸島などの投資ファンドの幹部を務めていたことが文書から判明。法律で定められた申告もしていなかった。アラングレン氏は、自らが経営に関わるバルバドスの石油関連会社が国との契約で利益を得ていたこと、つまり利益相反の疑惑が浮上した。政府の不正防止機関は、両氏に明確な説明を求めている。

米国ではロス商務長官の、ロシアのプーチン大統領と近い同国企業との利害関係について、野党民主党側が商務省監察官や政府監査院に調査を要請した。米議会では、タックスヘイブンの規制強化に向けた法整備を求める声も出ている。

多くの海外領や王室属領がタックスヘイブンとなっている英国。野党労働党は議会で、そうした土地の金融取引の透明性を向上するよう迫った。特に今回、エリザベス女王の個人財産の投資の実態が明らかになったことから、王室の投資の透明化を求めている。

シャウカット・アジズ元首相の資産隠しの疑いが浮上したパキスタンでは、連邦歳入庁がアジズ氏らパラダイス文書に名前があった同国の約140人が保有する資産の管理状況などについて調査を開始した。

国際NGO「税公正ネットワーク」は国連に対し、税逃れや金融犯罪の防止に向けた首脳会議を開くよう求めた。

最大流出元「ハッキングを受けた」

パラダイス文書の最大の流出元となった法律事務所アップルビーは、バミューダ諸島やケイマン諸島といったタックスヘイブンを中心に世界10カ所に拠点を構える。米国をはじめ世界の政治家や富豪、多国籍企業の依頼を受けて、ペーパーカンパニーなどを設立する。年1億ドル（110億円）以上の収益がある。

アップルビーはICIJが送っていた計63項目の質問状にはほとんど回答せず、代わりに2017年10月21日からホームページ上に相次いで声明を掲載した。

要旨は次の通り。

《我々の会社が情報を流出させたのではなく、違法なコンピューターハッキングを受けた。違法に入手された文書は、世界のジャーナリストによって使用されるだろうが、根拠のない主張に対して、会社と、正当で合法な事業を守る》

《違法行為を容認していない。不正もない。無実の当事者が、データ保護の違反にさらされる可能性があることに失望している。ICIJの主張は根拠がなく、合法で合理的なタックスヘイブンの構造への理解が欠如している》

パラダイス文書の主な流出元となった法律事務所「アップルビー」＝17年10月、英領バミューダ

またアップルビーから２０１６年に分社化したエステラ社は、ＩＣＩＪの取材に対して、アップルビーに質問するよう求めた。

パラダイス文書がどのようにリーク先の南ドイツ新聞にもたらされたかは明らかにされていない。ただ、「どんな経緯で得られた情報であっても、公益にかなう限り報道は適法」という原則が、西側の主要国では認められてきた。各国の裁判所も、民主主義と報道の自由を重視する立場からこれを認めている。

ベトナム戦争に関する米国防総省の極秘文書がスクープされた１９７１年の「ペンタゴン文書」では、米司法省が記事差し止めを申し立てたが、裁判所は政府側の主張を認めなかった。米中央情報局（ＣＩＡ）元職員のエドワード・スノーデン氏が持ち出した米国家安全保障局（ＮＳＡ）の機密情報を基にした２０１３年の英ガーディアン紙の報道についても、ＮＳＡの元法律顧問は「ひとたび記者の手に渡ったら、記者の権利は守られる」と言明したという。

秘密文書を内部告発目的で持ち出し、記者にもたらす行為自体についても、違法性は阻《そ》却《きゃく》されるとの見方が近年は強まっている。

著名政治家や英女王らによる水面下に潜むお金の流れを浮き彫りにしたパラダイス文書。朝日新聞ＩＣＩＪ取材班は、そうした富裕層の税逃れや資産隠しを手助けするプロの法律家集団に注目して、その実像を追うことにした。

©朝日新聞社

タックスヘイブンって何？

「タックスヘイブンって言葉はよく聞くけど、難しそうだしお金持ちの話でしょ」っていう会話をよく耳にするよ。でもニュースでよく取り上げられているし、本当のところは何が問題なんだろう？　コブク郎が聞いてみたよ！

コブク郎　**そもそもタックスヘイブンって何なの？**

A　世界には、お金を稼いでも税金を払わなくてよかったり、ほかの国より税金が安く済んだりする場所があるんだ。そういう国や場所を「タックスヘイブン」と呼んでいるよ。お金持ちや大企業は、普通は税金をたくさん払わなくてはいけない。でもタックスヘイブンにお金を移せば、ずっとお得になるからね。

コブク郎　**タックスヘイブンってどこにあるの？**

A　バミューダ諸島やケイマン諸島といった島の名前を聞くことが多いんじゃないかな。スイスやアイルランドといったヨーロッパの中小国の名前が挙がることもあるよ。

コブク郎　小さい国や地域が多いんだね。

A　それには理由があるんだ。大きな国が税金を下げたら、多くの人の生活を支える税金が足りなくなってしまう。でも小さな国・地域なら、税金を下げて海外のお金持ちが集まってくれれば、かえって国が豊かになることもあるんだ。

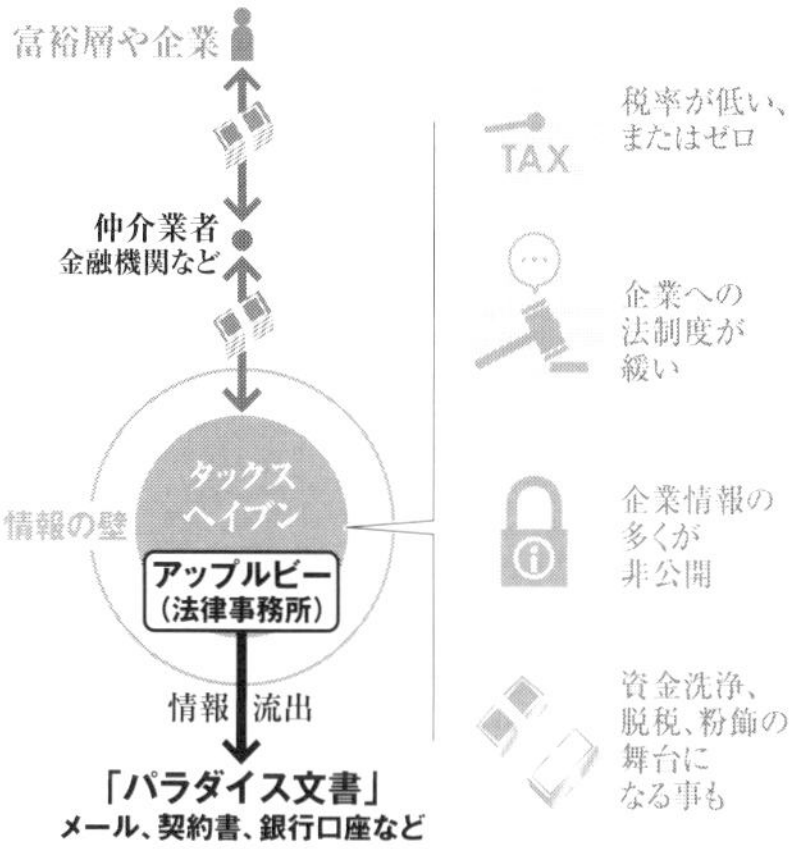

コブク郎　「ヘイブン」って天国という意味だよね？

A　そう勘違いしている人も多いけど、違うんだよ。天国はヘブン(heaven)。ヘイブン(haven)というのは、「安全な場所」とか「避難所」という意味の英語。税金がかからずに、安心してお金を避難させておけるからなんだ。２０１０年には少なくとも21兆～32兆ドル（２３００兆～３５００兆円）の資産がタックスヘイブンにあるという推計もあるんだ。いまはもっと増えていると考えられているよ。

コブク郎　すっごい金額だね。どうやってそんなお金が集まるの？

A　たとえば、スポーツメーカーのナイキを見てみよう。ヨーロッパの公式ショップでナイキの靴を買ったら、払ったお金、つまりナイキにとっての売り上げはどこに行くと思う？　そのお金は、いったんオランダの子会社を通じて、バミューダ諸島（タックスヘイブン）にあるペーパーカンパニーに移されていたことがわかったんだ。

コブク郎　ペーパーカンパニーって？

A　日本語で言うと「紙の会社」。書類上は会社としての住所があるんだけど、実質の従業員は0人だったり、そもそもオフィスが存在しなかったりするんだ。でも、お金を置いておくだけならそれで十分。大企業って世界中に支社を持っているから、そのネットワークを通じて、どんどん収入をペーパーカンパニーに送り込むんだ。そうすることで会社は、利益を得た国で払うべき法人税を払わずに済む。これはもう、世界の大企業の「常識」みたいになってきているよ。

コブク郎　みんな税金を払わずに済ませるためにタックスヘイブンを使っているんだね。

A　実は、ほかにも理由があるんだ。

コブク郎　なになに？

A　タックスヘイブンのもう一つの特徴は、情報が秘密のベールに包まれていることなんだ。普通の国だと、会社があれば役員の名前や経営状況などについて、公開することが定められていることが多い。ところが、タックスヘイブンの中にはそういった情報開示をあまりやらなくていい法律になっている国や地域もあるんだ。秘密の取引をしたり、誰にも知られずに資産を隠したりするために、政治家や犯罪者集団などがタックスヘイブンを使うことも珍しくないよ。

コブク郎　**普通の人には関係のない、遠い世界の話みたいだ。**

A　そう思うよね。実際、タックスヘイブンを使っている人たちは世界の大富豪とか、有名な大企業が多いからね。

コブク郎　**お金持ちだけ税金を払わないで済むなんて、ずるいなあ。**

A　そこが問題なんだ。たとえば、普通の人がタックスヘイブンを使って税金を安くしようなんて思うかな？

コブク郎　**普通の人にもできるの？**

A　やろうと思えばね。でも、タックスヘイブンに会社を作ったり、銀行口座を持ったりするにはそのための知識が必要で、法律の専門家に手続きを依頼する場合が多いから安くても何十万円も手数料がかかるんだ。

コブク郎　それじゃ、むしろ損しちゃう。

Ａ　そう。だけど、もし大金持ちだったらどうだろう。何億円も税金を払わないといけない人にとっては、手数料なんて安いものなんだ。タックスヘイブンっていうのは、お金持ちだけが得する仕組みなんだよ。

コブク郎　じゃあ禁止しちゃえばいいのに。

Ａ　でもね、タックスヘイブンで行われていることの多くは違法ではないんだ。違法なら取り締まればいいから、まだ話は簡単。合法だからこそ、誰も取り締まれないんだ。

コブク郎　法律の範囲内で工夫しているだけなら、問題はないってこと？

Ａ　そこがポイントだね。たとえば、ｉＰｈｏｎｅを作っているアップルという会社がある。アップルは世界中ですごい金額の収入を上げているけど、２０１１年にはその64％を、タックスヘイブンにあるたった一つのペーパーカンパニーに集めていると指摘されているんだ。ペーパーカンパニーはタックスヘイブンにあるから、税金はかからない。あまりに実態とかけ離れた仕組みだと思わない？

コブク郎　うーん、確かに。

A　パナマ文書の報道でタックスヘイブンが問題になったとき、当時のバラク・オバマ米大統領も「多くの取引が合法で、それがまさに問題だ」って言っているんだ。

コブク郎　法律を変えて、違法にできないの？

A　法律って、国や地域ごとに違うから難しいんだ。タックスヘイブンを使う人たちは、法律のプロを雇って複雑な仕組み（スキーム）を考え出し、法律のすき間を突いてくる。いまビジネスは国境を超えて広がっているのに、税金の仕組みが国ごとに違うということ自体が、時代に合っていないという声もあるよ。また、タックスヘイブンを規制しすぎると、複数の国や地域にまたがるビジネスが、逆に「二重課税」を受けてしまうという主張もあるんだ。

コブク郎　政府も税金を集めるのに苦労してるんだね。

A　その結果、損をしているのは一般の人たちだということを忘れてはいけないよ。大企業は世界中で商売をする代わりに、各地で公共サービスの恩恵を受けている。たとえば警察官がいるから、安全に商売ができるでしょ。警察官の給料は、一人ひとりの税金から支払われている。でもタックスヘイブンを使えば、税金を払わないまま、恩恵だけを受け取る「タダ乗り」ができてしまうんだ。逆に言えば、一般の人たちがその分を負担していることになるわけ。

コブク郎　だから普通の人にも関係があるのか。

A　昔から、社会全体が豊かになれば、お金持ちが握っている富がやがてみんなにも行き渡って、貧困もなくなっていくって言われてきたんだ。富がしたたり落ちるという意味の英語で、「トリクルダウン」って言われる理論だよ。でも、それは現実に起きているとは言えないね。むしろ、いま一部のお金持ちはタックスヘイブンを使ってもっともっと裕福になり、一般の人が正直に税金を払っている。この状態が続けば、ますます「格差」が広がっていくと言ったほうが正しいかもしれない。

コブク郎　「格差」って最近、よく聞くもんね。

A　世界の上位1％のお金持ちが、世界の富の半分を持っているという調査結果もあるんだ。「1％」が持つ富の金額は、140兆ドル（1京5千兆円）。この数字はどんどん大きくなっているんだって。

コブク郎　なんとかできないのかな？

A　たとえば米国では、トランプさんの共和党も、ヒラリーさんの民主党も、タックスヘイブンを使っている大富豪たちから、多くの献金をもらってきたことがわかっている。主張の違いはあっても、結局は政治の世界ではお金持ちが大きな影響力を持っているんだ。だとすれば、自分たちの首を絞めるようなタックスヘイブン規制が進まないのも納得できるよね。

コブク郎　じゃあ諦めるしかないの？

A　もちろん、世界の国々もこれは問題だと思って、対策をしようとしているんだ。でも、いくらルールを作っても、その抜け穴をまた突かれるというようないたちごっこが続いている。本気で対策をするなら、どの国も抜け駆けしないで、みんなで団結して取り組むしかないだろうね。

（文＝高野　遼）

第2章

影の案内人

～法律事務所アップルビーから税逃れの提案書

野上英文
高野　遼

Ｆ１王者ハミルトン選手へ、税逃れの提案書

「優れたコネクションをもつことが重要です」

強気の売り文句で始まる提案書が添付されたメールが、富裕層向けの資産管理会社に届いた。２０１３年1月のことだ。

提案書の本文は、こんな文章で始まっている。

「御社の顧客がチャレンジャー６０５を購入したと聞きました」

提案書を受け取った資産管理会社には、顧客の一人にＦ１世界王者、ルイス・ハミルトン選手がいた。ハミルトン選手は、高級ジェット機を２６８０万ドル（29億円）で購入したばかりだった。それをどこからか聞きつけ、送られてきたメールのようだ。

提案書は全カラーの8ページ。表紙には、ジェット機の外観写真が大きくあしらわれている。

「バミューダ、ケイマン、マン島といったタックスヘイブンに拠点を持つことで、我がチームは、複雑な航空機所有をアシストするのに、最適な位置にある」

「優れたコネクションを持つ、知識豊富な法律と信託の専門家」

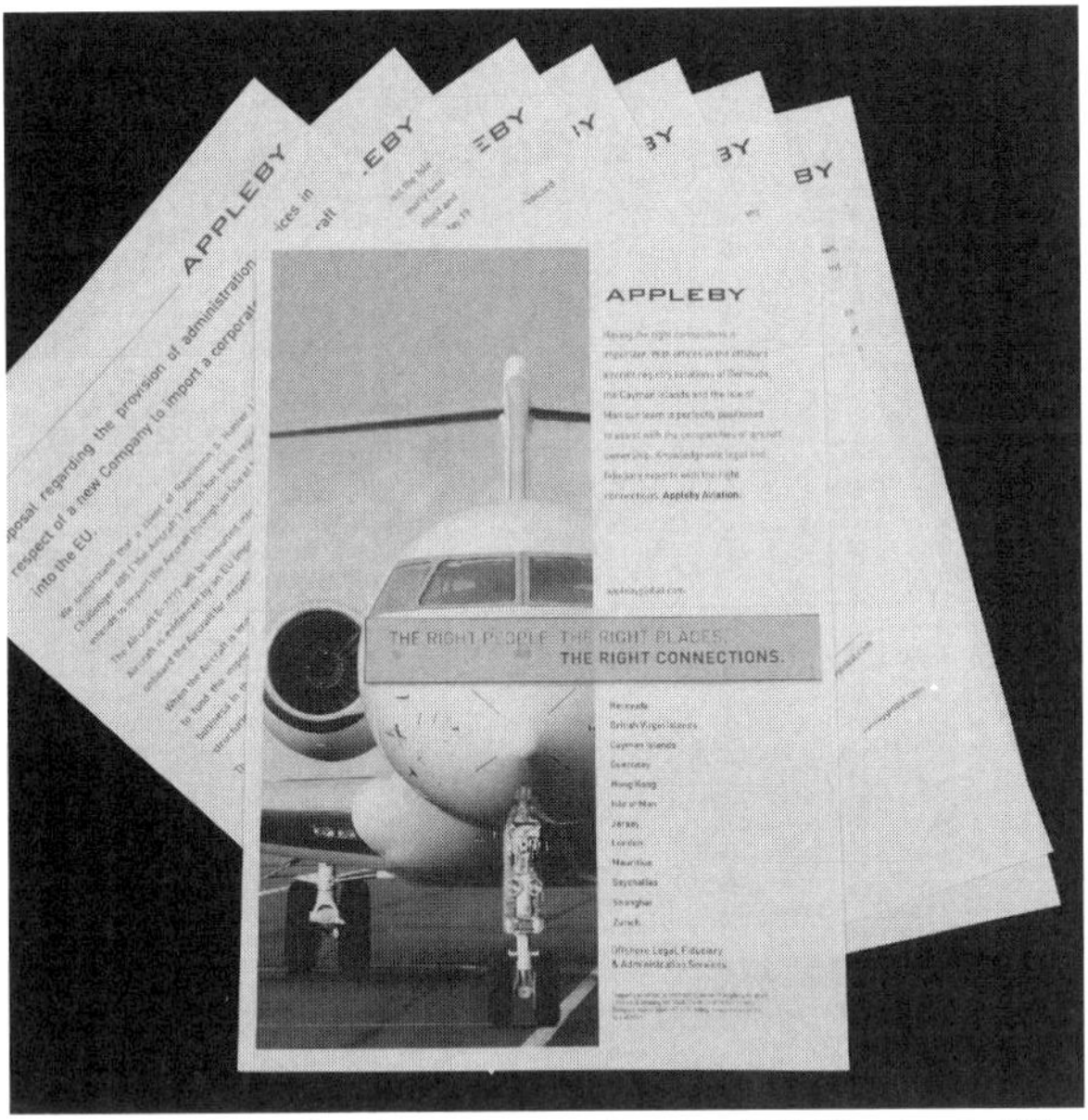

法律事務所「アップルビー」がF1のハミルトン選手側にメールで送った提案書。流出した「パラダイス文書」の一部で、タックスヘイブンを使った税逃れの勧誘が記されていた

自らの強みを誇る言葉が並ぶ。

そして、提案は露骨だった。

「我々の専門家と一緒に適切な手順を踏めば、税を払う必要がなくなります。税金は効果的に支払われ、そして同時に取り戻せるのです」

のちにこの提案に従ったF1王者は、付加価値税（消費税）330万ポンド（4・9億円）全額を還付で取り戻した。

いわば「税逃れの提案書」。このメールの送り主こそが、バミューダ諸島などに拠点を持つ法律事務所「アップルビー」。パラダイス文書の主な流出元なのだ。

豊富な法律知識をもとに、アップルビーはいかにして富裕層たちの税逃れを手助けしてきたのか。パラダイス文書をさらにめくると、その手口が徐々に明らかになってくる。

ジェット機旅程表の謎

パラダイス文書の中に、一通の「旅程表」があった。ハミルトン選手が、購入したばかりのジェット機で、初飛行をした際の飛行予定を示したものだ。

「トリップ・スケジュール」。そう題した文書を見ていくと、旅程に少し不可解な点があることに気づく。

■2013年1月19日　12：00　カナダ・モントリオール　乗客0人
14：25　米国・コロラド州

ジェット機の購入元であるボンバルディア社の本社があるモントリオールからジェット機は飛び立つことになっている。

■2013年1月20日　12：45　米国・コロラド州　乗客2人
20：30　カナダ・グースベイ

コロラド州から、ハミルトン選手が乗り込む。乗客のもう一人には、米国の人気歌手の名前がある。ハミルトン選手のガールフレンドだ。グースベイはカナダの最東端にあり、大西洋横断の際の燃料補給地として知られる場所だ。

■2013年1月20日　21：35　カナダ・グースベイ　乗客2人
21日　06：15　英王室属領マン島

■2013年1月21日　08：10　英王室属領マン島　乗客2人
11：00　ドイツ・シュトゥットガルト
■2013年1月21日　23：00　ドイツ・シュトゥットガルト　乗客2人
23：30　英国・ロンドン

ジェット機は大西洋を渡り、ドイツへ。シュトゥットガルトには、ハミルトン選手の所属先であるメルセデスの拠点がある。夜にはハミルトン選手が住むロンドンへと到着する。

問題は、ドイツに着く前である。

「英王室属領マン島」

英国のグレートブリテン島とアイルランド島の間に浮かぶ小さな島。ここにジェット機は立ち寄っている。

マン島の滞在時間はたった1時間55分。いったい何が目的か。旅程表をながめるだけではわからない。だが、さらに別の文書を見ていくと、その謎が解けてくる。

「こちらの提案する計画を添付しました」

ジェット機がハミルトン選手に納入される10日ほど前、法律事務所「アップルビー」は、世界4大会計事務所の一つ「アーンスト・アンド・ヤング」とチームを組み、メールで何度も議論を重ねていた。

焦点はひとつ。ハミルトン選手が、いかに税金を納めずに済むか——。

購入されたジェット機は、企業や国のトップにも人気の「ボンバルディア・チャレンジ

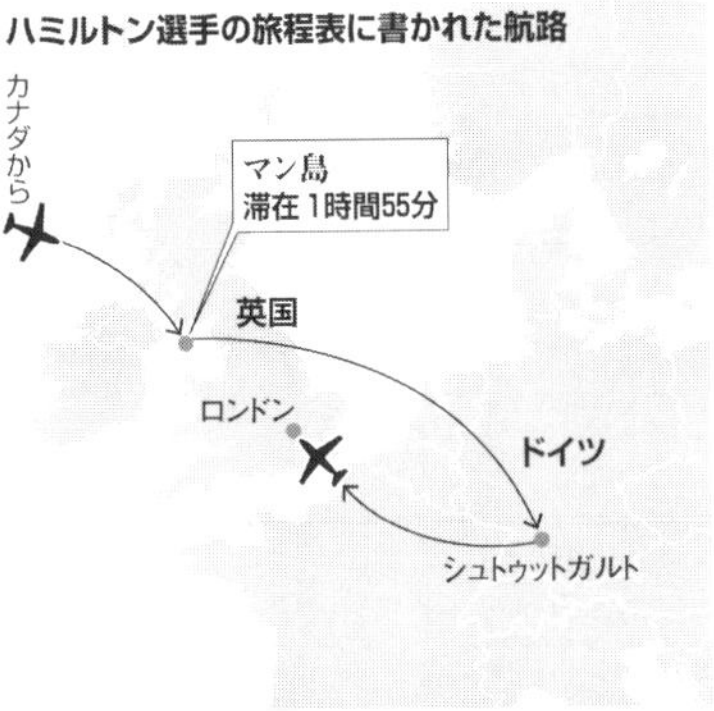

ルイス・ハミルトン選手と、彼が所有するジェット機＝本人のフェイスブックから

ャー605」。ハミルトン選手は機体を真っ赤に塗装し、アルマーニ製のカーテンをつけた。こうした18カ所のオプション仕様を加え、総額は2680万ドル（29億円）に上った。納入は2012年末。ハミルトン選手は、ジェット機を自身が関連する英王室属領ガーンジー島の会社名義で購入したうえで、自らが住むヨーロッパを拠点に使おうとした。

ただ、問題がひとつあった。ジェット機を欧州連合（EU）内にそのまま持ち込むと、億単位の税金がかかるのだ。

アップルビーから送られた「計画」はこう説く。

「飛行機がEU内で自由に飛ぶには、輸入の際に20％の消費税を払わなければなりません」

「マン島に税金対策の会社をつくり、その会社を通じて飛行機を英国にリースするかたちを取れば、税金が返ってきます」

マン島は、EU課税ルールの適用が緩いことで知られる場所だ。提案書には、こんなアドバイスが記されていた。

「飛行機はマン島に物理的に立ち寄る必要があります。通常、ほんの2時間もかかりません」

アップルビーから授けられた計画

ハミルトン選手がわずか1時間55分、マン島に立ち寄った理由が見えてきた。「計画」の続きにはこう書かれている。

「マン島はEUの加盟国ではありません。しかし、マン島は消費税と税関については英国と共通のエリアになっています」

英王室属領のマン島はいわば、EUとEU外とのすき間にあるというわけだ。そこを突いたのが、アップルビーから送られた「計画」である。

なぜ、マン島を利用すれば消費税を支払わずに済むのか。ICIJの取材を通して見えてきたのは、EUの課税ルールの抜け穴を巧みに突いた複雑なスキームだった。

航空機をEU内に持ち込む場合、通常は持ち込んだその国で消費税を支払わなければならない。英国なら税率は20％だ。

ところが、EU内に会社を持ち、そこからビジネス用途として航空機をリース（貸し出し）する目的なのであれば、消費税の返還（還付）を受けることができるというルールがある。ここに目をつけたのが、アップルビーなどでつくる法律専門家チームだった。

まず、アップルビーは、ハミルトン選手に代わって「ステルス・リミテッド」という会社をマン島に設立した。ハミルトン選手は、購入したジェット機をまずこの会社にリース。さらに英国の航空機運航会社に「また貸し」して、実際にジェット機を利用していた。

いわばハミルトン選手が、自分で自分にジェット機を貸し出しているかたちだ。形式上は、自分から自分にリース代も支払っていたとみられる。

本来、税の還付を受けるためには、EU内にリース会社を置き、またその会社にはビジネスの実体がなければならないし、航空機はビジネス用途に使われていなければならない。ところが専門家の指摘によれば、マン島では表向きはEUのルールに従っているとしながら、実際にはルールが厳密に守られていなくても、税の還付が認められてしまっているケースがあるのだという。ここに、マン島を抜け穴として利用する理由があるとみられている。

実際、ハミルトン選手の場合は税還付の要件をきちんと満たしているのだろうか。

ハミルトン氏が購入したジェット機を貸し出すかたちとなった「ステルス・リミテッ

ド」という会社は、マン島の街ダグラスにあることになっている。果たしてこの会社に、実体はあるのか。その所在地を訪ねると、「アップルビー」の看板が現れる。法律事務所アップルビーの、マン島オフィス。ここに籍を置く1千以上のペーパーカンパニーのうちの一つが、「ステルス・リミテッド」なのだ。従業員はおらず、ハミルトン選手とは別人の名義上の社長が登録されているにすぎない。

また、内部文書によれば、ハミルトン選手はジェット機運航の3分の1はビジネス目的以外で使用すると計画を立てていた。現に、ハミルトン選手のフェイスブックやユーチューブには、友人らとプライベートでジェット機を使っているとみられる写真や映像が数多く掲載されている。

もしマン島当局が厳密にハミルトン選手のケースをチェックしていれば、税の還付は認められていなかった可能性があるということだ。

ハミルトン選手の弁護士はＩＣＩＪの取材に対し、「ステルス・リミテッド社はペーパーカンパニーではない。ジェット機は主にビジネス目的で使っていて、プライベートに使う場合には適切な支払いをしている」と反論を寄せている。

税を逃れるための高額な手数料

提案書の続きには、ハミルトン選手がアドバイスを受ける見返りに、アップルビーに対して支払う手数料の見積金額が書かれている。

■初期費用　会社設立の初期費用　3945ポンド（59万円）
マン島への航空機リース契約書の起草　1500ポンド（22万円）
マン島からの航空機リース契約書の起草　1000ポンド（15万円）
航空機の輸入費用　10000ポンド（150万円）

■年間費用　年間責任料　6000ポンド（90万円）
年間管理手数料（上限）　6000ポンド（90万円）

合計すると、一年目だけでアップルビーに支払う手数料は400万円を超える。だが、それも億単位の税逃れができるなら、ハミルトン選手にとっては安いものだろう。

タックスヘイブンに拠点を構えたプロの法律家が会計のプロとタッグを組み、「合法」を盾にした強気のセールストークで富裕層を誘い込む。「ウィンウィン」の関係を築き、多額の手数料で利益を稼ぐ……。これこそが、アップルビーのビジネスモデルだ。

タックスヘイブンをめぐっては、税逃れの恩恵を求めて集まってくる富裕層や大企業に世間の注目が集まることが多い。だが、たとえばハミルトン選手の例では、法律事務所アップルビーが自ら提案書を送り、「営業」をかけて積極的に税逃れを促していたことがうかがえる。世界の富裕層が税逃れを実現するために、法律や信託のプロたちがその裏で暗躍していることは、これまであまり注目されてこなかった事実だ。

アップルビーはＩＣＩＪの取材に対し、税逃れへの関与を否定する。しかし、パラダイス文書に含まれる膨大な内部文書は、アップルビーの「本音」を暴き出す。

マン島首席大臣、突然の反論会見

２０１７年10月23日。マン島の首席大臣であるハワード・クエイル氏は地元記者らを相手に、突然の記者会見を開いた。

「きょうは我が国にとって重要な事項について、その背景をお伝えするために集まっていただきました」

あいまいな言い回しで、その会見は始まった。

「今年2月以来、マン島はＩＣＩＪからの取材を受けています。英国のガーディアン紙とＢＢＣ、フランスのル・モンド紙、ドイツの新聞に日本のテレビ局からの取材です」

「ＩＣＩＪによる告発により、今後数週間のうちに、マン島は国際的に悪い評判を受ける可能性があります。それがきょう、事前の行動を取った理由です。マン島は税逃れをたくらむ人たちを歓迎する場所ではありません」

パラダイス文書の報道が解禁される、約2週間前に行われた突然の会見。集まった6人ほどの記者たちは、会見の意図が読めずに、困惑の表情を浮かべた。「新聞やテレビの取材に答えればいいのに、なぜこうやって会見を？　まるでパニックに陥っているみたいですよ。むしろ、何かを隠そうとしているようだ」

記者からの指摘に、首席大臣は慌てて否定に走った。

「もちろん何カ月間もかけて取材には答えてきた。でも相手は地方新聞ではなく、国際的な報道機関であり、告発をしようとしている。むしろ隠すことがないから、取材に応じたんだ」

わずか15分の会見で、首席大臣は何度もマン島の正当性を主張した。

「マン島は英国と同じルールに従っている」

だが一方で、マン島が税逃れの抜け穴に利用されている疑いはぬぐえない。人口8万人あまりのマン島には1千機近い航空機が登記されており、その数は世界で6番目になるともいわれる。ＩＣＩＪの取材に対し、マン島政府はこんな数字も明らかにした。

２０１１年10月から17年3月までの間、２３１の消費税還付申請があり、その大多数では全額返還が認められ、還付総額は７・９億ポンド（１１８５億円）に及ぶ。

３３０万ポンド（４・９億円）もの税金の支払いを免れることに成功したハミルトン選手も、この中に含まれているとみられる。

アップルビーの重要顧客リスト

パラダイス文書の最大の流出元となったのが、法律事務所アップルビーだ。公式ホームページの案内では、自らをこう紹介している。

「我々は、60人のパートナー（経営層の弁護士）を含む、約４７０人の職員を抱え、世界10カ所にオフィスを持つオフショア法律事務所です。世界的な公営および民間企業、金融機関、個人富裕層にアドバイスを送ります。単一の場所であっても、複数の法域をまたいだかたちであっても、顧客とともに現実的な解決策を見つけていきます」

開設は1890年代にさかのぼる老舗の法律事務所。英領バミューダ諸島で創業し、いまでは世界10カ所に事業を拡大している。

支店の場所を見れば、アップルビーがどんな仕事をしているのか、想像がしやすくなるだろう。

バミューダ諸島、バージン諸島、ケイマン諸島、ガーンジー島、香港、マン島、ジャージー島、モーリシャス、セーシェル、上海。

タックスヘイブンとして知られる地名が並ぶ。アップルビーは「オフショア（沖合）」、つまりタックスヘイブンでの仕事に特化した、専門事務所なのだ。この分野を専門とした法律事務所は世界にいくつかあるが、その代表格ともいえる名門事務所にあたる。

2016年に報道された「パナマ文書」の流出元であるパナマの法律事務所モサック・フォンセカは、より小規模な事務所だった。一方、アップルビーは広く世界中に展開する大手の事務所という位置づけになる。そのぶん、有名企業や政治家といった顧客が多く利用してきた。

「キー・クライアント（重要顧客）」

そう題したエクセルファイルがパラダイス文書の中にある。

517の会社がグループ名で分類され、横に売上高と管轄区域も載っている。

■1位　グレンコア　130万ドル（1・4億円）　バミューダ諸島

■2位　アライド・アイリッシュ銀行　70万ドル（7700万円）　マン島

1位のグレンコアは、鉱山開発などを手がけるスイスの大手商社。2位はアイルランドの大手銀行だ。

3位は米国に拠点を持ち、日本にも支社がある総合不動産会社「ケネディ・ウィルソン」。4位には、米国の投資会社「マウント・ケレット」が続いている。有名銀行や航空会社など著名な大企業の名前もある。

2015年8月に作成されたこのファイルは、アップルビーが大口顧客からの手数料収入を集計した表のようだ。

日本絡みの企業名も見つかる。

■218位　野村グループ　6・2万ドル（680万円）　バミューダ諸島
■465位　オリックス再保険会社　3・2万ドル（350万円）　ケイマン諸島

ウィルバー・ロス商務長官の名もここに出てくる。

■184位　WL　ROSS　7万ドル（770万円）　ケイマン諸島

米トランプ政権のウィルバー・ロス商務長官が創設した投資企業グループだ。ロス長官については1章で述べたように、タックスヘイブンを通じてロシア企業と利害関係を保持していたことが判明している。

アップルビーの2015年9月10日付の社内メモには、こんなやりとりがある。

「バミューダ事務所の顧客のうち、政治家関連の会社の割合は？」

「12・5%。326件です」

政治家に関連する企業とのビジネスは、アップルビーにとって重要な割合を占めているようだ。

リストに載る517社からの売上総額は、4500万ドル（49・5億円）以上にのぼる。

もちろん、すべてが税逃れの助言を受けているわけではない。法人登記の簡易さや、企業情報の秘匿性……。さまざまな目的でタックスヘイブンを利用したい企業や個人がいる。

アップルビーはそれら専門的な手続きの見返りに、高額の手数料収入を得る。両者の利害は一致し、タックスヘイブン専門の法律事務所という巨大ビジネスが生まれている。

米アップルによる「税逃れ」

法律事務所アップルビーの顧客に名を連ねる有名企業の一つに、iPhoneで知られる米アップル社もある。

2013年5月21日。米上院の公聴会に、アップルのティム・クック最高経営責任者（CEO）の姿があった。

「きょうの小委員会は、米国に拠点を置く多国籍企業が、いかにして税法の抜け穴を使い、タックスヘイブンに利益を移し、米国への納税から逃れているのかについて調べていきます」

委員長を務めるカール・レビン上院議員の発言で、この日の公聴会が始まった。

「9月にあった前回は、マイクロソフト社とヒューレット・パッカード社のタックスヘイブン利用について調べました。今回は、アップル社が、米国で課税されるべき何十億ドルもの利益を、タックスヘイブンに効果的に移しているのかに焦点を当てたいと思います」

レビン氏は、いかに米国の巨大多国籍企業の間で税逃れが横行しているのかについて、さまざまなデータを示していく。

1・9兆ドル（209兆円）もの利益が、米国に拠点を置く多国籍企業によってタックスヘイブンに蓄積されている。米国の代表的な多国籍企業のうち、1600億ドル（17・6兆円）以上を稼ぎ出す計30社はこの3年、タックスヘイブンを抜け穴にすることで、連邦所得税を一切払っていない――。

話題はアップルへと移る。

「アップルは米国のサクセスストーリーだ。世界中で知られているし、私もいまポケットにiPhoneを持っている。ただ、あまり知られていないのは、アップルがタックスヘイブンに1千億ドル（11兆円）以上を蓄える高度な税逃れシステムも持っているということだ」

出席した議員たちからは、アップルの税逃れの手法を指摘する発言が相次いだ。アップルを擁護する議員もいたが、少数派だった。

「アップルは、税の抜け穴をうまく利用している」

議員たちが指摘したのは、アイルランドの税法を抜け穴に使った税逃れの手法だった。指摘された仕組みはこうだ。

アイルランドの法律では、国内で実質的に経営されている企業だけが課税の対象となる。一方、米国では米国で設立された企業が課税対象になる。そこで、アップルはアイルランドで設立した子会社を、米国から実質経営するかたちをとり、アイルランドに海外での売り上げを集めてきた。こうすることで、この会社はアイルランドからも、米国からも課税されないというわけだ。どの国でも法人税を払わないことから、議員たちはこの会社を「ゴースト・カンパニー（幽霊会社）」と呼び、批判した。

議員からの非難を、米アップルのティム・クックCEOは、苦い表情で聞いていた。そして自身の発言の順番が来ると、反論に出た。

「アップルは、大小合わせて何十万人もの雇用を米国に生んできた」

「いまや米国で最大の法人税の納税企業になり、昨年（2012年）は60億ドル（6600億円）近くを米財務省に支払った」

クック氏は、アップルがいかに米国に貢献してきたかを訴えると、税逃れ疑惑についても強く否定した。

「負担すべき税は、1ドルも余さず払っている」

「法律に従っているだけでなく、法の精神にも従っている」

「税逃れ工作になんて頼っていない。カリブの島にお金を隠したりなんてしていない」

かたくなに税逃れを否定し続けたアップル。しかしこの頃、アップルは欧州でも同じように税逃れをめぐって厳しい追及を受けた。国際的なプレッシャーに耐えきれなくなったアイルランドは、同国の子会社を利用する多国籍企業への取り締まり強化に乗り出した。

巧妙に築き上げた仕組みが崩されたアップルは、どう動いたのだろうか。

アップルから一通のメール

米上院での公聴会から10カ月後の2014年3月20日。法律事務所アップルビーに、1

通のメールが届いた。

表題は「アップル：調査質問」とある。差出人は世界的な法律事務所「ベーカー&マッケンジー」で国際的な商業法を専門とする弁護士だった。

「我々の顧客であるアップルから依頼がありました。バージン諸島、ケイマン諸島、ガーンジー島、マン島、ジャージー島に絡むプロジェクトの支援と調整を求めています」

メールの文面は、どこか上から目線だ。

「貴事務所からの、この仕事への見積もり提案をお待ちします。もしその提案が費用対効果の高いものであれば、プロジェクトをお任せします」

メールには、アップルからの14項目の質問が添えられていた。

「アイルランドに籍を置く企業が、その地で課税されることなく経営活動ができますか？」

13年５月21日、米上院の公聴会に出席し、報道陣から大きな注目を浴びるアップル社のティム・クック最高経営責任者（CEO）＝ロイター

「企業が登記すれば、どんな情報が公になりますか？」

「合法的に税免除を受けることはできますか？」

「将来、不都合な方向に法律が変わる動きはありますか？」

各地のタックスヘイブンでの税規制にまつわる質問ばかり。アイルランドでの規制強化を受けて、アップルは代わりになる新たなタックスヘイブンの地を探し始めていたのだ。

メールを受け取ったのは、アップルビーの企業部門の責任者。巨大企業からの突然の依頼に歓喜した。1時間足らずのうちに、タックスヘイブンに拠点を置くアップルビーの各支店に対し、質問への回答を求める一斉メールを送っている。

「我々が世界的に発展するために、とてつもないチャンスです。ベーカー&マッケンジーのチームに対し、我々は過去に責任を果たせなかったことがありましたが、そのダメージを回復するため、少しずつ関係を築いてきました。あの失敗のときのチームリーダーが、いまアップルで社内弁護士をやっているのです」

アップルビーはかつて、ベーカー&マッケンジーとの仕事で失敗したことがあるようだ。その失敗を取り戻し、しかもアップルという大企業の仕事が得られる。またとないチャンスに映ったのだろう。

「ベーカー&マッケンジーと、その高名なる顧客との間に近い関係を築くため、この素晴らしい機会をものにしてください」

メールの文面からは、この商機を逃すまいという熱意が伝わってくる。

そして最後には、こんな注意書きまで書かれていた。

「アップルは評判に対して非常に敏感な企業です。外部の弁護士には、アップルから仕事を受けていることさえ公表することは許されません。また、アップルの仕事についての議論は必要最小限の人数で行うことが求められます。以上のことに気をつけて進めていってください」

数日のうちに、アップルビーの各支店から回答が寄せられた。

「アップルと仕事ができるとしたら、光栄なことです。できる限り魅力的な回答になるよう努力しました」

各質問の一つずつに、数十行にわたる詳細な回答が書き込まれたものばかりだった。

各地の法規制状況などをまとめた回答は、アップル側に伝えられ、最終的にはジャージー島が選ばれた。

ジャージー島は英王室属領の一つで、英国とフランスの間に浮かぶ小島。多くの企業に対し、法人税はかからない仕組みになっている。

アップルはもともと、アイルランドに海外拠点となる三つの子会社を置いていた。このうち二つの会社は2010~14年の5年間で、1200億ドル（13兆円）もの利益を上げており、それはアップルグループの全世界での利益の60%近くにあたる。この2社には2014年9月時点で1370億ドル（15兆円）の資産が蓄えられていた。米国以外での利益は、各国ではほとんど課税されず、ここに集められていたとみられている。

税逃れのために使われた「幽霊会社」と米上院で指摘されたのが、まさにこれらの子会社だった。アイルランドの規制強化によって、「幽霊」であることが許されなくなり、子会社はどこかの国に税法上の籍を置く必要に迫られた。そこでアップルは法律事務所アップルビーの助言を受け、ジャージー島を新たな拠点とすることに決めたのだ。

2014年ごろ、アップルはアイルランドにあったこの二つの子会社を、ジャージー島に移転させた。結果的に、アイルランドによる規制強化を、アップルは直前ですり抜けた格好になった。

不自然なアイルランドGDPの動き

2015年。アイルランドでは、国内総生産（GDP）が奇妙な急成長を見せていた。

「前年比26・3％増」

同国の中央統計局は「前代未聞だ」と異例の発表をした。GDPの増加額は2700億ドル（29・7兆円）近くに及ぶ。これは、アイルランドにあるすべての居住用財産の総額に匹敵する金額だ。

同国は、ユーロ圏内で財政が厳しい国として、「PIIGS」（ポルトガル、アイルランド、イタリア、ギリシャ、スペインの頭文字）と侮蔑《ぶべつ》された国の一つ。2010年には金融支援を受けていた。GDPはマイナスから復調したが、成長率は13年が1・1％、14年が8・5％。この2年の間に資源が見つかったわけでも、大企業が移転してきたわけでもない。

なぜ、急にGDPが伸びたのか。ノーベル経済学賞を受賞した米国のポール・クルーグマン教授は、この不思議な現象を、国の伝承をもじって「妖精エコノミクス」と呼んだ。

統計を見ると、謎が解けてくる。この年に国の知的財産（特許や商標など）が突如、2500億ユーロ（33・8兆円）増え、これがGDPを押し上げていたのだ。背景にはアップルの関与が浮かんでくる。

伏線は前の年にあった。

2014年秋、アップルの税逃れ疑惑への批判が高まったことを受け、アイルランド政府は税逃れへの規制強化を発表した。この国に最大の海外拠点を置いてきたアップルは対応に追われた。

ただ、抜け穴が一つあった。企業が知的財産を購入した場合、その費用は「損金」として扱われ、のちの利益と相殺できる仕組みがあった。アップルはこれに目をつけたとみられる。

複数の法律専門家の推定はこうだ。

アップルは社内取引で、巨額の特許などをアイルランドに残した子会社に購入させた可能性が高い。その結果、この子会社は赤字を抱えるかたちになり、支払う税金が大幅に抑えられたとみられる。一方、アップルビーの助けでジャージー島に移転した子会社は、特許の「売り手」として利用され、アイルランドから流れ込んだ莫大《ばくだい》な資金の受け皿となったと考えられている。

本来、アイルランドが設けたこの仕組みは、企業が外部から知的財産を購入しやすくし、新しい工場や機械への投資を促すことを目的としたものだとされる。しかし、アップルは企業グループ内で知的財産を移動させるというテクニックを使い、本来の目的とは異なる「税逃れ」のために、この仕組みを利用したのではないかというわけだ。

実際、GDPの急成長が発表された数カ月後には、欧州委員会の統計部局がこの理由について「限られた数の巨大事業者が、アイルランドへ知的財産を移転したためだ」とする見解を公表している。

アップルはパラダイス文書報道を受け、2017年11月6日付の声明を出した。「アップルはすべての会社に納税義務があると信じており、世界最大の納税者として、世界中のすべての国々で完全な納税義務を果たしています」

ICIJが指摘した、アイルランドの税法改正にともなう、子会社のジャージー島への移転については事実を認めた。そのうえで、「私たちが行った変更によって私たちの納税額がいずれかの国において減額されたということはありません」と回答している。

EUは16年、アイルランド政府によるアップルの法人税優遇を「違法な補助金」と見なし、最大総額130億ユーロ（1・8兆円）を追徴課税するよう求めた。だがアップルとアイルランド政府は不服を申し立てている。

毎年2400億ドル（26・4兆円）の税収が、多国籍企業などの税逃れによって失われている――。15年に経済協力開発機構（ＯＥＣＤ）が発表した数字だ。公平な税負担を求める側と、逃れる側と。いたちごっこは果てしなく続いている。そして法律事務所アップルビーもまた、「逃れる側」に加担してきたことが、パラダイス文書から見えてくる。

コンプラ違反の境界で

パラダイス文書には、流出元であるアップルビーの内部で交わされた膨大な量の電子メールが含まれている。社員同士で送られたメールからは、アップルビーの本音が見え隠れする。

２０１４年７月22日朝。アップルビーのコンプライアンス（法令・社会規範の順守）部の社員２人に、一文だけのメールが送られた。

「なぜこの件を事前に私に知らせなかったんだ」

怒りのこもった内容に、返信はない。

６時間後にもう一通。

「これはものすごく重大だ。ブラッド・ダイヤモンド（血のダイヤ）が絡んでいる」

血のダイヤ――。アフリカの紛争地で闇取引されたダイヤのことだ。

2人の部下に2通のメールを送ったのは、アップルビーのコンプライアンス部長のロバート・ウッズ氏だった。

怒りの理由はこうだ。

2013年、ベルギーのダイヤ会社がアフリカのビジネスで得た利益を隠していたとして、税務当局に1・6億ユーロ(216億円)を支払ったと報じられていた。

翌14年、アップルビーの担当者はこのニュースを知りながら、ダイヤ会社からの依頼で、新たな信託会社をケイマン諸島に設立していた。〝汚れた資金〟をタックスヘイブンに隠した――。そう受け取られかねない行為だった。

ウッズ氏のメールでの指摘から10日後。この案件について、社内外の関係者を集めた長時間の会議が開かれた。

だが、出た結論は「リスクの高い顧客だが、全体的にはいいビジネスだ」。

違法行為に関わる可能性があったのにもかかわらず、優先されたのは、倫理より利益だった。

ウッズ氏がこの結論に納得したのかどうか、定かではない。ただ、ウッズ氏は直後に事務所メンバーにこんなメールを流している。

「終わったことは仕方がない。でも今後は、営利的であると同時に、手数料稼ぎの可能性に引っ張られないようにしてください。手数料を荒稼ぎできる案件だとしても、重大なリスクを抱えているという事実を、我々はよく理解していなければならない。もしすべてが悪い方向に転べば、最後には責任を取らされる羽目になるのです」

パラダイス文書の報道に「不正はない」と反論したアップルビー。

だが、流出した内部文書からは、常にコンプライアンス違反との境界線で揺れる姿が見える。

たとえばアップルビーの顧客企業の一つに、ある中東の石油会社があった。1984年以来の長い付き合いだ。ところが、この石油会社は米当局からイラクのサダム・フセイン大統領（当時）とつながりが深いと疑われる企業だったのだ。実際、石油会社のオーナーの兄弟は、フセイン政権下での核兵器プログラムの責任者を務める人物だった。

アップルビーがこの事実に気づいたのは、2013年のこと。その事実を知った所属弁護士の一人は、驚きを込めてこんなメールを残している。

「我々はこの企業と、かなり長い期間にわたって関係を築いてきた。なぜもっと早く、この事実に気づかなかったんだ」

こうした問題を踏まえ、事務所内では対策も取られていた。

パラダイス文書のなかに、2011年に作成されたパワーポイントデータのスライド資料があった。アップルビー内部のコンプライアンス研修の資料のようだ。

「マネーロンダリング」「テロリズムへの資金援助」「麻薬取引」「汚職」「組織犯罪」「児童ポルノ」……。国際テロ組織アルカイダのオサマ・ビンラディン氏の写真などを交えて、タックスヘイブンが悪用される恐れのある事例が、次々と示されていく。

注意しなければいけない相手としては、こんな指摘がある。

「犯罪者やテロリストと疑われる人物」

「重要な公的地位にある者」

「制裁の対象者」

そして、彼らの「身元」「資金源」「ビジネスの目的と性質」を確かめるよう求めている。

資料の後半には、「事態が悪化した場合のコスト」というスライドも。

「ロイヤルバンク・オブ・スコットランド　2002年12月　75万ポンド（1・1億円）」

「アメリカン・エキスプレス　２００7年8月　６５００万ドル（71・5億円）」
「クレディ・スイス　２００8年8月　５６０万ポンド（8・4億円）」……。
金融機関などへの過去12例の罰金が列挙され、最後にこう書かれていた。
「次は誰だ？」

このように、アップルビーの事務所内でも、表向きにはコンプライアンスに向けた取り組みは進められていた様子がうかがえる。

ところが実態としては、アップルビーは内外の監査で、毎年のように法令上の問題点が指摘されていた。

タックスヘイブンでの仕事は秘匿性の高いものが多く、犯罪や汚職などに悪用される恐れが高いとされる。だからこそ、法律事務所には、顧客の出自や資金源など、詳しい情報を把握することが求められている。ところが、２００５～15年の間だけで、アップルビーは10回以上にわたって問題点を指摘されてきたことが、パラダイス文書からわかった。

たとえば、２００6年のバージン諸島オフィスでの内部監査では、45の顧客ファイルを調査した結果、たった一つしか必要な情報がそろっていなかった。08年のケイマン諸島オフィスでの内部監査では、半分以上のチェック項目において、法令や内部基準に反する恐れが「高い」と判断された。監査報告では「アップルビーは法律に従っていない可能性がある」とまで指摘されている。

12年にはバージン諸島当局からの検査を受け、リスクの高い政治家との取引において、アップルビーの手続きに不備があると指摘されたこともあった。

ある社内文書では、こんな指摘がなされていた。「我々がコンプライアンスでタックスヘイブンのトップだと認められるには、まだまだ膨大な努力が求められる」

政界との太い人脈

2015年11月7日、英領ケイマン諸島。冬の日中の平均気温が25度の南国でも、クリスマスの準備が始まっていた。

アップルビーの現地オフィスで、「クリスマスギフト」と題したリストが作成された。所属弁護士ら12人それぞれが、プレゼントを贈る相手を一覧にしたものだ。

パラダイス文書で流出したリストに記されていた贈り先は計1629人分。顧客だけでなく、大手銀行や会計事務所、ライバルの法律事務所など幅広い。

加えて、目立つのは政府関係者など「公職」の人たちだ。

「ケイマン諸島政府　副首相」

「ケイマン諸島政府　財務長官」

「ケイマン諸島金融局　局長」

「ケイマン諸島裁判所　判事」

こうした当局側の名前も、数十人にわたって並んでいる。別の年の社内メールには、こんな記述もあった。

「特に土地登記担当と貿易ビジネス担当の役人は、ギフトの内容によって翌年にうちの事務所が受けられるサービスに差が出ます。気をつけましょう」

各国の政界とのつながりは、贈り物だけではない。アップルビーと規制当局側との人的な交流も見えてくる。

たとえば、バミューダ諸島の上院議員の一人に、ジェームス・ジャーディンという人物がいる。実はこの人、かつてアップルビーのＣＥＯを務めていた公認会計士でもある。彼の経歴からは、アップルビーと政界との深いつながりの一端が浮かびあがってくる。

幼少期をバミューダ諸島やスコットランドで過ごしたジャーディン氏は、カナダの大学を卒業し、公認会計士の資格を取得。バミューダに戻ると、大手会計事務所での仕事を経て、1992年にアップルビーに入社した。アップルビーではCEOにまで上り詰め、2011年に退職した末に、上院議員に転身した。

そのほかにもジャーディン氏は会計士として働きながら、中心都市ハミルトンの市議会議員を18年にわたって務めるなど、七つもの公的機関の役職を歴任してきたとされている。

こうした例は珍しくない。

ジャージー島の金融庁で08年に理事を務めていた女性は、かつてアップルビーで20年以上も働いた経験を持つ人物だった。

ケイマン諸島の裁判所で金融を担当する男性裁判官の一人も、アップルビー出身。しかもアップルビーに在籍中、島の法改正委員まで務めていた。

アップルビーの、政界への太い人脈がうかがえる。

アップルビーが拠点を構える世界各地のタックスヘイブンは資金洗浄や脱税、粉飾の舞台になることがある。このため政府や金融当局は本来、アップルビーを監視する立場にある。

実際、アップルビーがバミューダ当局から、法令違反で罰金が科せられた記録がパラダイス文書から見つかった。

2013年、アップルビーのバミューダ諸島オフィスは、バミューダ金融当局から定例の立ち入り検査を受け、多くの問題点を指摘された。ところが、翌14年に再び検査を受けると、指摘された点が改善されていないことが発覚。15年10月、アップルビーは罰金を科されることになった。同社は処分を受け入れ、金融当局へ謝罪して改善を約束。罰金の支払いのために50万ドル（5500万円）を用意したことが、内部文書に記されていた。

しかし、その直後、アップルビーの幹部はこんな報告をまとめている。

「この件で外部からの批判はなかった。バミューダ金融当局はこの件を秘密にすると約束してくれた」

こうした蜜月関係も、パラダイス文書で初めて明るみに出た。

「秘匿性」に群がる顧客

アップルビーのバミューダ諸島オフィスで役員秘書を務める女性を困惑させるメールが届いたのは、2015年7月24日午後のことだった。

「お願いがあります。アップルビーはこの企業について、２０１２年度の企業ファイルを保管してありますか？」

メールは、かつてアップルビーの顧客だったカタールの石油精製企業の社名を挙げ、当時の企業情報の開示を求める内容だった。

送り主のアドレスの末尾は「@gov.bm」。英領バミューダ諸島の政府をあらわすものだ。税逃れを防ぐ目的で、世界の国・地域が租税情報を交換する条約に基づき、バミューダ政府が他国から情報提供を求められたということだった。

「上司に相談します。いま残念ながら席を外していますが、月曜には戻るので、それまでにはお返事したいと思います」

23分後、秘書はひとまず、こう返事を出した。

相談を受けた上司も判断に迷った。

「法的な保管義務があるので、そのファイルは保管してあるはずです。ただ、もし問い合わせに『はい』と答えれば、顧客情報を渡さなければならない。『いいえ』と答えれば、記録保管の義務に反すると責められる可能性がある。直接社長に聞いてみて、その結果を教えてもらえますか？」

最終的に、アップルビーは政府の求めに応じることにした。ただ、自発的に応じるのではなく、裁判所から法的な「開示命令」を出してもらい、それに従うかたちをとったようだ。開示には1カ月以上の時間がかかっていた。

顧客との契約の秘密を守るのか、規制当局からの求めに応じるのか――。アップルビーにとって苦渋の決断だったことは、パラダイス文書で流出した一連のメールやその後の社内のやり取りからもうかがえる。

「顧客企業には、記録を開示したことを報告しないということでいいですね？」

担当社員からの問いに、上司はこう答えていた。

「顧客への報告は必要ありません。顧客には連絡しないでください。情報を漏らしたと責められたくないですから」

アップルビーはなぜ、保秘にこだわるのか。

それは、タックスヘイブンに集まる顧客の目的が、「税逃れ」だけでなく、「秘匿性」にもあるからだ。

巨額の資産を隠したい富豪や大企業、秘密の取引をしたい犯罪者集団……。なかには、名義貸しを利用して会社の真の所有者を隠すケースもある。

パラダイス文書では、日ごろ秘匿されているこうした取引の一部が見えた。不透明な取引への批判は国際社会で高まりつつある。だが、取材を率いたＩＣＩＪ副事務局長のマリナ・ウォーカー・ゲバラは、なお厚い壁があると語る。

「パナマ文書で、私たちはタックスヘイブンの全容をつかんだと思っていた。パラダイス文書でわかったのは、私たちが知らないことが、まだまだたくさんあるということだ」

アップルビー、発展の歴史

オフショア・マジックサークル――。

タックスヘイブンを専門とする法律業界は、そう呼ばれる。中心的な法律事務所は世界に約10社ある。

「魔法の輪」の一つであるアップルビー。２０１０年６月、ロンドンで開かれた式典で、1千人を超える国際弁護士らの視線を独占していた。この日、業界で最も成功した事務所として「オフショア・ローファーム・オブ・ザ・イヤー（オフショア法律事務所の年間大賞）」を受賞したのだ。

アップルビーは受賞にいたる1年間だけで、セーシェル、バーレーン、ガーンジー島、マン島に新たに事業を拡大していた。

「名誉ある国際的な賞をいただき、とてもうれしく思います。オフショアにおける法律業務、信託業務において、世界のトップになることが、我々の目標でありました。同業者たちからこの努力が認められ、この賞につながったことに喜んでいます」

執行役の男性は喜びを隠しきれなかった。

アップルビーの歴史は125年を超える。

1865年、創業者のレジナルド・アップルビー氏は英国南部のハンプシャーに生まれた。父は英国人だったが、母親はバミューダ諸島の出身。22歳で弁護士資格を取ると、翌年にはバミューダへ渡り、弁護士としての仕事を始めた。そして、数年後にこの地で創業したのが、法律事務所「アップルビー」の始まりだった。

バミューダの図書館に残された資料によれば、アップルビー氏は治安判事を29年間にわたって務め、地元では「ザ・ジャッジ」と呼ばれる存在だったという。口数は少ないが、その機知に富んだ人物だったというアップルビー氏。1944年に発行された地元誌は、その人物像を「慎重で公平な研究に基づく意見を持ち、根本的な真実にたどり着こうという決意を持った人だ」と評している。

当初のアップルビー氏の仕事ぶりを見てもわかるとおり、法律事務所アップルビーは最初からタックスヘイブンの専門事務所だったわけではない。そもそも、バミューダはもともとタックスヘイブンではなかったのだ。

「バミューダの歴史に感銘を受けるのは、変化し、適応し、生き残る力だ」

地元紙ロイヤル・ガゼット元編集者のビル・ズイール氏が産業史をひもとく。

「ビーチと太陽のほかに天然資源がない」という島は、いつも海外の潮流に合わせて成長してきた。

無人島だったバミューダに人が移り住んだのは17世紀のことだ。難破船でたどり着いた英国人が定住し始め、当初はタバコ栽培が栄えた。それが廃れると、造船業から農業と変遷し、1980年代までは観光が主要産業だった。

バミューダの副首相と財務相を務めたボブ・リチャーズ氏は、こう解説する。

「地図に指を置いてみて。この島は、ワシントンとニューヨークに近い。驚くほど米国の権力の中枢に近い戦略的な立地にある」

島は歴史的に、米国や英国によって、軍事やビジネスの拠点として利用され続けてきた。

1890年代に、英領バミューダ諸島で法律事務所「アップルビー」を創業したレジナルド・アップルビー氏＝1944年７月発行の“The Bermudian Magazine”から

輸入に頼るバミューダは、高い関税などで税収を得る代わりに、法人税はゼロ。近年は、それに目をつけた海外企業が一気に進出し、タックスヘイブンとして発展した。

この30年で島の国際金融ビジネスは急成長。それとともに、アップルビーも一気に世界各地へと勢力を拡大してきたのだ。

政府の言い分

「メディアの皆さん、おはようございます。本日はお集まりいただき、ありがとうございます」

２０１７年11月６日朝、英領バミューダ諸島のデイビッド・バート首相は記者会見に立った。この日、世界で一斉にパラダイス文書の報道が始まっていた。文書の主な流出元は、この島で創業した法律事務所「アップルビー」だった。

「本来は違う話題のつもりでしたが、いまバミューダが置かれた深刻な状況を考え、アップルビーについて話します」

火消しを図る首相は、政府の税逃れ対策を列挙し、訴えた。

「バミューダは開かれた、透明性のある場所です。しっかりとした規制があります。100以上の条約締結国は、バミューダから情報提供を受けることができます。もし悪事の証拠があれば、法順守を求める強力な執行機関があります。これまでも違法な個人や企業には断固とした行動を取ってきたし、今後もそれを続けます」

「バミューダは、カネを隠す場所ではないのです。透明性があり、法令を守っています」

バート首相だけではない。

バミューダの高官たちは、パラダイス文書の公開前から、自分たちがいかに清廉潔白であるかを主張してきた。問題は、国際課税の仕組み自体だ、と。前述のリチャーズ元副首相兼財務相は、朝日新聞の取材にこう答えている。

——なぜ、バミューダに海外から投資が来るのですか。資金を隠すような場所はないのですか。

「情報は一般には公開していないが、日本を含む80カ国以上の国々と情報交換の協定を結び、海外の税務当局からバミューダ企業の情報を求められれば送っている。完全とは言わないが、他の国より良いシステムを備えている」

――しかし、タックスヘイブンだとの批判が強まっています。

「税率が低い国であることは事実だが、汚いお金を隠すような仕組みは提供していない」

「（課税逃れを許す）国際課税の仕組みは我々ではなく、G7（主要7カ国）など世界の大国が作ったものだ。バミューダの税制は100年以上前から続いており、（海外から）資本を取り込もうという狙いで作っていない。あらゆるものを輸入に頼る島国のため、税収の多くは関税で、バミューダにあわせた制度だ」

――国際課税の仕組みに問題があると。

「地図上の点でしかないバミューダに責任があるというのは、全くおかしな話だ。（企業から）税金が十分に支払われていないというなら、（G7やG20などの大国が）自分たちの仕組みを変えるべきだ。バミューダのような小さな国が何も言い返せないと思って、スケープゴートにしているだけだ」

タックスヘイブンへの誘い文句

国際的な税逃れをめぐる問題では、タックスヘイブンの島々が批判の的となることが多い。たしかに、そうした地域では法人税がかからないなどの制度的な「抜け穴」があり、そこを先進国の大企業や富裕層が利用してきた実情がある。

ただ、問題は制度の抜け穴だけではないことが、パラダイス文書を通じて見えてくる。法律事務所「アップルビー」の数々の内部文書は、いかにアップルビーが世界中の裕福な顧客たちに対し、タックスヘイブンのメリットを宣伝し、利用を促してきたのかという実態を浮かび上がらせた。複雑な税制を理解し、手続きを代行してくれる法律事務所という存在があってこそ、タックスヘイブンの利用が広がっていることは間違いない。高額な手数料を受け取る代わりに、その何十倍、あるいは何百倍もの「節税」効果を生み出す仕組みを提供する――。このビジネスモデルが続く限りは、タックスヘイブンの利用に歯止めがかかることはない。

パラダイス文書の膨大なデータを見ていくと、アップルビーが富裕層向けにつくった魅力的なパンフレットが数多く目につく。

たとえば、２０１４年に作成されたフルカラー30ページのパンフレット。個人のお金持ち向けに、資産形成について案内をした資料の一つだ。

「このリポートは、世界中の個人富裕層が直面する問題に取り組み、そうしたエリート層に影響するテーマを探るものです」

リポートはロシアなど国際情勢を踏まえ、国際的に分散させた資産投資を提案する。ジェット機や絵画の購入なども勧めている。

いったいどんな「エリート層」に、このパンフレットが届くのだろうか。そう思って読み進めると、こんな記述もあった。

「世界中の個人富裕層のうち、ほぼ半分はたった二つの国に住んでいます。それは米国と日本です」

おそらくは、日本に住む富裕層のもとにも、アップルビーからのこうした「誘い」が届いているのだろう。お金のあるところには、魅力的な提案が舞い込み、さらに資産を増やしていく。資本主義の世界では当然のことなのかもしれないが、パラダイス文書はその実態をまざまざと見せつけてくるものだった。

タックスヘイブンは富める者を、さらに裕福にする。では、そのしわ寄せは、どこへ行くのか。

数字で見るバミューダの経済格差

「パラダイス文書」報道以来、タックスヘイブンとして注目を浴びた英領バミューダ諸島。この地に暮らす島民たちはその恩恵を享受できているのだろうか。雇用統計、年収、生活費など数字から見る生のバミューダを現地リポート。

一人あたりのGDPは世界有数

「ヨットなんて持っているのはお金持ちだけ。私みたいな普通のバミューダ人は、仕事を二つ、三つ掛け持ちして、やっと生活しているのが現実よ」

英領バミューダ諸島の中心都市ハミルトン。コバルトブルーの港に無数の真っ白なヨットが漂う。それを指しながら、現地の日系企業で働く黒人女性に「あなたも、あんなヨット持っているの?」と尋ねると、女性は顔の前で手を左右に振りながら笑った。

記者は2017年10月上旬、バミューダを訪れた。パラダイス文書が流出した法律事務所アップルビーを直撃取材するためだ。滞在中、個人経営のペンションに泊まったが、宿泊費は一泊300ドル（3万3千円）を超えた。タックスヘイブンのバミューダでは、所得や相続、金融商品の値上がり益などに税金がかからない。普通に考えれば、まさに「パラダイス」だが、果たして、庶民はタックスヘイブンの恩恵を享受できているのか。

世界銀行によると、世界中から富が流れ込むバミューダ（人口6万5千人）の一人あたりのGDP（国内総生産）は、モナコやルクセンブルクなどと並んで、世界トップレベル。2008年には過去最高の93605ドル（1030万円）を記録した。

一方で、世界経済の影響を受けやすく、経済成長率は06年のプラス5・5％だったのが、リーマン・ショック後の09年にはマイナス5・3％と落ち込み、それ以降は、なかなか回復していない。失業率もここ数年、6～9％と高止まりしたままだ。

もう一つ、興味深い数字を見つけた。バミューダ政府の雇用統計（16年）によると、労働者3万3481人のうち約7割が黒人や混血などだが、高官や企業の管理職では白人の割合が半分。これに対し、事務職員やレストラン、売店の従業員では、黒人や混血などの割合は約8割と高くなる。

給与は、職業によって、また、バミューダ人かどうかによっても大きく違う。たとえば、バミューダ人のレストラン従業員の平均年収は3万1345ドル（345万円）だが、バミューダ人の保険業者は15万8577ドル（1659万円）、外国人なら27万5855ドル（3034万円）だった。これらの統計は何を意味するのだろう。

世界一の物価高

MUFGファンドサービスのバミューダ支店内部管理担当取締役の嶋田英人さん（47）は、2016年5月に米ニューヨークからバミューダに転勤した。嶋田さんは「バミューダは所得税がなく、（社会保障費のための）給与税も低いですが、物価が異常に高いんです。すべてがニューヨークの2、3倍の感覚です」と説明した。

英国の移住情報サイト「ムーブハブ」が17年2月に公表した調査では、バミューダの生活費は、スイスやアイスランド、ニューヨークなどをしのいで、世界最高だった。

ハミルトンの物価は、マクドナルドのハンバーガーセット11ドル（1210円）▽パン1斤（500《グラム》）6ドル（660円）▽リンゴ1《キロ》10・5ドル（1155円）など、かなり高い。ほとんどの生活必需品を輸入に頼るため、輸送費のコストがかかるだけでなく、食料品などの輸入品にかかる25％の関税がさらに物価を押し上げる。家賃も、ハミルトンでは3LDKのマンションで5千ドル（55万円）を超える。

嶋田さんは「富裕層はいろいろと税金がかからず、金融商品の値上がり益も無税で入ってきます。そうでない人は車も持っておらず、社会の階層がはっきり分かれているという印象です」と打ち明けた。

高い生活費を支払うため、バミューダ人は仕事を掛け持ちするのが一般的だという。

黒人女性のタクシー運転手カブレットさん（57）は87歳の父親と同居している。平日の日中は英金融大手HSBCで働き、朝晩はタクシー運転手、週末はホテルで清掃の仕事をしている。「私も、夫も、それなりに働いているわ。でも、父親の年金は月500ドル（5万5千円）とわずかだし、とても生活していけない。この国では、子どもができた途端に破産よ。タックスヘイブンの恩恵なんて感じたことはない」

もう一人のタクシー運転手、黒人男性のフィルさん（55）は、2年ほど前までハミルトンの投資銀行で働いていたが、不況で解雇された。朝6時から夜10時までタクシーに乗り、お客さんが多い時は一日500ドルぐらい稼ぐ。妻も、看護師とホテル従業員の二足のわらじをはくが、娘2人を抱えて、「生活は楽ではない」と嘆く。

格差の理由

国際NGO「税公正ネットワーク」の創設者ジョン・クリステンセンさんは、タックスヘイブンとして知られる英王室属領ジャージー島の出身で、大手会計事務所での勤務経験もある。タックスヘイブンが構造的な三つの問題を抱えていると指摘する。

①租税回避のための巨大な金融業を抱えることによって、不動産の価格上昇が起こりやすく、それが生活必需品にも影響を及ぼす　②金融業に依存するため、農業や製造業などの産業が育たず、普通の人には、配送やレストラン従業員などの低賃金の仕事しかない　③富裕層を優遇することによって、税収が不足し、それを埋め合わせるために、消費税や付加価値税が高くなる

クリステンセンさんは以上のことから「タックスヘイブンでは、物価高、所得格差、逆進的な税制度が貧富の差を広げ、社会の分断をさらに大きくさせている」と結論づける。

富める者はますます富み、貧しい者はさらに貧しく。クリステンセンさんは、これを「金融の呪い」と呼ぶ。タックスヘイブンの抱える矛盾や問題の本質が凝縮されているように感じた。タックスヘイブンが存在する限り、その「呪い」は世界に広がり続けるのではないだろうか。

（文＝吉田美智子）

第3章

収奪の大地

～アフリカ鉱山の利益を搾取する巨大商社

高野　遼

タックスヘイブンの被害者

想像以上の怒りが、アフリカに渦巻いていた。

２０１７年11月、アフリカ西部の内陸部にあるブルキナファソの地元紙「ル・ルポルテ」の１面トップには赤い字の大見出しが並んでいた。世界一斉に報じられたパラダイス文書の報道だ。各国で配信されたのと同じ内容の原稿が、この国にもきちんと届いていた。

この地でパラダイス文書が話題になっていたのには、理由があった。世界で報じられた数多くのトピックスのうち、一つがブルキナファソにおける税逃れの実態を暴いたものだったからだ。

タックスヘイブンとアフリカ大陸。その深い結びつきは、あまり指摘されてこなかった。これまで見てきたとおり、タックスヘイブンといえば英領バミューダ諸島やケイマン諸島といった南国の島々がよく舞台となる。また、そこを利用するのは米国や英国といった先進国の富裕層や大企業が多い。

一方で、実は発展途上国こそが「税逃れの最大の被害者」ともいわれている。その顕著な例がアフリカ諸国なのだ。

鉱山の村へ

２０１７年11月27日、ブルキナファソの首都ワガドゥグにある国際空港に降り立った。黒人の乗客たちに交じって、ビジネスマンらしき欧米人が少し。観光客はほとんどいない。迷彩色の制服を着た男性職員による入国審査を通り過ぎると、小さなロビーは閑散としていた。

ブルキナファソは、ガーナやコートジボワールといったギニア湾沿いの国々と、サハラ砂漠との間に位置する内陸国だ。アフリカでは近年、急速に開発が進んでおり、首都には高層ビルが立ち並び、さながら都会の風景が広がっていることも珍しくない。だが、ここブルキナファソにはそうした開発の波が、まだ十分には届いていないようだ。空港の周りは空き地が広がり、宿泊する予定の8階建てホテルはすぐに見つかった。市の中心部にも、高いビルはほとんどない。舗装されていない道も多く、砂ぼこりのなかを、バイクや車が行き交っていた。

取材の目的地は、パラダイス文書で税逃れの舞台となっていることが明らかになった鉛

ブルキナファソ地図

鉱山。ワガドゥグから西へ約１００キロに位置する、レオ市内のペルコア村にあるナントウ鉱山だ。

チャーターしたトヨタの四駆に、取材助手として通訳してくれる現地の男性と乗り込み、さっそく鉱山へ向かった。ワガドゥグから西へ２時間半の道のりだ。はるか北に広がるサハラ砂漠からの砂ぼこりで視界がかすむ。乾いた大地に日差しが照りつけ、日中の気温は35度を超えていた。

町と町を結ぶ幹線道路は舗装されているが、一本道の両側に建物はほとんど見当たらない。乾燥した大地に、草むらが広がり、樹木がまばらに立ち並ぶ。ときおり、地元の人たちが野菜や果物などを手に、通り過ぎる車に向かって差し出してくる。七面鳥のような鳥を5羽ほど束ねて足をつかみ、丸ごと売っている人たちが近づいてきたときには、驚かされた。

小さな町を二つほど通り過ぎると、「ペルコア」という看板が見えてきた。目指す鉱山のある村だ。通り沿いに並ぶ家は、どれも土を塗り固めたような平屋建てばかり。車やバイクに交じって、ロバが荷車を引いて道路を走っている。道沿いでは青やピンク、紫などの色に染めた布をまとった女性たちが、頭上に大きなバケツを乗せ、なにか食料などを運んで歩いていた。

道中、連なって走る2台の大型トラックとすれ違う。助手が「あれが、鉛を運んでいるトラックだ」と教えてくれた。やがて道の右手に「ナントウ鉱山株式会社　7キロ」と書かれた深緑色の看板が現れた。

ナントウ鉱山の正門から、鉛を積んだとみられる大型トラックが砂ぼこりを上げて走り去る。辺りでは多くの警備員が警戒にあたっていた＝17年11月

幹線道路から外れ、舗装されていないデコボコ道に入る。ほこりを舞い上げながら進んでいくと、また数台のトラックとすれ違う。右手には、高い金網フェンスが続いていた。向こうに広がる広大な土地が、鉱山なのだという。

道の先に、厳重に警備された正門が現れた。ナントウ鉱山の入り口だ。「受付」と書かれた小さな白い建物の前には何人もの警備員が立ち、ものものしい雰囲気が漂う。運転手は正門から100メートル以上離れたところで車を止めた。「これ以上先には、行けないよ」

現地でもすでに税逃れ疑惑が報じられ、鉱山会社は警戒心を強めており、とても簡単には取材に応じてもらえる状況でないのだという。

怒りの言葉

近くにある集落を訪ねた。鉱山の正門から車でわずか数分。泥で塗り固めた粗末な家が並ぶ小さな村があった。子どもたちが裸足で、ブタやニワトリと一緒に走り回る。アジア人が訪れることが珍しいのか、車を降りると子どもたちが遠巻きでじっとこちらを見つめてくる。手を振ると、恥ずかしそうに手を振り返してくれた。

2年前までナントウ鉱山で働いていた人物がいる。そう聞いて、まずは集落のうちの一軒に住む、バリ・サビエ・バドさん(40)のもとを訪ねた。ベージュ色のポロシャツの右胸には赤と緑のブルキナファソ国旗。左胸には「NANTOU」の文字が書かれていた。

「鉱山は利益を独占し、地元にほとんど恩恵はない」

バドさんは厳しい表情で語り始めた。

バドさんは2015年秋まで、鉱山で機械工助手として働いていた。月給は7万5千CFA《セーファー》フラン（1万5千円）。現地の相場でも、決して高くない水準だ。キビやアワを育てる自給自足の生活で、足りない分をわずかな給料でまかなった。子どもを学校にやるにも苦労した。水不足で衛生環境も悪く、2人の子どもを幼くして亡くしていた。

開発を受け入れれば村が潤う――。鉱山開発が始まった30年前の約束は守られなかった。「孫の代までここで仕事をして、きっと村は豊かになる」。そんな村人の期待は裏切られたという。

語るごとにバドさんの語気は強まっていく。目には怒りの色が浮かぶ。

「村の生活は前より悪くなった。土地は奪われ、環境も悪化した。僕らは彼らにだまされたんだ」

鉱山開発が始まって約30年。この村ではいったい、何が起きたのだろうか。

輝く砂を見つけた

初めて鉛の鉱脈を見つけた人が、いまも近くに住んでいる。そんな情報を得て、話を聞きに向かった。鉱山から車で15分ほど離れた小さな集落。れんが造りの家の脇で、木陰に並べたベンチから立ち上がり、その男性は笑顔で出迎えてくれた。

バブ・ジュレス・バチョノさん、70歳。この老人が、鉱脈の第一発見者なのだという。

「1980年、7月のある土曜日のことだった」

当時の経緯を尋ねると、バチョノさんは遠い目をして語り始めた。

37年前のその日、バチョノさんは、叔父を訪ねて隣の村へ向かっていた。水を飲み過ぎたのか、道中で小便をしたくなり、近くの草むらに入る。地面に目をやると、何かが光ったように見えた。

辺りの土をすくってみると、手の中の砂は、日差しを受けてまばゆく黒光りしていた。きっとすごく貴重なものだろう。光る砂を集め、紙に包んで持ち帰った。

翌日、ちょうど父の農場を訪ねてきていた、白人の外国人に見せてみた。

「どこで見つけたんだ?」

「ペルコアさ」

「その場所に私を連れて行ってくれないか?」

外国人は国連の援助隊員だった。発見場所に案内すると、興奮ぎみにこう言われた。

「バチョノさん、素晴らしい資源を見つけましたね。あなたの国を豊かにするものですよ」

アフリカ最大級の鉛鉱山となる、鉱脈発見の瞬間だった。

数年後には、バチョノさんが働いていた織物工場のオフィスに、4人の兵士がやってきた。

「大統領が、どこで鉛を見つけたのか教えてほしいと言っている」

場所を伝えると、兵士たちは周囲を調べて帰っていった。その後、多くの車が現場を出入りし、調査が始まったようだった。やがて海外企業が乗り込み、大規模な鉱山開発が繰り広げられるようになった。

だが、バチョノさんには何の連絡もない。退職後の2007年、思い切って政府に手紙を書いた。「初めて鉛を見つけたのは私なんです」

4カ月後、政府から一枚の返事が届いた。

「愛国的な行動に感謝します。ですが、規則によりあなたには何の権利も差し上げることはできません」

ブルキナファソはサハラ砂漠の南にある。農業が主要産業ではあるが、雨は少なく、やせた土地が広がる。世界最貧国の一つといわれるこの国にとって、鉱山は未来を照らす希望となるはずだった。

バチョノさんは親を早くに亡くし、子どもたちを学校に送るのにも苦労してきた。退職後は子どもたちから稼ぎを分けてもらい、粗末な家でつましい生活を送る。鉱脈を見つけたのに、国からも鉱山会社からも一銭も得られなかった。

2015年、元の職場の退職者の集まりで、ナントウ鉱山を訪問する機会があった。仲間の一人が鉱山職員に尋ねた。

37年前に初めて鉛の鉱脈を見つけた際の様子を語るバチョノさん＝17年11月

「誰がこの鉱山を見つけたか知っていますか?」

「たしか、首都ワガドゥグの誰かだと聞いたことがあるような……」

「ノー。見つけたのは彼だ」

鉱山の職員たちは、目の前に鉱脈の第一発見者がいたことに驚きを隠せなかった。職員たちは慌ててマイクをバチョノさんに手渡し、当時の話を聞こうとした。だがバチョノさんは話を拒み、怒りを込めて言い放った。

「お前たちには、何も話さない。お前たちは、すべての利益を持っていっただろ」

果たされなかった約束

地元の人々が得るべき利益はどこに消えたのか。取材を続けると、バチョノさんが鉛を見つけた直後に、一人の白人男性がペルコアを訪れたという話が聞こえてきた。

現在、ペルコアの村長を務めるバリリー・レミ・バドさん(71)を訪ねると、当時のことをよく覚えていると言って話してくれた。

ペルコアで鉛の鉱脈が見つかって間もない1980年代のことだったという。身なりのいい一人の白人男性がジョージス・バド村長(故人)を訪ねてきた。息子にあたる現村長も、ちょうどその場に居合わせた。

「あそこの土地を譲ってくれないだろうか」

男性はフランス語で話しかけてきた。鉛が見つかった地域には当時、集落があった。周辺は肥沃《ひよく》な土地で、農作物も多く育てている場所だった。

「譲ってくれれば、ここに学校を建てよう。電気も通す。村長の家も新しくしてみせる」

男性はそう言うと、自分が乗ってきた4WD車に村長を乗せ、エアコンをつけた。

「どうですか、快適でしょう。もし鉱山ができたら、この車も買ってあげましょう」

村長は集落の発展を願い、この提案を受け入れた。

一つだけ釘《くぎ》を刺した。

「もし鍋を誰かに借りたなら、空っぽで返してはいけないよ」

地元に伝わる言い回し。村にも忘れずにお返しをするように、と念を押す意味だった。


やがて、大規模な開発が始まった。多くの住民が移住を求められた。かつて集落のあった肥沃な土地はフェンスで囲われ、地元の人には出入りが許されない場所になった。

2008年ごろにあったナントウ鉱山の開所式には、多くの住民たちも招待された。彼らの前で、所長は高らかに宣言した。

「このペルコア村に、学校を建て、道路を造る」

国内外から鉱山に集まってきた人たちは、こうして何度も「甘い約束」をちらつかせてきた。そのたび、住民たちはその言葉を信じた。ブルキナファソという国名は、「高潔な人々の国」という意味。相手を信じ、誠実に生きていく。それがこの国の人々の信条だった。

翻っていま、この村の現状はどうか。

村でも比較的裕福であろう、バド村長の自宅のなかを見せてもらった。

家を訪ねると、木陰のベンチに案内され、プラスチックの容器に入った水が運ばれてきた。訪問者全員で、これを一口ずつ回し飲みするのが、この村の歓迎の儀式だ。家主は貴重な水を提供し、客人たちはそれを口にする。こうすることで、互いの信頼を確かめ合うのだという。

家の敷地内に入ると、赤土を塗り固めた小さな掘っ立て小屋のような建物がいくつも立ち並ぶ。もちろん、電気も水道もない。調理場も屋外にあり、薪《たきぎ》をくべたかまどには大きな鍋から湯気が立ち上っていた。この日の夕飯は、キビやアワなどの雑穀を煮込んだもののようだ。

一人の女性が調理している様子を見ていると、この家に住む子どもたちが10人近く集まってくる。親戚がみんな、同じ敷地内に住んでいるらしい。子どもたちはみんな裸足で、半分以上は上半身が裸のままだ。笑顔がまぶしい子どもたちだが、着ている服も穴が開いていたり、ほこりまみれでヨレヨレになってしまったりしている。

村人たちの主食は、やせた大地でなんとか育てたキビやアワ。家の敷地内には、石と木の枝を積み上げて高床式にした穀物倉庫が並んでいる。水不足で野菜が作れない年もあるという。国連の世界食糧計画（WFP）によると、この国では3人に1人が成長不良で、5歳未満の子どもの1割が栄養失調に苦しむ。

建物と建物の間には、ロバやブタ、ニワトリなどの家畜が歩き回っている。取材をしていると、背後で子どもたちの叫び声が上がり、家の裏に何人かが駆け出していった。ワシが上空から、家畜のブタに襲いかかったのだという。年長の男の子が、木の枝とゴムで作ったパチンコで石を飛ばし、ワシを追い払う。貧しい集落にとって、家畜は大事な財産なのだ。

こうした暮らしは、昔からほとんど変わっていないという。目と鼻の先で大規模な開発が進む鉛鉱山は、そんな貧しい生活を変えてはくれなかった。

確かに、鉱山会社はときに食糧をくれたこともある。村に学校と病院も建ててくれた。集落にはいま、鉱山会社が建てたコンクリート製のきれいな学校がある。だが一方で、親たちは子どもを学校に送るお金に窮《きゅう》しているのも実情だ。散発的に支援は届いたが、それが村人たちの生活レベルを本当に底上げしてきたとはいいがたい。

鉱山開発によって移住させられた人たちへの住宅補償の問題は、そのいびつな支援の典型例だったという。ナントウ鉱山は採掘を始めるにあたり、２００８年ごろ、移住を余儀なくされた人たちのために集合住宅を建設した。

ペルコアの集落に住む子どもたち。裸足や上半身裸の子も多い＝17年11月

集落から車で10分ほどの現場を訪ねると、そこに広がっていたのは、ほとんど誰も住んでいない空っぽの「幽霊団地」だった。数十棟ものコンクリート建ての平屋住宅が、整然と並ぶ。昼間なのにひっそりと静まりかえり、人けはない。壁はところどころ崩れ、窓からはがらんどうの室内が見える。外壁を伝う電気の配線はちぎれ、水道は蛇口をひねっても何も出てこなかった。

「こんなところに住めると思うか？　村民のことなんて、何も考えずに建てたんだ」

案内してくれた地元住民は、あきれるように語った。いま住む集落のように、村民たちの多くは大家族で暮らしている。ところが、鉱山会社が建てた移住用のこの団地は、まるで日本のワンルームマンションのような広さしかない。家族がばらばらに住むことを嫌がり、多くの村民たちはここに住むことを拒んだのだという。

立ち退きを迫られた住民たちは、なけなしの財産で粗末な家を建て、家族一緒に暮らす道を選んだのだ。家の建て直しに、金銭的な補償はなかった。鉱山に雇用された村民は30人ほどにすぎず、期待したような経済効果も生まれなかった。

「白人たちの言葉を何度も信じて期待した。なのに、鍋は空っぽのままだ」。バド村長は憤る。鉱脈が見つかったときに思い描いた豊かな生活とはかけ離れた現実が、そこには広がっていた。

グレンコア・ルーム

村の生活を豊かにするはずだった鉱山の利益は、どこへ消えたのか――。そのヒントがパラダイス文書にあった。

「グレンコア・ルーム」

そう呼ばれる小部屋が、法律事務所「アップルビー」のフロア見取り図に載っている。

なっていることに英領バミューダ諸島にあるガラス張りビルの2階、女子トイレの向かいに位置することになっている。

グレンコアというのは、ブルキナファソのペルコア村にあるナントウ鉱山を所有してきたスイスの大企業の名前である。米フォーチュン誌の大企業ランキングで世界10位に入ったこともある世界最大の資源商社だ。供給する亜鉛やコバルトは、スマートフォンや自動車など身近な製品に幅広く使われ、2016年は1700億ドル（18・7兆円）以上を売り上げた。同社ホームページには、事務所や鉱山など100カ所以上の拠点を示した世界地図が載る。資源が豊富なアフリカ大陸でも多くの事業を手がけてきた。

大西洋に浮かぶタックスヘイブンのバミューダ諸島に、同社の拠点を示す印はない。だがパラダイス文書は、グレンコアがバミューダ諸島などタックスヘイブンに107もの関連会社を持つことを明らかにした。

パラダイス文書によると、アップルビーはグレンコアから手数料などで年130万ドル（1・4億円）を受け取っている。2万5千近い法人との取引があるアップルビーにとっても、グレンコアは「重要顧客」リストの最上位にあたる。

そんな「お得意様」のために用意されたのが、グレンコア・ルームだった。

同文書によれば、従業員が一人もいないこの部屋が、書類上では膨大な額を稼いだことになっていた。グレンコアは世界各地で上げた利益をこのペーパーカンパニーに集めていたのだ。

タックスヘイブンに移した利益には、原則として法人税はかからない。税逃れをもくろむ多国籍企業は世界中で稼いだ金を、タックスヘイブンに置いた子会社や関連会社などに集めてきた。

たとえば、パラダイス文書を通じて見えてきた資金の流れはこうだ。

グレンコアは、ブルキナファソにあるナントウ鉱山で多額の利益を上げてきた。本来、こうした利益については、ブルキナファソで適正な税金を払う必要がある。

だが実際には、利益の一部がバミューダ諸島の関連会社へ流れ出ていた。

2014年2月に交わされたメールは「ペルコア・プロジェクト」と題されている。ナントウ鉱山がある集落の名前だ。1行目に「秘密情報」と書かれたメールには、グレンコアグループ企業間での複雑な資金の流れが記されていた。

このメールによれば、グレンコアは2013年以降、英領バミューダ諸島に置いた関連会社などに3千万ドル（33億円）を出資。この資金は、ナントウ鉱山へとそのまま貸し付けられた。資金を借りたナントウ鉱山は、「利息」として13年末の時点で250万ドル(2・8億円)をバミューダ諸島の関連会社に支払うことになった。

グループ内の複雑な資金の動きは何を意味するのか。税の専門家は一連の取引について「グレンコアグループ内の企業間でされた支払いには事実上、実体がないといえる。税逃れのためにつくられた仕組みと考えて間違いないように思われる」と指摘する。「利息」という名目をつくりだすことで、ナントウ鉱山で生み出された利益を、タックスヘイブンに流出させるのが目的だったのではないかというわけだ。

ブルキナファソの会社で借金の「利息」を払うことによって支出を増やし、赤字を計上する。こうすれば、帳簿上ではブルキナファソでの利益は減り、現地で納める税金はぐっと安く済み、税逃れができる。利益を移した先のバミューダ諸島では、税金はかからない。各地に拠点を持っている多国籍企業だからこそできる、典型的な税逃れのパターンだ。

こうした仕組みを成り立たせるには、グレンコアがバミューダ諸島に拠点を持っていることは欠かせない。「グレンコア・ルーム」は、バミューダの法人に実体があるように見せるためのものだろう。

グレンコアはICIJの取材に対し、「各国の法と規制に従い、納税の義務を果たしている」と税逃れを否定している。だがブルキナファソ政府のリポートによると、ブルキナファソで鉱山を開発するグレンコアの関連会社は２０１４~15年、同国に法人税を一切払っていなかったという。

「世界最貧国の一つ」ともいわれるブルキナファソ。その国の貴重な資源を使ってビジネスをしながら、地元にその恩恵を還元してこなかった構図が浮かび上がる。

グレンコアが鉱山関連でアップルビーの弁護士らに払う金額は、時給換算で８万円を超える。一方、ブルキナファソの鉱山で働いてきたバリ・サビエ・バドさんが受け取っていた賃金は時給90円に満たない。

アフリカの貧困と、国際的な税逃れ。一見、関係のなさそうな二つの事実が、実は深く結びついていたことが見えてきた。

「鉄の女」へ募る不信

鉱山の利益が回ってこない理由には、巨大商社「グレンコア」による税逃れが大きな背景としてあることは間違いない。だが、地元の人たちの怒りは、より近い、目に見える相手に向かっていた。

鉱山があるペルコア集落で、「鉄の女」と呼ばれる女性がいる。

元外相の妻、ロザリ・バソレ氏だ。土塀《どべい》の粗末な家々が並ぶ地域で、広大な敷地に邸宅を構える。地元の強大な権力者だ。

貧困にあえぐ地元を支援するため、鉱山会社は2006年、基金を設立した。

この基金で2010年ごろまで働いていたという男性に会うことができた。基金の役員名簿を見せてもらうと、「理事長」の座にはロザリ夫人。さらに、金庫番にあたる役職には、ロザリ夫人の弟の名前が書かれていた。

「ロザリ氏は基金のなかで強い力を持っている。お金の使途も好き放題だ」。男性はそう明かした。

地元の障害者のための資金を、基金が受け取ったときのこと。ロザリ夫人はそのお金を地元のために使う代わりに、穀物を購入。それを人々に売りつけ、利益を得ていたのだという。

「どうして、このお金を正しく使わないんだ」。そう問い詰めたところ、男性は基金の職員をクビにされたのだと話す。

「支援金の使途を報告するリポートを書くのも、結局はロザリ夫人とその関係者。だから何をしていても、外からはわからないんだ」と男性は言う。

ことの真相はわからない。だが、裕福な暮らしをするロザリ夫人の黒い噂《うわさ》はやがて住民たちの知るところとなった。集落の生活に改善の兆しが見られないことへの不満も相まって、「鉄の女」への不信感は徐々に高まっていった。

パラダイス文書を報じる地元紙「ル・ルポルテ」を掲げる地元住民。１面には大見出しとともに「鉄の女」の写真が載っていた＝17年11月

そんなさなかの２０１５年、基金が鉱山から毎月１３５０万ＣＦＡフラン（２７０万円）を受け取っていたことが発覚した。

「鉱山側と手を組み、私腹を肥やしているのではないか」

住民たちは、夫人に迫った。

「俺たちのカネはどこにいったんだ」

「使い道を明かせ」

追及された夫人は、地元紙のインタビューにこう答えた。「資金は正しく使っている。でも使途を明かすリポートはありません」


2017年11月に世界で一斉に報道されたパラダイス文書は、鉱山会社を保有する巨大商社「グレンコア」が、英領バミューダ諸島などのタックスヘイブンに置いたペーパーカンパニーを利用し、ブルキナファソでの納税を逃れてきた疑いを明らかにした。

ブルキナファソの地元紙「ル・ルポルテ」も、トップ記事でこれを報じた。

ただ地元の関心は、グレンコアの税逃れの疑惑よりも、ロザリ夫人の不正蓄財へと集まっていた。

「ル・ルポルテ」紙の1面には、赤く染め抜かれたこんな大見出しとともに、「鉄の女」の顔写真が載った。

「力を持つ者の幸福のために、鉛はいかに住民を不幸にしたか」

アフリカの資源で稼いだ多国籍企業が巨額の納税を逃れる。地元にもたらされた利益も、有力政治家らが独占する――。貧困の解決を阻む構図の一端だ。

ではない。

怒りの座り込みデモ

だまされ続けたペルコア集落。だが村民たちは、ただ地団太を踏んで過ごしていたわけ基金の使途不明という疑惑や、「鉄の女」ロザリ夫人が基金を不正蓄財しているという疑惑。さらに屋根に穴の開いた小学校の修理を依頼しても鉱山側が聞く耳をもたなかったという出来事も重なった。村民の怒りは頂点に達した。

2015年8月30日、村から2千人近い人たちが鉱山の正門前に集まった。「村にも恩恵を」。横断幕をかかげ、出入り口につながる道路に石を積み上げた。トラックの出入りを塞ぎ、24時間座り込んだ。

当時、鉱山の従業員だったバリ・サビエ・バドさんもその中心にいた。座り込みの抗議は4日間に及んだ。老人や女性、子どもたちは家に戻ったが、若い男性たちを中心に、40人ほどは雨が降っても現場に残り続けた。

抗議4日目を迎えた早朝4時ごろのことだった。たき火をたいて、うたた寝をしていると突如、警察官がやってきた。「逃げろ」。村民たちは散り散りに走った。逃げ遅れた2人が逮捕された。翌日、鉱山からの指示で職場に戻った職員たちも、待ち構えた警察に拘束された。

警察の動きを予測したバドさんは家族にも行き先を告げず、バイクに乗ってこっそり村を離れた。警察は夜中に自宅まで捜しに来たが、バドさんは1カ月にわたり逃げ通した。

逮捕は免れたが、まもなく鉱山から解雇された。

退職手当は40万CFAフラン（8万円）あまり。そこから、1割以上は税金として天引きされていた。

ナントウ鉱山を囲うフェンスの前に立つバドさん＝17年11月

バドさんは言う。「この村には二つの正義がある。国の正義と、鉱山の正義だ。鉱山に来てしまえば、そこでは国の正義は通用しない。警察でさえも、鉱山の味方になってしまっているとしか思えない」

インタビューの最後に、鉱山の前でバドさんの写真を撮らせてくれないかと頼んでみた。

「あそこには、あまり近づきたくないんだ。見つかったら捕まるかもしれない」

結局、鉱山の正門から200メートルほど離れ、カーブで正門から見えなくなっている場所で撮影をさせてもらえることになった。車から降り、鉱山を囲むフェンスの前に立つバドさん。

「写真を撮っているとわからないように、車の中から撮影して」

そう強く求められ、短時間でシャッターを切った。途中、一台の大型トラックが轟音《ごうおん》を上げて目の前を通り過ぎる。バドさんの表情は硬く、おびえたような目をしていた。

暴かれた税逃れ

鉱山への抗議デモは、住民たちの逮捕や解雇で幕を閉じた。だが抗議は全国ニュースになり、国を動かした。

翌2016年、国会議員でつくる調査委員会が設けられた。ペルコアを含む、国内各地の鉱山が地元に与える影響を調べることが目的だった。委員会には会計の専門家も加わり、3カ月にわたる調査で聞き取り人数は1400人以上。

9月にまとまった報告書は、98ページに及んだ。

「ブルキナファソで天然資源を搾取されている我が国民が、社会経済的な権利を取り戻すことが、この委員会の目的である」

報告書の冒頭には、こう記されている。

ブルキナファソでは1990年代から地質学者らによる分析が進み、2005年ごろからの「鉱山ブーム」につながったという。

「この委員会の仕事は、ブルキナファソの人々がそのブームの恩恵にあずかることができる権利を取り戻すことにある」

報告書は、鉱山開発の負の側面をあぶり出すものだった。

「鉱山は国に利益を生み出す。しかし、多くの人々は恩恵を感じず、むしろ生活環境は悪化していた」

地元住民らへの聞き取りから、数多くの問題点が挙げられた。

「農業や家畜へ悪影響がある」「強制移住への補償が足りない」「地元雇用を生んでいない」……。指摘された項目は、どれもペルコアで人々を苦しめてきたことだった。

報告書はこう結論づけた。「総計で5500億CFAフラン（1100億円）の経済損失があった」

損失には税逃れや環境への悪影響などが含まれた。特に、課税対象の利益を低く偽って国への支払いを逃れたとして七つの鉱山が名指しされた。ペルコアのナントウ鉱山も、そこに含まれていた。

またナントウ鉱山は、自然環境への負荷に対して課される税金についても700万ドル（7億7千万円）の支払いが求められていたのに、実際には25万ドル（2750万円）足らずしか支払っていなかったことも判明した。

「この国の人は、素直すぎた。相手を信じすぎていた」。委員会のトップを務めたウセニ・タンブラ議員（47）は語った。

実際には利益が出ているのに、黒字を赤字にごまかすことで税金の支払いを免れる。そんな「虚偽申告」の例がたくさん見つかったと話す。ブルキナファソ政府には、それを見抜く経理の専門家も、知識もなかったのだという。鉱山会社の内部で何が行われているのか、もっと政府自身が積極的に調べていかないといけない。それが最大の教訓になったとタンブラ議員は言う。「相手は政府の目をごまかす経験豊富な海外企業。それに対し、うちの国は経験が足りなかった。その結果、人々の生活水準は上がらず、ほんの一握りの人だけが富を握ることになっていたんです」

ナントウ鉱山をめぐっては、税務当局の調査でも同様に多くの税逃れが指摘されてきた。しかし、グレンコアは支払いの多くに応じず、いまも当局との話し合いが続いているという。

グレンコアがタックスヘイブンを利用していること自体に、タンブラ議員は否定的な考えは持っていない。

「タックスヘイブンを使うのは、いまの時代はもう普通のことになってきている。企業が利益を生むために、仕方のない面もあるだろう。だが、同時に企業は品格も示さなければならない。そうしないと、人々から信頼を失い、反発を生んでしまう。それがいま、この国の各地で起きていることなんだ」

新市長を阻む壁

「パラダイス文書の取材に来たんです」

ブルキナファソ中部、ペルコア集落のあるレオ市のルイス・バズィモ市長(52)を訪ね、そう告げるとすぐに反応が返ってきた。

「パラダイス文書は知っている。税逃れの話だろ?」

えんじ色の民族衣装に身を包んだ市長は、ゆっくりした口調で国の置かれた現状を語り始めた。「この国がいつまで経《た》っても貧しいのには理由がある。わかるか? それは、一部の人たちだけが富を独占しているからなんだ。そんなことは、報道される前からみんなわかっている。ここに住んでいれば、嫌でも痛感させられる話さ」

バズィモ氏が市長に当選したのは2016年6月の選挙だ。鉱山の地元、市西部の集落ペルコアでは、住民たちの期待が、野党候補の医師バズィモ氏に集まっていた。「うちの村に正義をもたらしてください」。投開票日の2週間前、バズィモ氏の事務所にこう直訴してきた男性もいた。

住民たちは、状況改善への頼みの綱として、選挙戦を注視していた。対する与党候補は、国会議員も務めた元市長。鉱山会社からの不正蓄財が疑われた元外相の妻「鉄の女」に近い人物だった。

市長選挙は、46人の市議会議員によって争われた。「庶民派」と「体制派」の争いは熾《し》烈《れつ》を極めた。「23対23」の同票が4度繰り返された末、規則によって年長者のバズィモ氏が選ばれた。

バズィモ氏は真っ先に、鉱山の問題に取り組んだ。

まずは雇用。鉱山は地元で十分な働き口とならず、若者は出稼ぎに国外へと流出していた。鉱山会社から雇用された村民は、たった30人足らず。多くの従業員は外部から連れてこられた労働者だった。

生活に窮した地元の若い女性たちが、鉱山労働者を相手に売春をするようになるといった弊害まで生まれていた。未婚の若い女性から、父親のわからない子どもが多く生まれたり、村内でエイズ感染が広がったりといった問題にまで発展した。

環境汚染も深刻だった。鉱山近くで化学物質に汚染された草を住民が飼うヤギが食べ、約200頭を殺処分せざるを得なくなっていた。鉱山周辺の果物も汚染が疑われ、「食用禁止」とされていた。

新市長は鉱山に、新たな雇用と、ヤギ1頭あたり2万5千CFAフラン（5千円）の補償を求めた。共同で地域振興のための委員会をつくることも提案した。

だが鉱山会社はこれらの要望をほとんど退けた。

雇用は得られず、ヤギの補償として支払われたのもたった1割。ヤギどころか、ニワトリ1羽分の金額ほどにしかならなかった。委員会設置の提案も断られた。

市長就任から一年余。バズィモ氏は唇をかむ。市長になっても、厳重に警備された鉱山には入れず、経営の実態すらつかめなかった。

「彼らはあまりに巨大な力を持ちすぎている。フェアじゃないんだ。とてもではないが、市長一人の力では現状は変えられないと思い知らされた」

住民の声も市長の声もはねのける。鉱山は大きな壁として立ちはだかった。

「鉱山会社は援助団体ではなく、利益を求める企業。だからこそ、こっちの要望なんて簡単には聞いてくれない。我々はいつまでも貧しく、多くのお金が見えないところへ消えていく。政府や世論、もっと大きな力の後ろ盾を得て、なんとか闘っていくしかないんだ」

グレンコアは、国際調査報道ジャーナリスト連合（ICIJ）の取材に対し、「鉛の価格は相当低くなっており、会社の利益は落ち続けてきた」と会社の窮状を訴えた。

だが2015年、グレンコアのCEOは株主を前に「鉛の需要は高まっている」として、市場価格の上昇を見込む明るい見通しを示していた。実際、16年には鉛の価格は上昇していた。

ペルコアでの取材の最後に、あらためて鉱山会社の担当者へ直接取材を申し込みに行った。いつもは遠巻きに見ていた正門の目の前に車を止める。警戒する助手からは、「カメラは絶対に出すな」と、何度も念を押された。鉱山会社にとって都合の悪い取材だからこそ、下手に相手を刺激したくないということだった。

取材交渉を任せた助手が、受付の建物に入っていくのを車内から見守る。助手には、「すでに報じられている税逃れ疑惑や、地元住民との関係について取材したい」と申し入れてもらうよう依頼していた。

5分後、帰ってきた助手は力なく首を横に振った。「担当者がいないので、後日連絡する」との回答だったという。だがその後、助手の携帯電話に鉱山会社からの連絡が入ることはなかった。

終わらない「支配」、続く「反発」

2017年11月28日、ブルキナファソの首都ワガドゥグは厳戒態勢にあった。フランスのエマニュエル・マクロン大統領が就任後初めてのアフリカ訪問に臨み、その最初の訪問国としてブルキナファソを訪れていたのだ。ブルキナファソはもともと、フランスの植民地。いまもフランス語が公用語になっている。

初日にブルキナファソのロシュ・カボレ大統領との首脳会談を終えたマクロン氏は、訪問2日目のこの日、ブルキナファソで一番の大学である首都のワガドゥグ大学で学生たちを前に、講演をする予定になっていた。

通りの至るところには、ブルキナファソとフランスの国旗が一緒に掲げられている。制服姿の軍人や警察官があたりに目を光らせ、大学周辺の道路は朝から通行止めになっていた。講演会の様子を見ようと大学を訪ねたが、事前に申請のない取材は一切受け入れてもらえなかった。

仕方なく大学の周りを歩いて様子を見ることにした。大学前を通る片側2車線の舗装された道は、一般の車の通行が封鎖され、警察車両だけがときおり走り抜ける。

少し離れた場所から、騒ぎ声が聞こえてきた。大学の正門から200~300メートルほど歩くと、警察官によって封鎖された道の向こう側で、100人ほどの学生たちが抗議デモをしている姿が見えてきた。

「支配への抵抗」

「帝国主義に反対する」

そう書かれたプラカードを掲げ、学生によるデモ活動が始まっていた。盾を持ち、ヘルメットをかぶった数十人の警察官が、大学へ続く道を封鎖する。その前で、学生たちは声を上げた。

「道を空けろ！」

「解放！　解放！」

フランスのマクロン大統領の講演を前に、警官と衝突するデモ隊＝17年11月

熱狂が高まっていく。

そのとき「パン！　パン！」と大きな音が響いた。催涙ガスの白い煙が漂い、焦げ臭さが広がる。学生たちは石を投げて警察官に応戦するが、催涙弾は立て続けに何発も続く。やがて学生たちは目や口を押さえ、散り散りになった。

デモの参加者のなかには、ブルキナファソのトマ・サンカラ元大統領の顔を大きくあしらったTシャツを着た学生たちも目立った。「アフリカのチェ・ゲバラ」と呼ばれる人物だ。１９８０年代、サンカラ元大統領は外国からの経済的搾取などを指摘し、先進国からの真の解放を訴えた末、37歳の若さで暗殺された。

海外から搾取され、貧困は解決されない――。サンカラ氏が訴えた構図は変わらない。だからこそ、今も若者たちは英雄の顔が描かれたTシャツを着て、絶大な支持を寄せるのだという。


そのころ、大学の構内ではまったく別の光景が広がっていた。

警察官のバリケードの内側。一転して閑散とした雰囲気のなか、指定された一角にはマクロン大統領への歓迎メッセージが書かれた旗を振る学生たちの一団の姿があった。その一人、科学を勉強しているというウェイドラゴ・アルーナさん(26)は「マクロン大統領がこの国に、しかもアフリカで一番に来てくれて嬉しく思う」と言った。「この国の研究設備はまだまだ充実していない。それを解決してくれると期待しているんだ」

遠くから響いてくる抗議の声の方向へ目をやると、複雑な表情を浮かべた。「彼らは現状の不公平感から抗議をしているんだと思う。たとえば、大統領が通るこの道にはゴミ一つ落ちていないし、学内では数日前にアスファルト舗装した場所もある。そうやって歓迎する政府をよく思わない人たちもいるのはわかる」

大学内で開かれたマクロン大統領の講演会は、テレビで中継された。講演会への出席を許された学生たちは、フランス国歌を歌い、マクロン大統領に拍手を送っていた。それを横目に見ながら、一人の地元男性は言った。「マクロンを歓迎しているのは選ばれたエリートだけ。この国はまだ支配されている」

ブルキナファソが旧宗主国のフランスから独立したのは1960年。だが、今も先進国への反発は残る。

「我々は独立国だ。なのに、この村は鉱山に、つまり外国企業に支配されている」。ペルコアのバド村長は悲しげな目で語った。

「鉱山は我々のことなんて、何も気にしていない。利益を独占し、ここには何も残らないんだ」

地元レオ市で市長を務めるバズィモ氏も同じような思いを抱く。「我々は豊かになるよりも、まずは自由になりたい。フランスにお金をもらって国が発展したって、仕方がない。自分たちの国にしたいとみんな思っている」

フランスから独立をしたものの、国の通貨は、旧フランス領の西アフリカ共通の通貨

「CFAフラン」を使っている。公用語もフランス語。だが本当は、国内各地には昔から伝わる独自の言語がいくつもあり、田舎ではフランス語は通じない。

バズィモ市長は言う。

「日本だって、中国だって、欧米と闘って自分たちの言葉や通貨を残してきただろ？ でもこの国は、いまも外国に管理されているようなもの。鉱山の村で起きていることは、アパルトヘイトと同じことだ。あんなこと、あってはならない。だからいまも、我々は外国から自由になるための闘いを続けているんだ」

かつて圧倒的な武力を背景に侵略され、ヨーロッパの列強に植民地化されたアフリカ諸国。第2次世界大戦後に次々と独立を果たしたが、いまも貧困に苦しみ、経済的にも欧米の強い影響下にある状況が続いている。豊富な天然資源を搾取され、納税をごまかされてきたブルキナファソの姿も、その一例だ。「これはブルキナファソだけの問題じゃない。アフリカ全体の問題だ」とバズィモ市長は訴える。

「支配」からの本当の脱却を願う人たちの思いが、この国にはあふれていた。

収奪、コンゴ民主共和国でも

タックスヘイブンを使って、アフリカから利益を吸い上げる。そんな例は、ブルキナファソに限らない。

コバルトや金が世界最大の生産量を誇るアフリカ中部のコンゴ民主共和国。輸出の9割を鉱物資源が占める。

世界的な資源商社「グレンコア」はここで、汚職の疑惑がある人物に多額の融資をすることで、鉱山の採掘権を格安で得ていた。そんな疑いが、パラダイス文書から浮上した。カギとなったのは、法律事務所アップルビーから流出した鉱山会社についての600ページ以上に及ぶ議事録だった――。

2008年6月23日、スイス・チューリヒ空港近くのヒルトンホテル。昼の12時半から、ある鉱山会社の取締役会が開かれていた。出席したのは、10人の取締役のうち8人。大株主のグレンコアからも幹部が出席していた。

この鉱山会社が管理するのは、コンゴ民主共和国で銅を採掘する「カタンガ鉱山」。大株主として、グレンコアが実質的に支配する会社だった。

取締役会の議題は、コンゴ民主共和国政府との交渉だった。

コンゴ民主共和国は2003年に長い内戦を終え、40年ぶりの民主選挙で06年に新しい大統領が選ばれたところだった。新大統領は、海外企業との採鉱契約の見直しに着手。カタンガ鉱山もその対象になっていた。

パラダイス文書にある大量の議事録には、取締役会の詳細が記されていた。

「政府側の提案は受け入れがたい」

鉱山の運営方法に異を唱えてくる政府側に対し、取締役会では反対の声が上がった。では政府にどう対抗するのか。出席者の一人が提案をした。

「コンゴ民主共和国政府と交渉をするため、取締役会としてダン・ガートラー氏に権限を与えたらどうか」

提案は受け入れられ、政府当局との交渉を任せることに決まった。

ダン・ガートラー氏とは何者なのか。

ガートラー氏はイスラエル人の資産家。コンゴ民主共和国の大統領側近と親密な関係にあるとして知られる人物だった。この大統領側近は、特に天然資源について実権を握っていた。ガートラー氏にはこのルートを通じ、政府側と交渉することが期待されていたと考えられる。

取締役会での委任から2カ月後、政府側はカタンガ鉱山に対し、5・8億ドル（638億円）を超える「契約金」を追加で支払うよう求めてきた。

「これは重大な事態だ」

取締役会は、ガートラー氏に交渉の打開を求めた。

この時期、グレンコアの社内でも動きがあったことが文書から見えてくる。

2009年1月、グレンコアはアップルビーの担当弁護士らと協議を重ねていた。いかに交渉を有利に進めるか——。グレンコアは、4500万ドル（49・5億円）の資金を、ガートラー氏の家族が関わる英領バージン諸島の会社へ融資することを決定した。融資には「3カ月以内に交渉がまとまらなければ、返金を要求できる」との条件を付けた。

イスラエルの交渉人につきまとう疑惑

ガートラー氏の交渉は成功した。

2009年3月、カタンガ鉱山会社の取締役会。グレンコアから出席した取締役の一人は、ガートラー氏から伝えられた交渉結果を報告していた。「政府側との交渉で、問題となっていた多くの点は解決できた」

最大の懸案だった高額な契約金請求については、当初の5・8億ドルから一転、1・4億ドル（154億円）で済むことになった。

パラダイス文書から見つかった一連の議事録などを読んだ専門家は、こう指摘する。

「グレンコアは、重要な契約をまとめることを条件に、ガートラー氏に多額の融資を提供した。その過程で、反汚職ルールに反する恐れのあるような、多くの『赤信号』を無視したんだ」

専門家がこう指摘するのには、わけがある。実はガートラー氏の事業には過去、政府との癒着や汚職の疑惑がつきまとってきたからだ。

国連報告はたびたび、ガートラー氏が鉱山資源をアフリカなどの国から格安で入手し、国益を損なわせた疑いを指摘してきた。2001年に国連がまとめた報告によると、ガートラー氏の企業は2000年、6億ドル（660億円）の価値があるダイヤの独占販売権について、わずか2千万ドル（22億円）で入手したという。その背景には「裏取引」があり、イスラエルからコンゴ民主共和国へひそかに武器が提供されたと指摘されている。また、ガートラー氏の会社が賄賂の授受に絡んだとして、米司法省の捜査を受けたこともあったとされる。

ＩＣＩＪの取材に対し、グレンコアは「ガートラー氏のバックグラウンドについてはしっかりと確認をした」と回答。またガートラー氏も、弁護士を通じて汚職の疑いなどについて「間違っており、何の根拠もない」と否定している。


アフリカの富が収奪される仕組みは、税逃れだけではない。海外企業がアフリカ諸国の権力者と結託することで、豊富な天然資源から得られる利益を独占する――。それもまた、発展途上国で多く見られる収奪のかたちである。

賄賂などの「裏取引」には、その資金の流れを隠すため、タックスヘイブンに設立した会社が使われることは多い。パラダイス文書は、そうした秘密の取引の実態についても明るみに出した。

賄賂や個人的なつながりを利用することで、鉱山の採掘権を格安で入手すれば、ビジネスとしては大成功だろう。しかし結果として、本来はアフリカ諸国に支払われ、貧困の解決につながるはずだったお金が失われていることを見逃してはならない。そう考えると、税逃れと同じような「収奪」の構図がここにも浮かび上がってくる。

資源の呪い

コフィ・アナン元国連事務総長らが率いる「アフリカ・プログレス・パネル」が2013年にまとめたリポートがある。

その冒頭、ガーナ出身のアナン氏はこんな言葉を寄せている。

「アフリカの多くの国では、天然資源による利益が貧富の差を拡大させている。この10年での経済発展はめざましいものだったが、健康、教育、栄養面においてはそこまでの改善はもたらされなかった」

その原因の一つに、外国企業による天然資源の収奪を挙げた。

「アフリカは、国際支援で受け取る金額の2倍もの金額を、不正な資金流出によって失っている。いくつかの企業が利益を最大化するために不道徳な税逃れをする一方で、何百万人ものアフリカ人たちが必要な栄養や健康、教育のない生活をしていることは、受け入れがたいことだ」

そして、国際社会にもその解決を訴えた。

「アフリカだけの力では、こうした問題は解決できない。国際社会もまた、責任を負うべきなのだ。もし海外の投資家がタックスヘイブンやペーパーカンパニーを使えば、税逃れや汚職を招き、貧困解決のために充《あ》てられるべき資金の流出につながってしまう」

豊富な天然資源が開発できれば、その地に暮らす人々は潤うことができるはずだ。ところが、実際にはむしろ、資源開発は格差を広げ、貧困を生んでいるようにさえ見える。こうした現象を「資源の呪い」と呼ぶのだという。

アフリカ大陸には、豊富な天然資源が眠っている。当然、先進国はそれを放っておかない。鉱脈の見つかった土地には、各国の大企業が開発に押し寄せ、大規模な採掘を手がけては世界中に輸出をしているのが現状だ。もちろん、鉱山開発には技術も費用もかかるため、先進国が手がけること自体は悪いことではない。だが、問題となるのは鉱山開発の恩恵を誰が得るのか、という点だ。

アフリカの鉱山で得た利益に対し、きちんと現地国で税金を支払えば、貧困にあえぐアフリカ諸国に利益がもたらされるだろう。だが、素直に税金を納める企業ばかりではない。アフリカの鉱山開発で得た利益をタックスヘイブンに流し、アフリカで払う税金を少なくする——。そうした税逃れが横行している。

特にアフリカなどの発展途上国では、先進国と異なり、税逃れを防ぐための法整備も進んでいないことが多い。途上国でのビジネスを手がける多国籍企業にとっては、専門家のアドバイスを受けて巧みに納税を逃れることなど、難しいことではない。

国連アフリカ経済委員会がまとめたリポートによれば、過去50年でアフリカがタックスヘイブンなどを通じて不正に失った資金は、1兆ドル（110兆円）を超えるという。これは、同じ50年間にアフリカが受け取った公式の援助額とほぼ同等とされる金額だ。

「貧困をなくそう」と先進国からアフリカへの支援が叫ばれて久しい。だがその裏側で、まったく逆向きの資金の流れがアフリカの貧困解決を阻んでいるという事実があるのだ。

タックスヘイブンは、お金持ちの世界の問題。そう考えるとしたら、それは大きな間違いだろう。むしろ貧しい人たちほど、実はその「被害者」になっているということが、パラダイス文書を通じて明らかになってきた。

ブルキナファソを訪れたとき、そこに住む人たちは富を独占する権力者や外国企業に大きな怒りを抱えていた。だが彼らに見えていたのは、そのごく一部にすぎない。地元に落ちてくる利権に対する不明な使途について、彼らは怒り、嘆いていた。その裏で、10倍、あるいは100倍単位のお金がタックスヘイブンに流出していることは、彼らの想像をはるかに超える出来事だった。

アフリカ大陸が、天然資源という富のたまった大きなバケツだとすれば、いまはその底にタックスヘイブンという穴が開き、どんどん流出し続けているようなものだ。いくら「国際援助」という水を上から注ぎ続けても、穴がふさがれない限り、アフリカが潤うことはない。

「資源の呪い」を断ち切る大きなカギの一つが、タックスヘイブンにあることは間違いない。世界の貧困を解決するため、先進国にはタックスヘイブンという「穴」を少しでも小さくするために努力する責任がある。

第4章

強者の楽園

～アフリカから富を吸い込む金融立国モーリシャス

疋田多揚

モーリシャスの二つの顔

アフリカ大陸から東へ2千キロ。インド洋に浮かぶ、東京都ほどの大きさの小島がある。モーリシャス、人口126万人。楽園のような海に囲まれ、「インド洋の貴婦人」と呼ばれる。かつて島を訪れた、「トム・ソーヤーの冒険」の米国人作家マーク・トウェインは、こう記した。「まずモーリシャスがつくられた。それをまねて天国がつくられた」。今や楽園を模した高級ホテルがビーチに立ち、欧州の富裕観光客を引きつけるリゾート地だ。

この島には、さらに別の二つの顔がある。パラダイス文書を手に、2017年12月上旬、真冬の羽田空港から飛行機を乗り継いで23時間。真夏の強い日差しが降り注ぐ島に降り立った。

サトウキビと金融街

夕暮れ時、サトウキビ農家のハッサン・オリアールさん(58)は、首都ポートルイス郊外の自宅で記者を迎えてくれた。4代目の農家で、日本から来たと知ると、自宅脇の倉庫にある大きな日本製のセルフローダーを見せてくれた。「刈り取りの時に使うんだ。いい車だよ」

自営の農園は、ひと月前に刈り取りを終えたばかりだった。刈り取りは、長いと4カ月かかる。朝5時に起き、夕方6時まで、茎の根もとにひたすら鎌を入れる。「かつては島のあちこちに、サトウキビ畑があったんだ」

島の歴史が始まるのは16世紀末。１５９８年、香辛料貿易でインド洋を行き来していたオランダ人が、無人島だったモーリシャスを発見した。半世紀後、サトウキビ栽培がこの島に持ち込まれて以来、３００年以上、島の大半がサトウキビ畑で覆われていた。

インド洋に浮かぶモーリシャスの島

だが、首都は今、別の顔を持つ。

モーリシャス中央銀行、英大手銀行バークレイズ……。通り沿いのヤシの木の何倍もの高さのビルが立ち並ぶ、金融街だ。赤信号には待ち時間が表示され、ビジネスマンがせわしなく交差点を渡り歩く。道路には中古の日本車とともに、ベンツやポルシェが走る。

街を歩けば、スーツ姿の男性が携帯電話で投資話を交わ

首都ポートルイスから10キロほど離れた地区に開発された「サイバーシティー」。なお金融やIT企業を集めようと拡張が進む＝17年12月

す。高級ホテルのバーをのぞくと、でっぷり太った半袖短パンの裕福そうな男性が、テレビのサッカー中継をぼんやり眺めながら、昼からけだるそうに生ビールをあおる。

物価は日本並みだ。カフェでサンドイッチを頼めば195モーリシャスルピー（640円）。コカ・コーラを郊外で買うと35モーリシャスルピー（120円）。一方で、この国の公立病院や公教育は無料だ。

ビーチ沿いには、一泊10万円を下らないホテルが並ぶ。海沿いで車を走らせれば、夕日の沈む入り江に、セレブ向けの1億円近い別荘が販売されている。区画一帯を壁で囲って非居住者から隔て、入り口には門番が立つ。似たような別荘地の建設が海沿いのあちこちで進み、土砂を積んだ大型トラックが行き交う。

首都近くのショッピングモールに場所を移し、オリアールさんの話に耳を傾ける。クリスマスを前に、フランス資本のブティックが入るモールでは、家族連れの楽しげな声が絶えず響いていた。

「多くのサトウキビ畑はコンクリートの下に埋まってしまったんだ。金融街のビルの下だ」

庶民料理の鶏の串焼きを食べながら、彼は地面を指さした。「ここもそうだ」

オリアールさんの曽祖父は、19世紀にインドの極貧地域からこの島に渡り、大地を耕した。当時はどちらも英領だった。4世代かけてサトウキビ畑を広げ、今や100ヘクタールまで広げた。

一族もこの島も、サトウキビと生きてきた。だが娘たちは今、金融街で会計士として働く。

「すべてが変わってしまったよ」

蜜を吸う島

ポートルイスの金融街。首相官邸の裏手に立つ白い11階建てビルに、法律事務所「アップルビー」の支店が入っている。パラダイス文書の主な流出元の同事務所にとって、セーシェルと並びアフリカに二つある拠点のうちの一つだ。

その事務所の代表弁護士、マルコム・モラー氏は2011年5月、全46ページのプレゼン資料を作った。表紙には「モーリシャスでのグローバルビジネス」と記され、ネクタイ姿の黒人と白人が商談をする様子や、美しいビーチの写真が添えられている。

流出したこのプレゼン資料では「モーリシャスの利点」が細かく説明されている。税制の恩恵や効率的な銀行システムなど、18項目。なかでも真っ先に書かれていたメリットが「二重課税回避条約の広いネットワーク」だ。

モーリシャスに会社を置いて、そこを拠点にして他のアフリカ諸国で稼げば、その国で直接稼ぐより低い税率が適用される――。そんな仕組みだ。

このネットワークは南アフリカやナミビア、ルワンダなど、いま43カ国に広がる。

税逃れをもくろむ多国籍企業は、タックスヘイブンであるモーリシャスをストローのように使い、アフリカ大陸から富や税収を吸い上げる。この島に蓄えられた海外企業の資産は、約6300億ドル（69兆円）。この国の国内総生産（GDP）の、実に50年分にあたる。

金融関係者はこの島を「アフリカの玄関口」と呼ぶ。

島の開墾者たち

「私の曽祖父は、『この島で金《きん》が採れる』と信じ、インドから海を渡った」

モーリシャスの北西部、夕暮れのサトウキビ畑にハッサン・オリアールさんを再び訪ねると、祖先の物語を聞かせてくれた。一族の物語が始まるのは、19世紀。だが、少し時をさかのぼり、彼の曽祖父、エスラムがインド洋を渡ることになった歴史的事情に触れる。

サトウキビ栽培は、もともと無人島だったこの島にオランダが17世紀に持ち込んだ。当時支配していたジャワ島から、バナナやタバコ、ウサギやハトと一緒に入植した。何もない島で、飢えないためだ。

だが、サイクロンや干ばつ、疫病に苦しんだオランダは1710年、この島を放棄した。あまりに暮らしが過酷だったのだ。

代わって島を支配したのがフランスだった。当時ヨーロッパでは上流階級から中流階級へコーヒーや紅茶の習慣が広まり、それまで高級品だった砂糖の需要が爆発的に高まった。サトウキビは、刈り取りにたくさんの人手がいる作物だ。フランスはアフリカ大陸に暮らしていた人々を奴隷として連れてきて、農園で働かせた。逃げないよう、足には鎖をはめた。

さらに、「効率的」に砂糖を生産しようと、フランス国王のルイ15世は1723年、「黒人法典」を公布した。こんな内容だ。

「集団を組織しようとしたものは、むち打ちや焼き印を押す」

「奴隷の間に生まれた子どもは、母親の奴隷を所有する植民者（フランス人）に属する」

「カトリックを信仰すること」

「盗みは身体刑に処す。最高刑は死刑」――。奴隷は当時、「もの」とみなされた。

初めての国勢調査が行われた1725年、人口は213人だった。内訳は、白人が179人で、奴隷が34人。その42年後。人口は2万人まで増えた。その9割が奴隷だった。

逃亡奴隷もいた。鎖を引きちぎり、島の南端の絶壁に逃げ、息を潜めて暮らした。後年、かつての支配者が「奴隷解放」を知らせに来たのを「捕まえに来た」と誤解し、断崖から飛び降りた悲話も残る。

1773年にモーリシャスの旅行記を出版したフランスの作家ベルナルダン・ド・サンピエールは、奴隷制に触れ、こう記した。「コーヒーと砂糖がヨーロッパの幸福に必要なのか、私にはよくわからない。しかし、この二つの作物がアフリカ大陸に不幸をもたらしたことだけは確かだ」

1814年から島を支配したのが、オリアールさんの曽祖父にモーリシャスへの「出稼ぎ」を促した大英帝国だった。廃止されたばかりの奴隷制の代わりの労働力を、植民地インドに求めたのだ。

「曽祖父はビハール州で生まれた。インドの極貧地域だ」。オリアールさんはそう語った。名はエスラム。読み書きができないまま、労働契約書に母印を押した。英国政府の「未開の島で、金《きん》が採れる」という言葉が希望だった。22歳だった。

「もちろん、金《きん》はなかった」。帰ろうにも、5年間働くことが条件。白人農場主の命令は絶対。畑に出ないと減給。そう法で定められていた。「帰国船は無料」という触れ込みだったが、実際には、給料から船代が天引きされていた。

帰国するにも、船の環境は劣悪だった。19世紀、インド東部コルカタの入国官吏《かんり》は帰国船「ワトキンス号」の様子をこう書き留めた。「赤痢で43人が死亡。水は一人一日0・5リットル以下。途中、絶望や発狂から5人が船から飛び降りた」

島に残ったエスラムは、わずかな土地を息子に残すのが精いっぱいだった。初期のイン

自営のサトウキビ畑に立つハッサン・オリアールさん＝17年12月

ド人は3分の1が帰国、もしくは逃亡した。だが、少しずつ自分の土地を得るにつれ、自らが耕した大地に愛着を抱き、島に残る人が増えていった。

　こうしてモーリシャスに移住したインド人は、20世紀初頭までに46万2千人に上る。いま、この島の人口の7割はインド系だ。最初にインド人が首都ポートルイスの港に着いた1834年11月2日にちなみ、この日付は国の祝日になっている。

　彼（彼女）らの多くは、無名だ。

　オリアールさんは一族の物語を代々語り継いできたが、それでもエスラムの墓がどこにあるのかは、わからない。「島の北部に埋められたと聞いたが、島の開発の過程で壊されたらしい」

　オリアールさんは夕暮れの風にそよぐサトウキビを眺めて言った。「この畑には、祖先の汗が染みこんでいるんだ」

モーリシャスが独立した1968年には、労働人口の半分がサトウキビ畑で働いていた。自国の産業を数少ない農産品の輸出だけに頼るモノカルチャー経済だった点では、ほかのアフリカ諸国と同じだった。20世紀後半までは。

落日の砂糖産業

島北部に、サトウキビ博物館がある。かつての製糖工場を改装し、サトウキビにまつわる島の歴史や暮らしをビデオやパネルで伝えている。展示には「砂糖は魔法だった」の文字が躍り、欧州の貴族階級が紅茶をたしなんだ絵や、奴隷の「所有権」を定めた「黒人法典」も紹介されている。

敷地内の一角に、もう煙を吐かない33メートルの煙突がそびえていた。説明文が添えられていた。「19世紀、製糖工場は300あった」。いま稼働する工場は四つだけ。かつて島じゅうにあった煙突も、いまなお煙を吐くのは4本だけだ。

1980年に農園を継いだオリアールさんは、二つの時代を生きた。当時は、まだ4人に1人の労働者が同じ仕事に就いていた。「高校を卒業したときは、不況で仕事がなかった。父親の仕事を継ぐのは自然なことだった」

だが政府は、サトウキビだけに頼る経済構造を変えようと、もがいていた。縫製工場を海外から誘致して、衣類の輸出に励んだ。楽園のような海を生かし、観光業にも投資。高級ホテルやゴルフ場を造り、欧州の富裕観光客を集めるのに成功した。徐々に国民は豊かになり、オリアールさんも、日本製やドイツ製の農機具を買った。でも時代はさらに変わっていく。

「決定的だったのは、砂糖の値下がりだ」

21世紀に入り、欧州連合（EU）が1975年以来続けてきた、途上国の砂糖を優遇して輸入する協定を廃止したのだ。

「サトウキビ畑も、私の代で終わりだ」

オリアールさんはそうつぶやく。3人の娘が後を継ぐことはない。長女ハナさんと次女ハディッヤーさんは公認会計士。三女のハリマーさんは、フランス語の教師になろうと、大学で勉強中だ。

EUによる砂糖輸入の優遇廃止で、オリアールさんの収入は2000年代に入って6割減った。EUは、フランスをはじめとして、砂糖の原料となるビートの一大生産国を抱えていた。「もう、とても娘たちには勧められなかった」。オリアールさんに未練はなかった。それだけ、かげりゆく産業だった。

自宅で長女のハナさん（24）に会った。政府の会計検査官として働く。「勉強が好きだったんです」。以前は民間の会計事務所で税務コンサルタントをしていた。「顧客は150人。ITビジネスやポートフォリオ（顧客の資産構成）とか、新しい世界が広がるようだった」

彼女だけではない。マヘン・シーラッタン農産・食糧安全保障担当相も、就任前は会計士として働いていた。実家はサトウキビ農家だが、87歳の父親がなお畑に立つ。若者が就農を避ける傾向を食い止めようと、「サトウキビ畑体験プロジェクト」などを打ち出してきたが、こう嘆く。

「島の面積は限られているし、畑だった土地はどんどん金融街へと開発されていく。どうすればいいのか？」

金融立国へ

モーリシャス政府が金融立国を打ち出したのは1989年。以後、20年ほどかけて会社法や税法を整え、タックスヘイブンの地位を固めていった。

グローバルビジネスライセンス（GBL1）という制度もその一つ。この国の税金は、消費税や所得税、法人税など、多くが15%にそろえられている。だが、グローバル企業がこの島に拠点を置き、このライセンスを政府から取得して企業活動をすれば、法人税は最大3%で済む。

こうした金融シフトと並行して、政府は2001年に、「自発的退職スキーム」を打ち出した。小規模農家を引退させて一つの農業規模を大きくし、生産の効率化も狙った。大手製糖会社「オムニケーン」のジャック・デュニアンビルCEO（49）は言う。「生産コストではもうブラジルやタイといった一大輸出国にかなわない。この退職金は一般的な家庭の場合の8倍ほどあった。悪い話じゃなかったはずだ」

同じ01年、政府は首都ポートルイスの近郊にグローバル企業向けの新街区「サイバーシティー」を築いた。金融街をさらに拡張するためだ。64ヘクタールの土地に、タワービルが並び立つ。政府は、「タックスホリデー（一定期間の無税）」といった優遇措置で、英大手金融機関HSBCや総合コンサルティングのアクセンチュア、会計事務所PwCといった企業をここに引きつけた。いま、350社が集まり、3万人が働く。かつてサトウキビ畑が広がっていた大地に。

「国際金融都市モーリシャス」。09年2月、HSBCのモーリシャス支店が作った18ページの営業資料にはそう記されていた。「低い税」「政治も安定」「中国やインドの大企業も次々進出」「洗練された投資マネジメントを提供」と魅力が並ぶ。

金融ビジネスを監督する同国の「金融サービス委員会」のトップも序文を寄せた。「2007年に成立した法律で、規制がよりシンプルになりました」。国際金融活動がしやすい緩やかな規制を、そうPRした。この国は半世紀足らずで、国際金融都市へと生まれ変わっていた。

だが、なぜモーリシャスは金融立国を選んだのか。地元のエコノミストのエリック・ニン・ピン・チェンさん(47)に尋ねた。

「この島には資源がないからだ」。東京都ほどの面積の、もともと無人島だった小さな島。人口も130万人足らずで、国内市場も小さい。一方、海をはさんで石油や鉱物など資源豊かなアフリカ大陸が広がる。

「ここは他のアフリカ各国のようなクーデターや汚職もないし、政府がいきなり産業を国

モーリシャスの首都ポートルイスの金融街＝17年12月

有化することもない。要するに、ビジネスをするうえで不確実性が少なくて、リスクが低いんだ。治安もいいし、英語も仏語も公用語だ」。そして、こう続けた。「税を低くすればグローバル企業はこちらに拠点を置く。モーリシャス経由で、アフリカでビジネスをしてもらえばいいんだ。払う税金を少なくしたいというのは、何も悪いことじゃない。とても人間らしい動機だ」

アップルビーのモーリシャス支店へ

モーリシャスの首都ポートルイスの金融街。11階建てビル「メディヌミューズ」を目指した。9階にパラダイス文書の最大流出元である法律事務所アップルビーが入る建物だ。

1階で案内板を見ていると、警備員が「どこへ行くのか」。9階に上がって無人の踊り場でカメラを構えていると、別の警備員が来て「何を撮っている」。

事務所に入って取材を申し込む。「パラダイス文書についてお伺いしたいんです」。取り次いでくれた女性にそう伝え、しばらく待った。応接間の黒い革張りソファ脇の棚には、ゴルフする男性の銅像が飾られていた。

5分ほどして、女性が戻ってきた。「代表のモラーは会議中で今は応じられません。彼あてにメールで取材の趣旨と質問を送ってください」と告げられた。送っても返事は来なかった。

モーリシャスで「パラダイス文書」の舞台になったのが、このオフィスだった。入手した内部資料では、アップルビーは2012年、この島で「ブランドバーグ」という会社の設立を手助けした。依頼主は、香港系の総合水産業「パシフィック・アンデス」(本社・英領バミューダ諸島)だ。

アンデス社は、モーリシャスで漁業をしたかったわけではない。狙いは、4500キロ離れた南西アフリカのナミビアだった。南大西洋に面した国で、漁業の収入が鉱業に次ぐ外貨収入源だ。なかでも5セント硬貨にアジをあしらうほど、アジ漁が盛んな国だ。

それにしても、なぜアンデス社は直接ナミビアに子会社を設けなかったのか。

二重課税回避条約の魔力

「モーリシャスの利点。二重課税回避条約を多くの国と結んでいることです」

アップルビーは2011年、営業用のプレゼン資料にそう記していた。それが謎解きのヒントになる。

アンデス社が直接ナミビアに子会社を設けたら利益の10％に課税されてしまう。だがモーリシャスに子会社を置き、そこから投資すれば税率は半分で済む仕組みがある。ナミビアとモーリシャスが結んだ「二重課税回避条約」だ。

この条約は本来、グローバル企業が複数の国で課税されるのを防ぐために結ばれる。日本のメーカーが米国で車を売ったとして、その利益が米国でも日本でも課税されては、企業はたまらない。だから、どんな利益なら、どちらの国の税率を適用するのか、あるいは何％にするのか、それを取り決めておく。これが本来の二重課税回避条約だ。

だが、現実は少し違う。単にグローバル企業が払う税を安くするという目的でも結ばれる。企業を誘致して、雇用を生み出すためだ。ナミビアは、自国の税収を減らしてでも、たくさんの企業が拠点を置くモーリシャスから投資してもらおうと、条約を結んだ。

アンデス社が漁業ビジネスで稼いだ利益にかかる税金が半分で済んだのは、そのためだ。同社がモーリシャスに子会社を設けた理由は、それだけではない。税率の低いモーリシャスに利益を移せば、払う税金はさらに安くなる。アップルビーの内部資料によると、アンデス社は13~14年、ナミビアの協力漁業会社から、モーリシャスに設立した子会社「ブランドバーグ」へ800万ドル（8・8億円）を払った。「漁船の貸付料一日3万1700ドル（350万円）」「ビジネス管理費200万ドル（2・2億円）」といった名目だ。「ブランドバーグ」は、税制が大幅に優遇されるグローバルビジネスライセンスをモーリシャスで取得していたのだ。こうして、アフリカ大陸の税収になるはずだったお金は、多国籍企業の懐へ入り込んだ。

「節税」を手伝ったアップルビーにも、巨額の手数料が入り込んだ。

がらんどうのオフィス

利益を移すためにモーリシャスに作られた「ブランドバーグ」。内部資料には、その所在地はアップルビー支店が入るビル「メディヌミューズ」の8階と記されていた。

オフィスを訪ねようと、ビル8階の踊り場へ向かった。部屋は一つだけ。ドアガラスからオフィスの中をのぞくと、がらんどうだった。人けもない。近くの壁には「入居募集中」の貼り紙があった。ドアには「御用の方は9階へ」とも貼られている。アップルビー支店が入る階だ。一方で、この階に入る企業を示す案内板には、「アップルビー」と書かれていた。

「ブランドバーグ」社の実質的な機能は、ナミビアでの課税を避けるために、利益の受け皿になることだ。節税目的の子会社なら、従業員もオフィスも必要ない。書類上存在していればいい。

「ご提案する構図」――。

法律事務所アップルビーのモーリシャス支店の代表弁護士、マルコム・モラー氏は11年、「ケーススタディー」と題した内部資料を作成し、こう記した。二重課税回避条約を利用して税逃れを狙う顧客への営業に使うためだ。

題材にしたのは、東アフリカの最貧国、モザンビーク。シンガポールに拠点を置く会社が、モザンビークでビジネスをする例だ。現地で1千万ドル（11億円）の利益を上げたとすると、20%、つまり200万ドル（2億2千万円）が課税されてしまうチャート図が、パワーポイントデータで示されている。

　モラー氏の提案はこうだ。モザンビークと二重課税回避条約を結んでいるモーリシャスに子会社を作れば、二カ国間の取り決め上、8%（80万ドル）の税を納めれば済む。こうして120万ドル（1億3200万円）が節税できる。「当社に3万ドル（330万円）の手数料を払っても、117万ドル（1億2870万円）の得になりますよ」――。まさに「ブランドバーグ」の漁業ビジネスで実現したスキームだ。

アンデス社の子会社「ブランドバーグ」が会社の所在地としていたオフィス。訪ねると、がらんどうだった＝17年12月

　こうして企業を集めるモーリシャスは「グローバル企業登録料」などの政府収入が生まれ、こうした節税ビジネスに携わる法律事務所や銀行などで雇用も生まれ、ますます豊かになる。

　モーリシャスの一人あたりGDPは約9600ドル（106万円）。モラー氏が例に取ったモザンビークは440ドル（4万8千円）。22倍だ。

　税の専門家は、二重課税回避条約をこう見る。「モーリシャスにとっては自国第一。たとえ他のアフリカ諸国が税収減で苦しんだとしてもだ」

「盗みじゃない。ビジネスだ」

タックスヘイブンという立国を、この国の指導者はどう考えているのだろう。そう思い、ある人物に会った。

「15分だけだ。私は忙しい」。モーリシャスの中央銀行「バンク・オブ・モーリシャス」のラメシュ・バサント・ロイ総裁(71)はインタビューの冒頭、そう告げた。

首都ポートルイスの19階。インド洋を見晴らす、半円形の瀟洒《しょうしゃ》なオフィスで、革張りのソファに身を沈めて語り始めた。

「砂糖の時代はもう終わったよ」。時代はデジタルだ。それが彼の持論だった。「サトウキビ畑で思い出すのは少年時代、ガールフレンドとデートしたことくらいかな」。そう言って笑いを誘おうとした。高さ3メートルにもなる茎はひそかな逢瀬《おうせ》に向いていたのだという。

この国はパラダイス文書の舞台になった、と話を振ると大きな声で笑った。

「とんでもない。ここはタックスヘイブンじゃない。ためしに銀行口座を作ってみるといい。開くのに1カ月もかかる。苦情の手紙が来るくらいだよ」

しかしアフリカ各国が得るべき税収が犠牲になっているのではないか――。そう問うと、こう言った。

専用オフィスで取材に応じた「バンク・オブ・モーリシャス」のラメシュ・バサント・ロイ総裁＝17年12月

「何も盗みを働いているわけじゃない。ビジネスをしているだけだ。どの国もやっていることだ」
多国籍企業は、政治リスクも税率も低いこの島に進出する。世界の名だたる銀行も集まり、治安の不安もない。
「我々のアドバンテージは、すでにたくさんの国々とビジネスをしていることだ」
いち早く「国際金融都市」を80年代末に宣言し、巧妙な税制と法律を整えてきた。他のアフリカ諸国に先んじて先進国の多国籍企業を呼び込み、そうして確立された名声がまた、別の企業誘致の呼び水になる。「早い者勝ち」の構図だ。

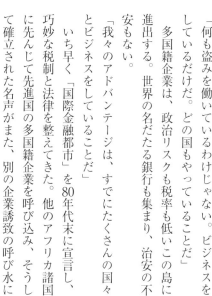

かたや「選ばれなかった」アフリカ大陸の国々は、モーリシャスにすがる。モーリシャスから投資して得られる利益の税率は低くするから、こちらに企業活動を促してほしいと。それが「二重課税回避条約」締結の力学だ。

こうして大陸は、社会福祉に充てられたはずの税収を失う。他方、モーリシャスは条約を結ぶことによって「アフリカの玄関口」としての地位をさらに固める。総裁は言う。

「何も条約を強制しているわけじゃない。それにアフリカが発展すれば、我々も豊かになるんだ」

この島に住む人は、自国の自画像を、どう描いているのだろう。

「バンク・オブ・モーリシャス」に記者を案内してくれたタクシー運転手、デドール・イムランさん(54)はその帰り道、自宅に招いてくれた。フランスやサウジアラビアでタクシー運転手や修理工として出稼ぎし、家族を養ってきた。いまは運転手の傍ら、自動車修理工場を営む。

イムランさんは自宅で唐辛子の詰め物を揚げた地元料理、ピマン・ファルシを振る舞ってくれた。彼に聞いてみた。モーリシャスはタックスヘイブンだと思うか、と。

「正直、金融の世界で何が起きているのか、私にはわからない。知りようもない。お金には色がついてないし、そもそも扱う額が大きすぎる。政府にだって、何が起きているのかわからないんじゃないか？」

自動車修理工でもあるイムランさんは、2階建ての自宅を15年ほどかけて自分で建築した。「ものを造るのが好きなんだ」

サトウキビ畑から、金融ビジネス。この国の半世紀の歩みについても尋ねてみた。「私の父親は、パン屋、製糖工場、カニの殻むきを掛け持ちした。朝の2時に起きて、帰宅は夜9時だった。ずいぶん働き方が変わってしまったよ」

「パラダイス文書」の余波

日本時間2017年11月6日午前3時、パラダイス文書の報道が世界で一斉に始まった。余波はモーリシャスにも及んだ。税逃れの舞台だとの指摘に、政府は火消しに追われた。プラビン・ジャグナット首相は11月9日、「この国がタックスヘイブンだというのは間違いだ」と声明で反論した。

金融業務を監督する「金融サービス委員会（FSC）」のハーベシュ・シーゴーラム長

官に取材した。

「この国の規制はとてもしっかりしている。ＯＥＣＤ（経済協力開発機構）が要求する基準を、きちんと満たしている」。そう強調して首相の説明を補った。

「たとえば、子会社を作るなら実態が必要だ。幹部社員が２人以上ここに住んでいないといけないし、モーリシャスで幹部会議も開かれないといけない。テレビ会議ではダメだ」

ではなぜ、パラダイス文書で明らかになった「ペーパーカンパニー」による節税ビジネスが可能だったのか。漁業を手がけるアンデス社がモーリシャスに子会社を設けたのは２０１２年。同じ年、税優遇を受けるためのライセンスをモーリシャス政府から取得した。その後の２年で少なくとも８・８億円もの利益を上げた。でも、従業員もオフィスもなかった。長官が言う「幹部社員２人、モーリシャスで幹部会議」を義務づける法律は当時すでに存在していた。

長官は「個別ケースには答えられない。違反があるようなら必要な措置を取る」とだけ答えた。

二つのリスト

文書の報道開始から1カ月後の12月5日。EUは、タックスヘイブンの「ブラックリスト」を公表した。リストに含まれたのは、韓国やナミビア、サモア、パナマなど17の国・地域。モーリシャスは含まれていなかった。

この島だけではない。今回の報道で取り上げられていたバミューダ諸島やバージン諸島などの英領、EU原加盟国であるオランダなどは一様に指定を逃れた。そもそもEUの国々は調査対象にさえ入っていなかった。

もう一つのリストがある。

EUによるリスト発表の8日前、国際NGO「オックスファム」が公表したタックスヘイブン39の国や地域だ。載っていたのは、英領バミューダ、ケイマン諸島、オランダ、アイルランド、スイス、モーリシャスといった「有名な」国々だった。

モーリシャスは、こう評価されていた。

「税の仕組み自体には、透明性がある。だが、二重課税回避条約を通じて、アフリカの税収を奪っている」

なぜ、同じ時期にEUが作ったリストと、こうも違うのか。オックスファムはリポートでこう記していた。

「ブラックリストは、既得権や政治的な干渉を排して作らないといけない。力を持つタックスヘイブンの国は、リストに載らないように働きかけてくるし、G20がかつてリストを作ったときがまさにそうだった。トリニダード・トバゴだけが指定されたのだ」

そしてEUリストについて、こう予告していた。

「EUが客観的に基準を当てはめれば、控えめに見積もっても39カ国がタックスヘイブンになるはずだ。だが、EUの内部、外部からの政治的プレッシャーによって、重要なタックスヘイブンの国々はリストから外されるだろう」

国際NGO「税公正ネットワーク」のアレックス・コバム代表は、ICIJの取材に、こう指摘した。

「EUのリストは政治的工作の産物だ。EUと政治的関係を持たない（指定に都合がいい）国々だけを載せたのだ」

楽園依存

経済学に、「オランダ病」という言葉がある。資源輸出に頼りすぎると国内の製造業が衰える、という現象だ。1970～80年代、北海からの天然ガス収入に頼っていたオランダが不況で苦しんだことに由来する。

そのオランダはいま、「タックスヘイブン」の病に向き合う。

「もう少し待ってほしい」

2016年末、オランダのイェルーン・ダイセルブルーム財務相は、税逃れ対策の改革をEU加盟国に迫られて、こう嘆願した。

なぜか。財務相はこう続けた。「オランダ経済に与えるダメージが大きすぎる。7万7660人の雇用が失われてしまう。ほとんどが米国の多国籍企業だ。彼らは、オランダの優遇税制が使えるからこそ、オランダに進出したのだ」

オランダは、遅くとも1980年代には節税に便利な国として知られ、日本企業も「進出」してペーパーカンパニーを設立した。2000年にはOECDが「有害税制を持つ国」のリストに含めた「古株」でもある。

16年、パナマ文書をきっかけに野党が調査委員会の設置を政府に要望。政府は拒否したものの、翌年、パラダイス文書でオランダが米スポーツ用品大手のナイキ社による巧みな税逃れの舞台を提供していたことが明るみに出ると、政府はようやく重い腰を上げた。

マルク・ルッテ首相は11月上旬、こう表明した。「多国籍企業の税を安くするために結んだ、約4千もの協定を見直します」

モーリシャスも、二重課税回避条約が税逃れに使われているとの国際的な批判を受け、2017年7月、こうした条約の見直しを始めると決めた。国際的な税逃れを防ぐためにOECDが作った多国間ルールに加わることにしたのだ。「評判を損なったら、この国は終わりだからだ。銀行もそうだろう? 同じことだ」。地元紙「レクスプレス」のリンゼイ・プロスパー記者(64)は言う。

ただ、条約の見直し方には「オプション」がある。OECDで決めたルールをすべての二重課税回避条約に一網打尽に適用するわけでは、必ずしもない。どの程度、税逃れ防止策を盛り込むかは、二カ国間で決められる。モーリシャスは、43の個別の二重課税回避条約を、一つずつ見直すつもりだ。

それはなぜか。

金融業務を監督するFSCのシーゴーラム長官は、「二カ国間で協議したほうが、アフリカの国々の個別の状況に合わせることができるからだ」という。

一方で、二カ国間なら、双方の「国力」の差が交渉に影響することもある。オックスファムは交渉の行く末をこうみる。「OECDで合意された税逃れ防止策すべてを、モーリシャスがそのままアフリカの大半の国々に適用することはないだろう。モーリシャスは、引き続きアフリカ大陸の税を収奪するタックスヘイブンでいられることになりかねない」

改革阻止へロビー活動

グローバルな税逃れへの対策は、先進国が加盟するOECDや主要20カ国・地域（G20）が担ってきた。だが、その規制は抜け穴だらけだったことをパラダイス文書は示した。

背後にあるのは、厳しい規制を嫌う多国籍企業や先進国の思惑だ。

英・北アイルランドのリゾート地、ロックアーン。2013年6月中旬、主要8カ国首脳会議（G8サミット）が予定されていた。

多国籍企業や富裕層による税逃れへの国際的な批判が高まり、その対策が主要な議題と決まっていた。

「グローバル化が進んだ世界では、一カ国では根絶できない」。ホスト国である英国のデービッド・キャメロン首相は、こう意気込んでいた。

サミットを3週間後に控えた5月24日、英内閣府のG8担当責任者に、一通のメールが届いた。

「英国は、税に関するG8の提案の影響を十分に考慮していますか？」

こう書き始め、関連記事を添付したうえで指摘した。

「英国のタックスヘイブンの仕組みを傷つければ、西側諸国の経済や雇用に深刻な損害を与えかねない」

メール差出人は「IFCフォーラム」の弁護士。英領のタックスヘイブンに拠点がある会社などの業界団体だ。「パラダイス文書」の主な流出元であるアップルビーも主要メンバーだった。

G8サミットで議論される税逃れ対策に歯止めをかけたい。メールからはそんな狙いが読み取れる。

英内閣府側はすぐ返信した。「サミットを準備する人々に広く周知します」

パラダイス文書は、こんな秘密裏の「ロビー活動」も明らかにした。

一方、タックスヘイブンの恩恵を受ける多国籍企業も、稼いだ利益を守ろうと、税規制の動きに異議を唱える。

米グーグルやゼネラル・エレクトリック（GE）などで作る業界団体「全米外国貿易協

議会（NFTC）」はオバマ政権期の13年、タックスヘイブンの抜け穴を防ごうという民主党上院議員の税制改革案に「失望した」と見直しを求めた。米国最大のロビー団体「米商工会議所」も、同案に反対を表明した。

日本企業も例外ではない。7大商社などが加盟する日本貿易会はかつて、OECDによる多国籍企業の税の透明化案に「税務当局が多国籍企業の全情報を把握するのは必ずしも有益ではない」と意見書を出した。

「自国第一」

国境をまたぐ税逃れはOECDなどが対策を進めるが、なかなか実を結ばない。逆に、国際金融の中心地である英国ではいま、米国と同様に、「自国第一」主義が政治をリードする。

モーリシャスをかつて統治した英国は16年6月の国民投票で、EUからの離脱を決めた。離脱派は「低賃金で働くEU移民に仕事を奪われている」「EUへの巨額の拠出金を、財政難にあえぐ国民保健サービス（NHS）に充てられる」などと主張した。

「主権を取り戻せ」との訴えは、雇用を求める低所得層を熱狂させた。一方でその訴えは、

ＥＵによる細かな規制を嫌い、より自由な経済を信奉する富裕層の主張とも重なっていた。

実際、テリーザ・メイ首相は17年1月の演説で、「競争的な税率を定める自由を持てる」ことを離脱の利点だと述べている。

英紙ガーディアンによると、与党・保守党の大口献金者である上院議員は、ジャージー島に開いた二つの信託に不動産などを保有。強硬離脱派で知られる元保守党首を支援していた。離脱を支持した英紙テレグラフのオーナーの双子も、バミューダ諸島との関係が明らかになった。ともに英王室の属領や英国の海外領。税逃れや資産隠しの舞台と指摘された場所だった。

土から離れて

モーリシャスを離れる日、空港近くのサトウキビ畑に寄った。青い海から吹く温かい風に、整然と並んだ50センチばかりの青緑色の茎が揺れる。３００年前から変わらぬ、この島の光景なのだろう。

オランダ、フランスに英国。三つの国に支配されたこの国は今、半世紀前（１９６８年）の独立を経て、金融都市へと生まれ変わった。

独立前、サトウキビはヨーロッパによってもたらされ、ヨーロッパの利益のための作物でもあった。サトウキビだけに頼る経済構造を押しつけられたという意味では、砂糖は、甘みに象徴される豊かさだけでなく、従属といった苦みも含まれるのかもしれない。その後、この島は産業を多様化させ、立国の中心に金融産業を据えた。搾取の時代は遠くに過ぎ去った。

収穫の仕上げが進むサトウキビ畑
＝17年12月

だが、いま犠牲になるのは、アフリカ大陸だ。巨大多国籍企業は緩い規制と安い税を求め、モーリシャスにやってくる。モーリシャスはその利点をテコに、アフリカ大陸の国々と取引し、モーリシャス経由のアフリカ投資を促す代わりに、大陸での課税を低く抑えてきた。かくして、富を持つ強者はよりいっそう、その地位を固めていく。

海沿いの畑を眺め、サトウキビ農家のハッサン・オリアールさんの言葉を私は思い出していた。

「サトウキビの糖分は茎の根もと、大地すれすれにたまる。だから刈り取るときは腰をぐっと落とすのだ」。それが刈り取りのコツなのだと。

そして、この国の半世紀の変化をどう思うのかと尋ねた私に、こう語っていた。

「産業の多様化はいい。でも金融は脆弱《ぜいじゃく》だ。不況や戦争でお金はあっという間に引き揚げる。そうしたらこの島で何を食べるんだ？　農業ほど確実なものはないんだ」

そして、こう続けた。「私たちは、大地から離れすぎてしまった」

第5章

タックスヘイブンと日本

～パラダイス文書から浮かび上がった日本

特別報道部

国際報道部の記者たちが、「パラダイス文書」を基に世界各地の現場でタックスヘイブンの実態を追う一方、特別報道部の記者たちは主に日本国内の企業や要人関連とみられる文書を探し、読み込み、また直接取材してタックスヘイブン利用の真相に迫った。

それはまさに、複雑なパズルのピースを一つひとつ集め、組み合わせていくような途方もない作業だった。

パラダイス文書に登場する日本関連の固有名詞は千を超える。商社などの大企業や大物経営者のほか、漫画家などバラエティーに富んだ有名人が名を連ねており、国内の政治家も取材対象となった。特に現職や元職の国会議員については、NHK、共同通信、朝日新聞がそれぞれ、50音順などで議員を分担し、ICIJが構築したパラダイス文書のデータベースの中に名前がないか探した。

3社は分担してこれら日本関連と思われる文書を読み込むとともに、頻繁に会議を重ね、取材の情報を交換した。

こうして発見できたのが、国会議員の元職3人に関する情報だった。いずれも、汚職や脱税といった違法性のあるようなものではなさそうだった。ただ、議員在職中にタックスヘイブンのファンドに投資をしていたり、政界引退後にタックスヘイブンに所在する企業の役職に就いたりするなど、「公人」の行動として疑問符がつきそうなものもあった。

国内の元政治家とタックスヘイブン

北川慧一　木村健一　奥山俊宏

鳩山由紀夫元首相が「勤める」タックスヘイブン企業

2017年9月29日、沖縄県那覇市。秋分を過ぎたといっても日中はまだ暑かった。ジュンク堂書店那覇店で、鳩山由紀夫元首相の出版記念イベントが行われていた。

『抑止力のことを学び抜いたら、究極の正解は「最低でも国外」』（かもがわ出版）。鳩山氏は、沖縄県宜野湾《ぎのわん》市にある米軍普天間《ふてんま》飛行場の返還問題や、駐留米軍による抑止力などをテーマに、元防衛官僚で内閣官房副長官補を務めた共著者、柳澤協二《やなぎさわきょうじ》氏と対談した。

普天間飛行場を沖縄県名護市辺野古《へのこ》に移設する計画に反対の立場を取る鳩山氏の講演を聴こうと、書店の脇に設けられたイベント会場には多くの市民が集まり熱気に包まれていた。当初数十席設けられたパイプ椅子は講演開始前に埋まり、イベントが始まる間際に店

書店で講演する鳩山元首相＝17年９月29日夜、那覇市

員があわててパイプ椅子を追加した。この日は午前中から鳩山氏が辺野古を訪れて現地で移設に抗議する反対派の座り込みに初めて参加しており、夜の出版記念イベントにはこうした反対派の人々も多数詰めかけていた。

記念イベントで在日米軍について、鳩山氏は次のように語った。

「米軍がないほうが、北朝鮮が米軍を狙うために日本を狙うということはなくなるわけで、日本にとって脅威はなくなる。究極の抑止力というのは、相手の（攻撃するという）意図がなくなること。『中国が脅威だ』『北朝鮮が脅威だ』と言ってアメリカの武器を買い続けるのではなく、対話によって信頼を高めていくという方向に日本はギアチェンジをしなければならない」

鳩山氏にとって、普天間飛行場移設は首相退陣に追い込まれる原因となった問題だ。政権交代を実現した２００９年の総選挙前に「最低でも県外」と発言したにもかかわらず、

10年5月に名護市辺野古に移設するとした政府方針を閣議決定した。

米軍基地の沖縄県外移設を掲げ、首相在任時から「東アジア共同体」構想をうたった鳩山氏は、国際的には「親中派」とみなされている。

その鳩山氏が、2012年に政界を引退した後、翌13年に、香港を拠点とする石油・ガス会社「ホイフーエナジーグループ」の名誉会長に就いていた。

同社はタックスヘイブンであるバミューダに登記されており、年次報告書や年次総会のお知らせなどの書類がパラダイス文書のデータベースに含まれていた。年次報告書は会社のウェブサイトにも載っており、データベースと同一のものだった。鳩山氏は次のように紹介されていた。

「日本、中国、アフリカの著名で国際的なエネルギーグループと友好的な関係があり、国際的なエネルギープロジェクトの共同開発と運営における成功経験があることから、鳩山博士は当グループのエネルギー開発事業への参加と指導に深い自信を持っています」

鳩山氏は現在も日米、日中関係などへの発言を続けている。この企業との関係について、きちんと本人に取材する必要があった。

鳩山氏は国会議員を引退した後も永田町に拠点を置く一般財団法人「東アジア共同体研究所」の理事長をしており、正式なインタビューを申し込むこともできた。だが、タックスヘイブンに関する取材だといって申し込めば、断られるかもしれない。さらに、断られた後で何らかの機会に取材できたとしても、拒否されたり答えを用意されていたりすることへの懸念も記者にはあった。このため、まずはアポイントを取らずに直接取材できる機会を探ることにした。これは鳩山氏に限らず、他の元国会議員や企業経営者であっても同じだ。

一方、パラダイス文書に見いだすことができた日本の国会議員経験者は、鳩山氏を含めていずれも元職だった。現職議員のように、国会や議員会館に行けば会えるものではないし、会合出席や街頭演説といった「公式行事」の前後に取材する、「ぶら下がり取材」のような手段を使える機会も少ない。

個別に講演会がないか、シンポジウムなどに出席しないか、取材機会をうかがった。

柳澤協二氏との対談を終え、鳩山氏は参加者からのサインに応じた。参加者らが鳩山氏の著書を持って列をなした。取材班の仕事はそこからだった。

「朝日新聞ですが」

こう問いかけると、鳩山氏は東京からわざわざ那覇まで取材に来たことに少し驚いたようなそぶりを示した。記者が、「香港のホイフーエナジーグループについて伺いたい」と切り出すと、鳩山氏は表情を変えることなく、「はいはい」とうなずいた。だが名誉会長に就任した経緯を尋ねると、ややいぶかしんだ様子で、「形だけですけどね。何か？」と問い返してきた。

ホイフーエナジーグループがバミューダ籍の会社であることを伝えると、鳩山氏は「えーと、許《きょ》さんというトップの方ですが、何年前かな、会いに来られて、お嬢さんとか息子さんの結婚式に呼ばれたりしまして」と語り始めた。そのうえで、「(許氏から）私も名前だけでも連ねてくれ、ということで入っています。名誉会長といっても実質、何も意味はないですけど」とつけ足した。

会社での役割について尋ねると、「たぶん『鳩山』ということで、中国にとって、私の名前を書いていることで、信頼を得たいと思っているのではないか」と述べた。会社がバミューダ籍であることは、「知らない。タックスヘイブンのために？」と聞き返してきた。

書店地下の会場から書店前に停められた送迎車まで歩きながらの、わずか5分足らずのやりとり。だが、「形だけ」であったとしても、タックスヘイブンに登記されている企業の役員に就いていることを本人は認め、その経緯もある程度聞くことができた。

その後、鳩山氏に事務所を通じてインタビューを申し込んだが、書面での回答にとどまった。ただ、この回答により、顧問料として報酬を受け取り、税務申告していることは明らかになった。ただ、鳩山氏の事務所は当初、報酬額を明かさなかったが、2018年3月に再取材したところ、報酬額を回答した。13年3月分が5万3226香港ドル、13年4月〜15年1月分が毎月15万香港ドル、15年2月分以降が毎月5万香港ドルだという。5年間の総額は、約520万香港ドル（約7千万円）になる。

ホイフーCFO「鳩山氏のブランド、名前が役に立つ」

日本のICIJ取材班は鳩山氏に接触すると同時に、ホイフーエナジー側にも取材を試みた。2017年10月19日昼、朝日新聞と共同通信の記者は、マカオ行きの船が出る港やショッピングセンターを備える香港島の大型港湾施設「信徳センター」へ赴いた。

観光客や買い物客でにぎわうセンターの一角にそびえる40階建てビル「チャイナ・マーチャンツ・タワー」。その19階に会社があった。

金色に輝く取っ手を押し、ガラス扉を開く。受付の背後の壁には、英語と中国語の社名が金色で描かれ、床は大理石調。豪華な雰囲気に包まれていた。受付をはさんで両側にある事務所からは、人の声は聞こえてこず、静まりかえっていた。

ホイフーエナジー本社の受付＝18年２月５日午後、香港・上環

20~30代とみられる受付の女性に、広東語の女性通訳を介して取材を申し込んだ。前日に、ホイフーエナジーグループにメールで質問状を送っていた。

「昨日、連絡をもらっています」と落ち着いた口調の返答があった。「広報担当は出かけているが、1時間で帰ってくる」という。

だが1時間後に再訪すると女性は素っ気なく、「担当者は戻っているが、取材は受けない」と返答した。改めて取材を申し込む手紙を渡し、会社を後にせざるを得なかった。

パラダイス文書の公開から約3カ月がたった201

8年2月5日午後。取材班は香港のホイフーエナジー本社に改めて出向いた。

19階フロアで玄関先の廊下に記者が立つと、男性が奥のオフィスから現れた。記者が英語で自己紹介すると、オフィスに招き入れられ、広々とした会議室に通された。

会議室の入り口側の壁には、ホイフーの首脳らしき男性が要人らしき人たちと一緒に写った写真が何枚も飾られていた。奥の壁には金色の文字で「凱富能源集團有限公司」という中国語の会社名が横幅いっぱいに大きく飾り付けられていた。

窓の下には香港島・上環の街並み。その向こうにはヴィクトリア・ピークの山並みを望める。山すそに高層マンションが林立している様は壮観だった。

ホイフーの男性は大きなラウンドテーブルの反対側に座るのではなく、記者の隣に来て名刺を交換し、そのままそこに座った。名刺の片側は英語で、その反対側は漢字だった。

名前はパット・フー。英語の肩書はチーフ・ファイナンシャル・オフィサー、すなわちCFOだ。漢字では「財務総監」となっている。ホイフーの大幹部だった。

前年秋に質問を送ったのに返答がないと記者が指摘すると、フー氏は具体的な日付を挙げて、質問を受け取った、と認めた。

鳩山氏が名誉会長に就き、元米大統領のジョージ・W・ブッシュ氏の弟にあたるニール・ブッシュ氏が同社の取締役に就いている理由を聞くと、フー氏は躊躇《ちゅうちょ》することなく、答えた。

「私たちの会社は多くの国々でビジネスをしています。そこでは『関係』が必要です。彼らはその『関係』を持っています。彼らは良い仕事をしてくれています」

鳩山氏だけでなく、ブッシュ氏も「彼ら」に含めて、フー氏は答えた。

「彼らは、彼ら自身のコネクションを持っています」「彼が加わってくれているのは、我々にとって、良いことです（He is a good addition to what we have.）」

鳩山氏を名誉会長に戴《いただ》く利点について、フー氏は「ブランド・ネーム」と要約した。

ホイフーエナジーは日本でビジネスをしていないし、その計画もない。だから、日本で鳩山氏の名声やコネを活用しようと思っているわけではなさそうだ。日本ではなく、むしろ、中国本土やアフリカで鳩山氏の名前を活用できるという。ブッシュ氏についても同様に役に立っていると説明した。

元総務副大臣と「実名」めぐり攻防

パラダイス文書にはさらに2人、旧みんなの党元参院議員の山田太郎《やまだたろう》氏の名前と住所、元総務副大臣の内藤正光《ないとうまさみつ》氏に関する資料もあった。

山田氏についても、東京・永田町の議員会館で2017年9月下旬にあった国会議員や秘書向けの講演会の際に取材した。

山田氏は議員になる前にIT企業を経営していた。この会社は当時、ケイマン諸島の会社を買収したことを開示していた。山田氏は「中国でシステム開発会社を買収したら、たまたまケイマンの会社だった」などと説明した。

一方、元総務副大臣の内藤氏は講演会などの予定が見つからなかった。

内藤氏は、1998年から2010年まで参院議員を2期務め、鳩山内閣と菅《かん》内閣で総務副大臣を務めた。国会議員在職時に、タックスヘイブンである英領ケイマン諸島所在のファンドに投資していることを示す書類がパラダイス文書から見つかった。

政界引退後の動向ははっきりとしなかったが、フェイスブックに自宅の住所が記載されていたため、自宅に直接赴くことにした。

インターホンをならすと本人が出た。取材趣旨を説明しようとすると、

「すいません、もう民間人なんで」

と、インターホンは切れた。やむなく、取材の依頼状に名刺を添えて、ポストに投函した。

翌日、記者の携帯電話に内藤氏から着信があった。

内藤氏は次のように話し始めた。「まず、何か税逃れをしているとか、タックスヘイブンで便益を受けているということではないですよ。国会議員は将来が不安、年金だって出るかどうかわからないような状況のなかで、いい商品があるというアドバイスを受けた。国会議員をやっていたのですから知っていますよ。海外に200万円以上送金すれば税務署にも捕捉されるので、税逃れなんてあり得ないですよ」

政治家がタックスヘイブン所在のファンドに投資すること自体、内藤氏が言うように、違法ではない。ただ取材班は、政治家による投資行為の実態を明らかにする、という点で報道する意義があると考えた。

続けて内藤氏はこんな懸念も表明した。

「タックスヘイブンに関するニュースのなかで報じられると、脱税していたという風に受け取られる。何ら法的なことを犯しているわけではないのに」

内藤氏は民間人であることを理由に、取材には応じられないとする一方、匿名の記事であれば会って話をするという姿勢をみせた。

だが内藤氏は副大臣経験者だ。

その後、実名報道を前提とした対面取材に応じるよう求める書簡を送ったが、内藤氏が郵便物の受け取りを拒否したため、封書は記者の手元に戻ってきた。

パラダイス文書が全世界で一斉に報じられる報道解禁予定日まで残り数日となっても、取材班はまだ、内藤氏に対してタックスヘイブンに所在するファンドに投資した経緯を尋ねたり、総務副大臣の在職時に公開していた資産一覧に、このファンドへの投資が記載されていないという問題を聞いたりできないままだった。このため取材班は11月3日、内藤氏の自宅を再訪した。不在だったため、手紙をポストに投函して辞した。

この日は夕方から東京・渋谷のNHK放送センターで朝日新聞、共同通信、NHKの3社のデスク、記者らによる打ち合わせがあった。議題は、57時間後に控えたパラダイス文書の報道で、各社それぞれの取材テーマをどのように報じるかだった。

そんな会議の途中、記者の携帯電話に内藤氏からの着信が入った。

実名を前提として報じると手紙で伝えたことに対する抗議だった。

タックスヘイブンへの投資自体は脱税でもないのになぜ実名で報道する必要があるのか、現在は民間人であり、仕事への影響がある、と訴えた。

取材班は、総務副大臣経験者であることから実名で報道するという立場を説明した。その上で、総務副大臣の資産公開にこのファンドへの投資を記載していなかったことを問いただすと、内藤氏は「これは申し訳ない。失念していた」と答えた。

政治家に求められる透明性

11月6日午前3時にパラダイス文書に関する報道が解禁された。鳩山氏への取材結果も全世界に発信された。朝日新聞デジタルでは「鳩山元首相、石油・ガス会社から顧問料」として、鳩山氏に関する記事を見出しに取った。ＩＣＩＪのウェブサイトにも、次のような原稿が掲載された。

鳩山由紀夫は２００９年から10年まで日本の首相だった。彼は、政治資金の不正と在沖縄米軍を移転するとの選挙公約の反故《ほご》により、わずか９カ月の在任の後に辞任した。

データによれば、鳩山は、バミューダで２０００年に設立された石油・ガス開発会社、ホイフーエナジーの名誉会長と上級顧問に13年3月に任命された。（中略）同社の役員には、マダガスカルにビジネス権益を持つ中国最富裕層の石油長者・許智銘、国際的な投資家で元米大統領ジョージ・W・ブッシュの弟ニール・ブッシュが含まれている。

（敬称略）

鳩山氏といえば、祖父が元首相、父が元外相、母は世界的なタイヤメーカー「ブリヂストン」の創始者の娘だ。そんな人物の「カネ」をめぐる話題に大きな関心が集まったのは言うまでもない。

他方、11月6日の朝日新聞朝刊は「元副大臣、公開せぬ資産」という見出しだ。内藤氏がタックスヘイブンのファンドに投資していながら副大臣としての資産公開に掲載していなかった問題をトピックに据えた。

旧民主党元参院議員で元総務副大臣の内藤正光氏が議員2期目の２００６年、タックスヘイブンのケイマン諸島のファンドに10万ユーロを投資したことを示す書類があった。当時の為替レートで約１５００万円。09年の副大臣としての資産公開では、その記載がない。

内藤氏は取材に、「議員は将来が不安な中、海外の商品がいいと紹介された。タックスヘイブンとは知らなかった。何ら違法なことはしていない」と話した。資産公開については「失念していた」と説明した。　　「朝日新聞」2017年11月6日朝刊

ニュースの軽重は、事案の性質や重大さ、当事者の著名さの度合いによって判断される。朝日新聞特別報道部の取材班が、内藤氏に関する問題を記事の中心にしたのは、副大臣在任時の資産公開に掲載していなかったことが重大な問題だと考えたからだ。「国務大臣、副大臣及び大臣政務官規範」では、本人や家族の資産を、就任時と辞任時に公開することを定めている。

2016年の「パナマ文書」をめぐる報道では、タックスヘイブンの英領バージン諸島に妻が会社を保有していたことが明らかになったアイスランドのグンロイグソン首相が辞任に追い込まれた。グンロイグソン氏は、金融危機前の07年に英領バージン諸島に妻と共有名義で「ウィントリス」という会社を設立し、同社がアイスランドの大手3銀行に投資していた。国会議員に当選した09年中に自身の会社の持ち分すべてを妻に1ドルで譲渡したが、その間に保有資産として国民に公開していなかったことが批判された。政治家に高

い透明性を求める国民の姿勢が政治を動かした事例と言えるだろう。

今回の内藤氏のケースでも、副大臣就任時に公開していなかった資産の存在が明るみになった。日本の国会議員の資産公開をめぐる透明性はまだまだ不十分であり、そのチェックも行き届いていないのが現状だ。

「政治とカネ」の問題が報じられるたびに繰り返される議論ではあるが、「国務大臣ら公職にある者としての清廉さを保持し、政治と行政への国民の信頼を確保する」という「国務大臣、副大臣及び大臣政務官規範」など、政治家の資産を公開して「国民の監視や批判の下に置く」という関連法規の理念を内実あるものにすることが求められている。

死者が投資？　バミューダに眠る2億円の怪

吉田美智子

アップルビーが用意した「名義上の株主」

その文書はA４判で10ページあった。

右上には、「プライベート、コンフィデンシャル」とあり、機密であることを示している。2013年3月21日という日付と木村太郎（仮名）氏、A社、アップルビー社の名前が並び、会計業務契約と記されていた。

木村氏の住所は東京都内、A社の所在地はアップルビーのバミューダ本社と同一になっていた。A社の役員会の議決（1ページ）と、A社の株を保有するB社の株主総会の議決（2ページ）も添付されていた。

A社の名前でパラダイス文書を検索すると、2000年代はじめのA社の役員会の議決、2000年代後半から数年分のA社の会計記録、バミューダの銀行が発行した取引明細などが出てくる。ざっと数百ページだ。A社の役員会の議事録には、A社の株主総会の議事録を承認したことを示す木村氏の青インクのサインがにじんでいた。

文書からは、おぼろげながら、次のことが見えてきた。

木村氏はアップルビーに依頼して作った「名義上の会社」であるA社とB社を利用して、同じくバミューダにある銀行の米債券ファンドに投資しているということだった。運用額は2014年には180万ドル（約2億円）にのぼっていた。毎年、500万円ぐらいの利益が出ている。

記者が疑問を持ったきっかけは、一通の電子メールだった。17年夏ごろ、木村氏のローマ字の名前をデータベースで検索した。すると、アップルビーの従業員同士でやりとりしたメールが出てきた。

2013年3月8日。

「……B社はアップルビーが用意した名義上の（ノミニー＝nominee）会社で、木村氏が実質的な株の保有者となっている。だから、B社ではなく、木村氏が（会社の役員会の議事録に）署名するのが適切です……」

ノミニーとは、法人の役員や株主を第三者名義で登記できる制度で、日本では認められていないが、オフショア地域などで合法化されている。アップルビーは、顧客の要望に応じて、「名義上の役員」や「名義上の株主」を用意。パラダイス文書からは、第三者名義にしばしばアップルビー社員の名前を使用している実態もわかった。英領バージン諸島、バハマなど制度上の規制がゆるい地域では、住民の名前が使われているケース、また架空の名義が使われているということもある。法律事務所側は、「プライバシー保護を目的としている」と主張するが、株の実際の保有者をわかりにくくしているとの批判がある。

3月22日のメールでは「会社に代わり、木村氏が合意した文書を添付した」とされていた。それが冒頭の契約書だった。

死者が投資?

A社やB社は、検索サイト「グーグル」で調べても、名前が出てこない。木村氏のほうから調べることにした。ローマ字でグーグルに名前を入力すると、都内の金属販売会社のホームページが出てきた。会社の沿革の英語版には1970年代に木村太郎氏が社長に就任した、と記されていた。

画面を下のほうにスクロールする。

「あれ?」

記者は思わず声を漏らした。

「2008年に木村会長逝去」とあった。

銀行の取引明細などによると、木村氏による資産運用は少なくとも2014年ごろまで続き、木村氏が死亡したとされる08年以降にA社とアップルビーが交わした会計業務契約書もあった。

「死者が投資したのか?」

だが、思い当たる節はあった。契約書は、木村氏が当事者のはずなのに、最後のページに記されたサインは、木村氏と同姓の木村次郎氏（仮名）の名前になっていた。この契約書の上のほうには、次郎氏の名前、送信元とみられるファクス番号が記されていた。金属販売会社のホームページによれば、次郎氏の名前は現社長と同姓同名だ。

太郎氏と次郎氏は親子である可能性が高い。場合によっては、相続税の申告漏れを疑われるかもしれない。現社長である次郎氏に直接、問いただすしかない。

現社長の自宅へ直接取材

パラダイス文書の報道開始を1カ月あまり後に控えた2017年10月1日午後8時前、朝日、共同、NHKの3記者は社長宅近くの地下鉄駅で待ち合わせた。日曜のこの時間帯であれば、次郎氏は家にいるだろうと判断した。

記者は3社の打ち合わせの席で、自分の調べた情報をレジュメにして報告する際、根拠となるパラダイス文書のリンクを記していた。共同、NHKの記者にも文書を見てもらったほうが、ダブルチェックができるし、他社の記者がその文書をきっかけに、さらに重要な文書を見つけてくることも期待できる。情報を「過激なまでに共有」して、ベストを目指すのがＩＣＩＪの取材方式だ。

共有の成果は実際にあった。ＮＨＫの記者は彼自身のリサーチに基づき、「パラダイス文書から、次郎氏の妻がアップルビーと顧問料についてやりとりしたメールも見つかった」と教えてくれた。次郎氏は少なくとも、父親がバミューダで資産運用していたことは知っているとの確信を抱いた。

まず、パラダイス文書に父・太郎氏の住所として記載のあったマンションに行ってみた。部屋の表札は別人の名前だ。すぐに、向かいにある次郎氏の自宅に向かった。古めかしいが、高級感あふれるマンションの高層階だった。インターホンの部屋番号を押すと、妻らしき女性が出た。

「木村次郎さんはご在宅ですか」

3人の記者の姿が来客モニターに映っているのか、女性は怪訝《けげん》そうな声で「はい」と言う。

次郎氏は、女性のすぐそばにいるようだ。女性はしばらくして、「取材は受けないと言っています」と答え、私が「それでは会社のほうにお伺いします」と告げると、「会社でも受けられるかわからないと言っています」と話した。

現社長のつぶやき

翌日の午前9時半、故・木村太郎氏から引き継いで木村次郎社長が経営する金属販売会社に3社の記者は赴いた。会社は小さな事務所で、従業員数人が忙しそうに働いていた。受付の女性に名刺を渡して、「社長に昨晩、自宅に伺った件で、お話を聞きたい」とだけ説明した。

あくまで個人の話なので、社員の不安を無意味にあおるようなことはしたくなかった。女性は記者らに、そばのエレベーターで社長室のある階に上がるよう指示した。次郎氏は応接室に緊張した面持ちで入ってきて、「昨日はすみませんでした。風呂に入った後だったものですから」とわびた。

「タックスヘイブンの取材をしています。社長のお父様がバミューダに会社を持っているようで、2008年に亡くなられた後も、この会社で資産を運用されているようです。経緯を教えていただけませんか」

記者が尋ねると、次郎氏は自分でもメモをとりながら、「私もよくわからない」「（父親から）引き継ぎもしていない」「お金を隠したりはしていない」と繰り返した。

このままでは、次郎氏は、父である太郎氏が海外で資産運用していたことを認識していなかったことになる。記者はアップルビーとの会計業務契約書のコピーを手にとり、次郎社長自身の署名を指し示しながら尋ねた。

「でも、この署名は社長のもので間違いありませんよね。ここに、社長宅のファクス番号も記されています」

次郎氏は、「そうです。私の署名です」と認めた。

そのうえでの次郎氏の説明によれば、父親の死後、「バミューダの会社」から電話やファクスで手数料の請求があり、よくわからないまま署名した、という。

次郎氏は、父親がどのような経緯でバミューダの会社とつながりができたのか、運用額はいくらなのか、どこの銀行と取引しているのか、何も知らないと繰り返した。

父親が遺《のこ》したこのバミューダの資産について、税理士などに相談しなかったのかという問いには、次郎氏は「していないですね。父の単独の資産なのかどうか、わからなかったので」「資産が2億近くもあるとは知らなかった。アップルビーというところも、得体《えたい》のしれないところだったので」と答えを返した。

次郎氏によれば、約1年前に、口座からお金が引き出せなくなっていたという。こういった状況だから、海外資産の相続手続きもしていないという。

1時間ほど話を聞いた後、次郎氏はひとりごとのようにつぶやいた。

「父が亡くなった時、取引のある銀行から過去7年分の出入金の記録を見せてもらった。でも、こんなお金はなかった。そもそも、父は2億なんて大金、どこから持ってきたのか……」

結論は「グレー」

会社を出た後、3社の記者は、次郎社長が本当のことを話しているのかどうか、互いの感触を確かめ合った。結論は「グレー」だった。

すべてうそを言っているとは思えなかった。一方で、どうしても不思議な点も残る。アップルビーから連絡があった時点で、税理士などの専門家にどうして相談しなかったのか。

後日、この経緯を記事にするために、次郎氏に最終確認の電話をした。次郎氏はまだ税理士に連絡をとっていないという。次郎氏には、自分の手元に資金を取り戻す気がないのか、聞いてみた。

「あのお金は元々、自分のものとは思っていないので、たとえ、手元に返ってきても、どこかの福祉団体にでも寄付するつもりです。でも、国内に戻すには、また、いろいろな手続きが必要になるでしょう？　それも嫌なので、そのままにしておきます」

次郎氏は「もうこれ以上、関わりたくない」というように答えた。

次郎氏によると、父親の太郎氏は海外にほとんど縁がなく、英語も話せなかったという。そんな人がなぜ、地球の反対側にあるバミューダなんて島に投資しようと思ったのか。誰に勧められたのか。子どもに少しでも財産を遺そうと考えたのか。いまとなっては、わからない。

取材の結果は、２０１７年11月６日の朝日新聞朝刊第２社会面に次のように載った。

パラダイス文書によって海外に眠る個人資産の詳細が判明したケースもある。08年に亡くなった東京都内の金属販売会社の前会長はバミューダ諸島の銀行の米債券ファンドに投資していた。運用額は約１８０万ドル（約2億円）。

前会長の50代の息子は、後を継いで社長に就任。前会長の死後、文書流出元の法律事務所からファクスや電話などで顧問料を請求されて父の投資を知った。だが、いくら運用していたのか詳しくわからず、相続税申告の際に含めなかったという。社長は

「父はこれほどのお金をどこから調達したのか」と首をかしげた。

バミューダの銀行口座に眠っていた2億円は、日本に戻さない限り、日本に税金が払われることはないだろう。こんなふうに日本からタックスヘイブンに投資され、忘れ去られたお金はどのくらいあるのだろうか。

6億円詐欺罪の被告、マン島に会社を保有

木村健一

都市銀行から融資

パラダイス文書の報道が解禁された2017年11月6日当日の朝。特別報道部の記者は午前10時、東京地裁710号法廷で刑事裁判を傍聴していた。都市銀行から6億円をだまし取ったとして、詐欺罪に問われている会社役員、西田《にしだ》信義《のぶよし》被告（71）の公判の取材だった。パラダイス文書の中に西田被告に関係する資料があった。

西田被告については、パラダイス文書のプロジェクトに日本から参加する報道3社のうちNHKが夏から、先行して取材を進めていた。この取材成果は11月初旬の時点で、12日夜のNHKスペシャルで放送される予定となっていた。それに配慮して朝日新聞や共同通信の報道の開始は番組終了直後を目指した。

西田被告は15年12月、詐欺容疑で警視庁に逮捕された。起訴状によると、別の2人と共謀して09～12年、事業実体がない国内の3社に関する虚偽の決算書などを都市銀行に提出し、融資名目で計6億円をだまし取ったとされる。

パラダイス文書からは、西田被告がタックスヘイブンの英王室属領マン島にリース会社を保有していることがわかり、また同社がクルーザーを建造する目的で06年に融資を受けるために作成された資料があった。マン島自治政府の登記などからは、被告の別のリース会社がジェット機購入に向けて、07年に融資を受けるために作成された資料もあった。

金融関係者によると西田被告は、10年12月には銀行員をジェット機に乗せて羽田から成田まで飛ばしたり、12年6月には中部国際空港で銀行員に機体を見せたりして、信用を得ていたという。だが14年に破産し、ジェット機やクルーザーは処分された。

法廷で、スーツ姿の西田被告は、補聴器の調子が悪いのか、「聞こえない」とはっきりした口調で言った。別の補聴器を職員から受け取り、「聞こえますか」と問われると、「はい」と答えた。証拠請求や被告人質問といった今後の進め方をめぐり、裁判官、検事、弁護士のやりとりが続いた。公判が終わると、西田被告は弁護士らに「お願いします」と頭を下げ、法廷を出た。

閉廷後、NHKの記者とともに傍聴に訪れていた、被害にあった金融関係者に話を聞いた。「ジェット機は、詐欺の舞台装置だった」という。

「完璧な書類を出された」

11月8日午前、共同通信の記者とともに、都内で金融関係者に改めて話を聞いた。羽田空港から成田空港まで、西田被告らの会社が所有するジェット機に乗せてもらっていた銀行員は3、4人いた。西田被告らが日本に実質的に保有していたとされるジェット機のチャーター会社（「国内の3社」のうちの1社）に融資を実行した後のことだった。中部国際空港では融資前に、展示されたジェット機の中を案内されたという。

「ジェット機を見て信頼したのかもしれない。ただ、決算書や銀行口座の動きがあって、チャーターに必要な書類や請求書、飛行計画……。完璧な書類を出された」。関係者はそう振り返った。

記者は、起訴状や冒頭陳述書、破産手続きの書類などから、事実確認を進めた。

西田被告は、無罪を主張。弁護側の冒頭陳述書によると、西田被告は国内3社に事業実体はあると訴えている。西田被告が実質的に保有する外国法人所有のクルーザーやジェット機の資産価値は約78億円あり、融資の返済は可能だったと主張している。

パラダイス文書の資料の読み込みも進めた。ＩＣＩＪの構築したパラダイス文書のデータベースから30件余りの資料が出てきた。その中に、マン島に西田被告が保有するリース会社「ラムセスインターナショナル社」が、クルーザーを建造する目的で融資を受けるために作成された資料があった。

ＩＣＩＪの連携取材では、取材の成果やパラダイス文書の該当資料を共有することになっている。報道解禁後の11月7日夜、ＮＨＫから資料や登記情報、取材メモが届いた。マン島自治政府の登記などには、西田被告のリース会社「アビリオン社」がジェット機購入に向けて、07年に融資を受けるために作成された資料があった。資料や登記から被告の会社がジェット機やクルーザーをマン島に所有していたことが裏付けられた。

ＮＨＫの取材メモによると、西田被告は拘置所で、「検察が言うような悪いことを私はしていない。ビジネスに実体があったのは事実だ。マン島を使うのは、みんながやっていたから」「ビジネス界で成功している人のところには、どっかから必ず声がかかるようになっている。マン島とか、いろんなところから声がかかる。いったん声がかかって火がつくとお金をどんどん増やしてくれる、そういう世界がある」などと話していた。

ジェット機は、製造元の資料によると、全長27メートル、全幅23メートル。乗客は最大19人で、最高速度は時速９０４キロを誇るという。写真をインターネット上で探した。飛行機愛好家らが写真を投稿するサイトに、西田被告が所有していたジェット機とみられる写真がいくつもあった。白を基調とし、青いラインが入っている。連絡先がわ

西田被告が実質所有していたマン島のリース会社のジェット機＝10年12月、中部国際空港、平岩和也さん提供
（画像は一部修整しています）

かった5人に直接メールを送り、写真提供をお願いした。そのうち2人が快諾してくれた。提供してもらったジェット機の写真は、本当に西田被告のジェット機と同一なのか。確認が必要だった。飛行機には機体番号がある。冒頭陳述書に記載されていた機体番号と、写真の機体に記された番号が一致していた。写真の機体に記されたマークも、金融関係者から見せてもらった銀行員が撮影したジェット機のそれと同一だった。

「世界的な仕組みがある」

記事は、12日午後10時に朝日新聞デジタルで配信され、13日夕刊の社会面に掲載された。それから2週間余り経った11月29日午前。特別報道部の記者と国際報道部の記者は、東京・小菅《こすげ》の東京拘置所で西田被告と面会をした。透明な板を挟んで向かいあった。作業着のような服を着て応対してくれた西田被告の顔は、少し疲れているように見えた。

「詐欺事件や租税回避地に関わるパラダイス文書の取材をしている」と切り出すと、西田被告は「事件に関わることはしゃべれない。大勢の人と大きな資金に関わる。利益を得ようとしている人がいるとまずい」とぼそぼそと答えた。

租税回避の仕組みを明らかにすると、それに乗じて金儲《もう》けをする人がいるということなのか。疑問が浮かんだので、「マン島で租税回避ができるのか？　利益が得られるのか」と続けて聞いた。「2、3億円でいい話が聞けるところではない。世界的な仕組みがある」と返ってきた。

面会時間は15分ほど。なぜ、マン島でジェット機やクルーザーを所有していたのか。租税を回避していたのか。儲けるための「世界的な仕組み」というのはどんなものなのか。核心部分になると、はぐらかし、答えられないと言う。「アップルビーという法律事務所を知っているか？」と問うと、「聞いたことはあるかな」。本心を聞き出せないまま、面会は終わった。

刑事裁判は続いている。

オンラインギャンブルの実態

カラフルな7段ピラミッドの組織図

木村健一

ＩＣＩＪは２０１７年12月４日、パラダイス文書をもとに、オンラインポーカー大手の「ポーカースターズ」、それをサポートする法律事務所アップルビー、摘発しようとする米国の司法当局を描いた記事を配信した。このサイトの運営会社は租税回避地の英王室属領マン島に所在地を置く。

朝日新聞の取材班は、この記事からオンラインギャンブルの日本語サイトの運営会社がパラダイス文書にあるかを新たに調査。ポーカースターズの資料とともに、一つの資料が見つかった。

ピンクはカナダの会社、赤はマルタ、緑はバハマ……。カナダのオンラインカジノ会社を頂点に、27社から成るカラフルな7段ピラミッドの組織図が描かれている。

パラダイス文書で見つかった一枚の資料だ。ファイルの名は、「組織チャート　２０１５年5月」。マイクロソフト社の会議・発表用ソフト「パワーポイント」のスライド一枚だった。

組織図に記された27社を一つひとつネットで検索すると、少なくとも2社、日本と関連があった。マルタの会社は、オンラインカジノ大手の「ベラジョンカジノ」の日本語サイトを運営し、英領バージン諸島の会社はオンラインマージャンの「ＤＯＲＡ麻雀」を運営していた。

バージン諸島の会社については、インターネット上に関東財務局の警告文書もあった。関東財務局が15年2月、ネットを通じて、無登録で店頭デリバティブ取引を勧誘したとして、警告を行っていた。

関東財務局に対し、警告に関わる文書を情報開示請求した。開示された文書では、会社の電話番号や代表者は不明となっている。関東財務局は、警告書をバージン諸島の会社所在地へ送付し、ホームページで公表。警察当局にも情報提供していた。

マルタのカジノサイトと日本語でチャット

ベラジョンカジノのサイトは日本語を含む8言語に対応し、800を超えるゲームを備えている。ある日のスロットでは、大当たりの賞金が200万ドル（2億2千万円）を超えていた。日本語サイトは「24時間、賭け放題」とうたい、顧客対応係とチャットもできる。

日本語サイトの問い合わせ窓口を開くと、チャットをする画面が立ち上がった。「ベラジョン日本語チャットへようこそ！　お問い合わせ内容をお知らせください」。名前の欄には、日本人女性とみられる名があった。

記者は社名と名前、メールアドレスを伝え、取材を申し込んだ。「どちらにご連絡を差し上げればよろしいでしょうか」

間を置かず、返信があった。

「一度確認させていただきますので、少々お待ちくださいませ」

1分後、また返事がきた。

「お待たせいたしました」「確認いたしましたところ、ご質問の内容をこちらで行っていただいた後、すべての内容を該当部署へご連絡させていただきます」「そして、折り返しで該当する部署からご連絡いたします」

ほぼ自然な日本語の文章だ。マルタに日本人が常駐しているのだろうか。

対面での取材をお願いすると、「申し訳ございませんが、こちらのオフィスはマルタ島にございます。また、基本的にはメール、チャットでの対応を行っておりますので、もしよろしければ、こちらで対応させていただきます」と返ってきた。

「この度はベラジョン日本語チャットをご利用いただき、ありがとうございました」

最初のやりとりは、これで終わった。

その後、返事が来ないため次のチャットは2日後になった。そこからは2日続けて、チャットのやりとりができた。

担当者の名は日ごとに異なり、日本人男性や日本人女性とみられる名を名乗っていた。やりとりはいつもスムーズだった。「基本的には日本人の日本語サポートが対応している」という。

メールで連絡がきたのは、最初の問い合わせから1週間後だった。

「大変お待たせいたしました、ベラジョンオンラインカジノでございます。お問い合わせいただいておりました件につきまして、ご返答いたします。弊社は運営のすべてを、ホームページ上に記載しております内容の通りマルタより行っております。なお、取材等のお話につきましては、弊社の親会社まで直接お問い合わせいただければと思います」

問い合わせ先のホームページのアドレスも記載されていた。結局、英国の親会社に問い合わせてほしいという回答だった。

運営会社の所在地のうち「ポーカースターズ」の運営会社があるマン島の法人税率は原則0%で、「ベラジョンカジノ」の運営会社があるマルタは35%。マルタ政府は「タックスヘイブンではない」と主張するが、国際NGO「オックスファム」などは「大幅な税還付制度などがあり、タックスヘイブンにあたる」と指摘する。

パラダイス文書からは、日本語サイトの利用者数や売り上げ、納税状況などがうかがえる資料は見つからなかった。

転居していた外国人名の男性

パラダイス文書には、ベラジョンカジノを運営する会社の関連企業とみられる、マルタの会社の株式譲渡に関する書類があった。書類には2人の名前が日本の住所とともに記載されており、1人は外国人名、もう1人は日本人とみられる。日本人と思われる男性の、日本のパスポート番号も記載されていた。

取材班は、パラダイス文書にあったマルタの会社の株式譲渡に関する書類に記されていた2人を追って、関西へ向かった。書類の住所は、日本人名の1人は兵庫県、外国人名の1人は大阪府となっていた。

だが兵庫県のマンションの表札や郵便受けの名字は別人のものだった。インターホンに反応はなかった。その後、手紙を送ったが宛先不明で戻ってきた。

一方、大阪府の住宅地にある一戸建ての玄関先では、インターホンごしに女性の「はい」という返答があった。

インターホンに向かって、記者は、株式譲渡の書類にあった外国人の自宅かどうかを尋ねた。

女性は流暢《りゅうちょう》な日本語で「すみません、もう引っ越されたと思います」と答えた。

「前、こちらにお住まいでいらっしゃったけど、引っ越されたということでしょうか？」

女性は答えた。

「直接お会いしたことはないんですけど、私たちが引っ越してくる前は外国の方が住んでたと聞いているので、たぶん、前に住んでた方のお名前だと思うんです」

その外国人男性と顔を合わせたことはなく、転居先はわからないという。


その外国人男性の名は、SNS上にもあった。プロフィールには、複数の勤務先とみられる会社名も記されていた。そのうちの1社の登記簿を見ると、男性が役員に名を連ねていた。所在地は大阪府内だった。

大阪と兵庫で直接取材を試みた翌日の午前10時、記者は大阪府内にあるはずの会社に向かった。駅前に立つ雑居ビルの3階。扉には別の会社の名前がかかっていた。

外国人名の男性が勤めていたとみられる別の法人にも電話をかけた。電話に出た男性は、外国人名の男性について、「確かに2、3年前まではうちにいたが、もう辞めている」と答えた。

男性に対し、SNS上で英語のメッセージを送って取材を申し込んだが、返信はなかった。

英国の親会社にも質問を送った。1カ月が経っても、催促をしても、回答はなかった。

オンラインギャンブルの違法性

オンラインギャンブルの歴史や現状については、カジノに詳しい美原融《みはらとおる》・大阪商業大教授を訪ねた。オンラインギャンブルは1990年代半ば、欧州を中心に生まれ、インターネットの発展に伴って世界中で拡大してきた。「97年の200サイトから、99年は650サイト、2008年には2千サイトにのぼり、今も増え続けている」。特徴は、コンピュータが24時間運営し、一つのソフトウェアを多言語化することで、コストを低く抑えながら、世界中をマーケットにできることだという。

日本の刑法は、賭博を禁じ、金を賭ける賭博罪や賭ける場を開く賭博開帳図利《とり》罪を定めている。当然、闇カジノやトランプのポーカーで金を賭けたり、その場を提供したりするのは違法になる。それでは、オンラインギャンブルで金を賭けたり、サイトを運営したりすることは違法になるのだろうか。

政府や捜査機関の見解はどうか。

2013年、国会議員が提出した質問主意書に対し、政府が閣議決定した答弁書があった。

オンラインカジノについて、「犯罪の成否については、捜査機関が収集した証拠に基づいて個々に判断すべき事柄であることから、政府として、お答えすることは差し控えるが、一般論としては、賭博行為の一部が日本国内において行われた場合、刑法の賭博罪が成立することがあるものと考えられ、また、賭博場開帳行為の一部が日本国内において行われた場合、同法の賭博開帳図利罪が成立することがあるものと考えられる」。

賭博や賭博開帳の一部が、日本国内で行われれば、犯罪になり得るということだ。ただ、その「一部」とは、どう解釈すればいいのか。

警察庁や法務省に取材した。警察庁によると、オンラインカジノ関連の検挙件数は統計がある16、17年で計29件。対象は国内でサイトを運営する日本の業者や、ネットカフェを装って国内でオンラインカジノを経営していた日本の業者、国内でサイトを利用してお金を賭けた人らで、海外業者の摘発はなかった。法解釈は「法務省に問い合わせてほしい」という。法務省は13年の政府の答弁書と見解は変わっていないと説明した。「一部」とはどう解釈すべきなのか。海外にサーバーや事務所を置く業者は違法なのか。法務省の担当者は「違法か適法かは、個々の事案や証拠資料による」と答えた。

カジノに詳しく、13年の質問主意書の作成にも携わった渡辺雅之《わたなべまさゆき》弁護士に話を聞いた。

利用客については、「オンラインカジノの場合、利用客の賭博行為が日本で行われている。闇カジノが違法なのに、オンラインで合法だったらおかしい。最近では海外のオンラインカジノサイトでプレーした人が逮捕される事例も出ている」という。海外の運営業者についても「利用客が日本で金銭を賭ける以上、海外サイトも国内の賭博場とみなされ、業者が処罰される可能性はある」と指摘した。利用客も、海外の運営会社も、違法になり得るという解釈だった。

そこで、「個々の事案」を取材することにした。

渡辺弁護士が指摘したオンラインカジノの利用客の逮捕の代表例として、京都府警によるものがあった。府警サイバー犯罪対策課を訪ねた。２０１6年3月、英国のオンラインカジノの日本語サイトを、パソコンやスマートフォンで利用して賭博をしたとして、個人利用客3人を単純賭博容疑で逮捕した。無店舗型の海外オンラインカジノの個人利用客の摘発は、全国で初めてだった。逮捕された一人は、1千万円もつぎ込んでいた。

摘発できぬ海外の運営会社

一方、逮捕された3人が利用していた英国のオンラインカジノ運営業者については、摘発しなかった。サイバー犯罪対策課は一般論と断ったうえで、「海外の運営業者も法的には、摘発できる可能性はある。しかし、海外のサーバーや銀行口座まで調べて、運営会社を摘発するのは難しい」と説明した。だがオンラインギャンブルについて、「インターネット上でも、金銭が動くということは、賭博になる。賭博は犯罪。だから、やってはいけない」と強い口調で言った。

ほかの法律の専門家にも見解を尋ねた。

摘発された利用客の弁護人を務めたという津田《つだ》岳宏《たかひろ》弁護士は、「胴元側は処罰できないのに、プレーヤーだけを処罰するというのは、不均衡だ」と主張する。「インターネットで海外の合法的なカジノにアクセスするのを禁ずるのだったら、海外旅行でカジノに行くのはどうなのか。海外で合法なものに対し、日本国内からのアクセスを禁じるのは自由貿易の趣旨に反するのでは」と言う。渡辺弁護士とは対照的な解釈だった。

インターネット上で、オンラインギャンブルの違法性について説明している弁護士にも尋ねた。大阪の弁護士は「お金を賭けてプレーするという賭博行為とその結果が日本国内で生じていると言える。立件できるかどうかは別として、利用客も運営業者も、日本では違法と言える」と説明した。東京の弁護士は「日本の利用客がスマートフォンでプレーしたら、それは、政府の答弁書にあるように一部が日本で行われたとも言える。利用客も業者も摘発される可能性はある。ただ、証拠をどう集めて、どうやって検挙するのかが課題」と答えた。

運営会社の答え

運営会社はどう解釈しているのか。ベラジョンカジノやDORA麻雀、ポーカースターズを運営する会社とその親会社にオンラインギャンブルの日本における違法性についてそれぞれ質問を送っていたが、日本語サイトの利用者数や売り上げ、納税状況などの問い合わせ同様にこちらも返答はなかった。

そこで、ベラジョンカジノ利用者向けの日本語のチャットに、名前と朝日新聞社のメールアドレスを入力して、問い合わせてみた。

「オンラインカジノは日本でやった場合、罪になるのでしょうか?」

1分後、返事が来た。

「弊社では、日本市場プレイヤーを受け入れるにあたり、厳密な日本市場における法律状況の精査を受け、日本の現行法で弊社のウェブサイトでプレイするにあたり、運営者およびプレイヤーに対する違法性を支えるエビデンスはないという結果となっております」

「こちらがベラジョンオンラインカジノの見解となっておりますので、ご不安な気持ちもあるかと存じますが、ベラジョンをお楽しみいただけますと幸いです」

運営会社の自信に満ちた回答に驚いた。記者は「過去には日本で、海外の会社が運営するオンラインカジノの利用客が逮捕されたことがあるのですが」と質問を続けた。

1分後に再び返信があった。

「そちらのニュースの際にも、ベラジョンでは調査や精査を受けさせていただき、上記のような調査結果となっております」「厳しい監査や法律上の規定のコンプライアンスをきちんと経た上、合法的な体制を整え、常に弊社のプレイヤー様の安全や安心を最大限に考慮したサービスを提供しております」

想定問答集が用意されているのだろう。はっきりした見解がうかがえた。

それでは、調査や精査とはどうやって行ったのか。日本政府は一部が国内で行われた場合、賭博罪や賭博開帳図利罪が成立することがあるという答弁書を閣議決定している。政府の見解に対して、どう考えるのか。質問を重ねると、「お問い合わせの件に関しまして、弊社のコンプライアンスチームが担っておりますので、恐れ入りますが詳細について、サポートの方ではわかりかねます」と返答があった。これ以上の答えは用意されていないのだろう。「コンプライアンスチームに伝える」と返信があったが、その後、チームからの連絡はなかった。

利用客を探して

インターネット上には、オンラインギャンブルの比較サイトがあふれ、ツイッター上では、オンラインカジノで儲けた成功体験を明かしたり、日本語サイトのPRをしたりしている人々がいた。取材班は比較サイトの管理人やツイッターの利用者に対し、手分けして取材を申し込んだ。

サイトの管理人40人ほどにメールを送った。5人から返信があり、そのうち3人が取材に協力してくれた。

都内の喫茶店で、比較サイトの管理者の男性に会った。オンラインギャンブルサイトをネット上で紹介し、紹介した実績に応じて報酬を得られる成果報酬型広告のアフィリエイトで、稼いでいるという。

「多い時は、カジノサイトの紹介で月に数十万円が入ってくる。最近は仮想通貨の市場が盛り上がっていて、カジノサイトの利用客は横ばいですかね」

ベラジョンカジノは、日本で最も人気のあるサイトの一つだという。

「大手で安心感もあるし、顧客サービスもしっかりしている」

「自分で賭けることはしないのか?」と問うと、「リスクが高い割に、儲けが少ないので、自分ではやったことがない」と答えた。取材に応じたほかのサイトの管理人2人も、自ら

ポーカースターズがスポンサーになっているポーカー大会＝18年1月7日、東京都中央区銀座2丁目（画像は一部修整しています）

は賭けていないという。利用客はなかなか見つからなかった。

2018年1月、オンラインポーカー大手のポーカースターズがメインスポンサーとなっている東京・銀座のポーカー大会を訪ねた。400人以上のポーカー愛好者が集まり、テーブルを囲んで腕を競っていた。ポーカーの合間や敗退した後に、オンラインポーカーに興じる人々もいた。

大会に参加した都内に住む40代の会社員男性は、匿名を条件に話してくれた。1年前から、スマホのアプリでポーカースターズを利用しているという。

「週に3、4日、お金を賭けている。10万円勝ったこともあるけれど、最近は負けが込んでいる。トータルは数万円のマイナス」

マルチ商法のトラブル

茨城県のアルバイト男性(42)は、オンラインカジノをめぐるマルチ商法のトラブルを抱えていた。2018年1月、埼玉県内の喫茶店で話を聞いた。

「オンラインカジノの会員を集めれば、報酬がもらえる」。男性は3年前、SNSで知り合った男性からこんなビジネスに誘われたという。当時、交通事故に見舞われて働けなくなり、収入がなくなっていた。

興味をもった男性は、都内の雑居ビルの一室で、別の男性から2時間余り説明を受けた。「集めた会員が使った金の5％が報酬になる」「2人以上紹介すれば、ボーナス50万円も」「オンラインカジノは海外のポルノサイトを見るのと同じ。だから、違法ではない」「IR（カジノを含む統合型リゾート）が解禁されれば、オンラインカジノも公然としたものになる」

ビジネスに加わるには入会費約20万円が必要と言われた。男性は情報端末に住所や電話番号を入力して登録し、クレジットカードで支払った。契約先の業者の所在地はマン島。契約書はなかった。

ツイッターやブログでカジノサイトを紹介したが、会員が集まらず収入にならなかったという。この場合、2年経てば返金するとの説明を受けていたが、戻ってこない。16年3月、地元の消費生活センターを通じて返金を要求した。戻ってきたのは、約10万円だった。

マルチ商法のトラブルは増えているのだろうか。都内の国民生活センターで、担当者に話を聞いた。「オンラインカジノの日本のサイトを紹介すれば、報酬がもらえるという仕組み。契約先は海外で、書面は一切渡されず、まったく返金されないケースもある」。統計は取っていないため、相談件数はわからないが、「水面下で広がっている感覚がある」

と言って、推測した。「一般的に、オンラインカジノは違法、悪いことという認識もあるから、相談に来ない人も多いのではないか」。担当者は「契約書のない海外業者との取引に、何十万円も払うのはリスクが高い。契約しないでほしい」と注意を呼びかけている。

米ファンド、日本の不動産を大型買収 CEOはトランプ氏の元助言役

北川慧一

日本のメガバンクから資金調達

パラダイス文書から、ある分厚い融資契約書が見つかった。表紙に2013年6月13日とあり、貸し手は、バンク・オブ・アメリカ（バンカメ）と三井住友銀行という日米の大手銀行。借り手は英領ケイマン諸島籍のファンド「ブラックストーン・リアル・エステート・パートナーズ・アジア」で、上限8億ドル（880億円）を融資するという内容だ。

取材班が注目したのは、このファンドを運営する米大手投資会社「ブラックストーン・

グループ」だ。17年2月に初会合が開かれたトランプ米大統領の助言機関「戦略政策フォーラム」の会長を同年8月まで務めたスティーブン・シュワルツマン氏が最高経営責任者（CEO）として率いている。

　パラダイス文書から見つかったのは、ファンドが投資家から出資を集めるまでの間、一時的につなぎ資金を出す融資で、これは「サブスクリプション・ファイナンス」と呼ばれる。ファンドが資金を返済できなくなったときは、ファンドへの出資者である投資家に対して金融機関が直接返済を求めることができるのが特徴だ。契約書には、ファンドへの出資者として米国の退職年金基金や中東の投資組合などの名前がある。

　上限8億ドルという融資契約の1年5カ月後の14年11月、ブラックストーンが発表したプレスリリースには、ブラックストーン・リアル・エステート・パートナーズ・アジア関連のファンドが、東京、大阪、名古屋、福岡の賃貸マンション200物件あまり（1万戸超）を、米ゼネラル・エレクトリック（GE）の日本法人である日本GEから取得するのに1900億円超の投資を実行するとあった。これは日本の不動産史上有数の巨額取引だ。ただ、この取得資金として、文書に出てきた融資や出資金が使われたかどうかは、契約書からは読み取れない。三井住友銀行の広報部は「個別の取引については回答を差し控える」、バンカメ・グループの広報担当者も「個別案件についてコメントは差し控えさせていただければ」としている。

不動産登記に出てこない「ブラックストーン」

ブラックストーンは2014年11月に発表した取得物件の詳細を公表していない。しかし、不動産中堅「トーセイ」は翌12月、ブラックストーン・リアル・エステート・パートナーズ・アジアが投資する204物件、約1万戸、総額約2千億円の収益物件について管理を受託したと発表した。東京、大阪、名古屋、福岡、札幌の5大都市圏の物件が中心で、うち約半数が首都圏に所在するという。

発表資料には、受託物件として2棟のマンションの写真が掲載されていた。グーグルの画像検索機能を使って探すと、そっくりなマンションの賃借人募集広告が出てきた。大阪市西区のデザイナーズマンションだ。

現地に赴くと、若者に人気のおしゃれな街・堀江地区で、白と黒を基調とした独創的な外観の14階建てマンションがひときわ目立っていた。外観のデザインはもちろん、隣接する建物や前の道路にある歩道橋の形も発表資料の写真とうりふたつだ。

ブラックストーンの投資先を追って記者が訪れた賃貸マンション＝17年11月16日、大阪市西区

マンションの不動産登記情報に、ブラックストーンという名前はなかった。土地や建物は信託登記され、収益を得る権利が15年1月6日に日本ＧＥから「日光ホールディングス１」という合同会社に移っていた。合同会社の登記簿をみると、東京・丸の内の「東京共同会計事務所内」に本店があり、出資者にあたる「社員」の欄には「日光一般社団法人」と書かれていた。社団法人の代表者もこの会計事務所の関係者だ。複数の不動産業界関係者が、この合同会社はブラックストーンと関わりのある法人だと説明する。また、合同会社や一般社団法人を使った不動産投資の枠組みは、二重課税を防げるなどのメリットがあり、投資市場では広く活用されているという。

この賃貸マンションの住民数人にも取材した。10年来の入居者の中には日本ＧＥが所有していたことを知っている人はいたが、ブラックストーンの存在を知る人はいなかった。

40代の会社経営の男性は「外資が日本のマンションを売買していることに驚きはないが、どういうファンドが所有しているのか賃借人にはまったくわからない」と話す。

ブラックストーン「税務法令を完全に順守」

ブラックストーンは2017年4月、日本の不動産を中国の投資家に売却したと業績発表の場で明らかにしている。売却した物件数や物件名、売却額は公表していない。

取材班はブラックストーンに不動産売買の経緯や投資の枠組み、売却益が出た場合の日本での納税などについて尋ねた。担当者から詳細な回答は得られず、「投資は日本および海外の税務法令を完全に順守している。投資の枠組みは、一流の税務と法律の専門家のアドバイスに基づき採用している」とコメントした。

ファンドの出資元の一つ、米イリノイ州の退職公務員年金基金は取材に対し、「政府機関のため私たちは非課税である。したがって、このファンドからの利益について税金は払わない。さらに、このファンドが日本でどのように納税しているかの情報は持っていない」としたうえで、「そのほかの情報は、商業秘密にあたり開示できない」と詳細な説明を控えた。

——日本とタックスヘイブンの関わりもまた多様だった。

よく事情を知らずにバミューダ諸島の法人の名誉会長になっている元首相もいれば、家族に明かすことなくバミューダの銀行に資産をため込んだ金属販売会社の亡き会長もいた。マン島籍の航空機を所有する一方で、銀行から融資をだまし取ったとして日本で起訴された被告人もいれば、マルタの会社を相手に金銭を賭けてオンラインギャンブルに興じたというフリーターの男性もいる。彼ら、パラダイス文書から見いだすことができて、私たちが取材できたのは全体のごく一部に過ぎず、そのうちこの本で紹介できたのはそのさらに一部である。

パラダイス文書に目を通す前に私たちが考えていた以上に、日本とタックスヘイブンの縁は深く、さまざまに広がっていた。

＊

第6章

グローバルジャーナリズム

～世界のメディア連携で追った金融リーク

野上英文

「アップルビー」の本拠地、英領バミューダへ

パラダイス文書の報道が一斉に解禁されるまで1カ月足らずとなった２０１７年10月、空路でバミューダに向かった。文書の主な流出元である大手法律事務所「アップルビー」の創業の地だ。アップルビーは、タックスヘイブンを中心に世界10カ所で拠点を構えている。

流出した文書を報じるにあたって、当事者の取材は必須だ。ＩＣＩＪは10月初旬までに、3度にわたって書面でアップルビーに取材を申し入れた。だが具体的な回答は得られていなかった。

提携メディアがバラバラに接触するのを避けるため、アップルビーへの直接取材を「10月10日以降」とＩＣＩＪは決めていた。それに合わせて、世界から提携メディアが集まり、協働して取材する段取りになっていた。

釣り針のような形をしたバミューダ諸島の端っこにある国際空港に着いた。中型機ばかりがやってくる小さな空港で、滑走路近くのアスファルトを歩いて入国審査に向かう。

正午すぎ、晴天で風が心地よい。気温は27度。年間の気温推移をスマホで調べると、日

灯台から見た英領バミューダ諸島。パステルカラーの家々が並び、港には無数のクルーズが浮かぶ＝17年10月

本の沖縄に近かった。ジャケットを脱ぎ、半袖のTシャツ姿になった。

入国審査の机はどれも、青い海とマリンスポーツの大きな写真でラッピングされていた。入国前から半ズボン、足はビーチサンダルという乗客もいた。

空港を出るとすぐに、タクシーに声をかけられた。

「米ドルで払えるか?」と聞くと、「もちろんだ」と英語で返ってくる。

バミューダは英領だが、ここを訪れる観光客の多くは米国人だ。島では米ドルが広く流通しており、通貨のバミューダドルとの換算は同等。街のスーパーでも、米ドルが使えた。おつりは、青い鳥やヨット、南国の花の絵があしらわれたバミューダドルの紙幣が返ってきた。

60代で黒人の男性運転手によると、7~9月が一年で最も観光客でにぎわい、タクシーは忙しい。この年の夏は大型ハリケーンを逃れようと、フロリダ州やメキシコからも大勢の観光客が来たという。

通った道路はすべて片側一車線。車の仕様は日本と同じ、右ハンドルの左側通行で、目の前をホンダ車が走っていた。

車窓に目をやると、ヤシの木やハイビスカス、青やエメラルドグリーンの海に、ヨットや小型船……。建物は2階建てが多く、どれもピンクやブルー、オレンジ、黄色などパステルカラーで彩られている。「家の壁は自分で勝手に塗っていい。俺の家は、あんなグリーンだ」。運転手はそう言って、前方を指さした。

ICIJ各国メディア、バミューダへ現地入り

アップルビーへの直接取材で協働する世界の記者たちは、ICIJがネットに設けた非公開の情報交換サイト「Global I-HUB(グローバル・アイハブ)」で、現地に入る前から連絡を取り合っていた。アイハブでは「トランプ」「ロシアとプーチン」「スポ

ーツ」「大学」「アジア」といったふうに、テーマや国・地域ごとに専用グループのスレッド（掲示板）が立ち上がっている。その中の一つ、「トラベル（旅行）」と名付けられたスレッドでのことだ。

このスレッドを立ち上げたＩＣＩＪ事務局は、「ここに旅行計画を投稿しましょう。例えば『マン島』のように、行政管轄区域ごとに投稿を作成して、日付や目的、インタビュー相手といった計画を共有してください」と呼びかけた。

パラダイス文書を基にタックスヘイブンの実態を暴く、という共通の目的で集っている各国のメディア。だが、現場取材の方法や計画、得たい情報は、少しずつ異なるところがある。このため、取材をまとめるＩＣＩＪは、「足並みをそろえましょう」と呼びかける目的で、このスレッドを用意したのだ。

「バミューダ」「マン島」「ジャージー」「ケイマン諸島」……。パラダイス文書の舞台であるタックスヘイブン別の投稿が並んだ。

スレッドのアイコン（絵柄の目印）は、青空と砂浜、黄色いスーツケースのイラスト。他の掲示板でトランプ米大統領の顔写真や取材対象となる国の国旗、地図などが使われているのと比べて、ずいぶんと気楽な雰囲気が漂っていた。

「トラベル」にバミューダで現地取材をしようと最初に提案したのはオーストラリアの公共放送ABCだ。1年半前の16年春、パナマ文書の流出元となった法律事務所「モサック・フォンセカ」を取材した経験もある。

それを受けて、ICIJ専属記者のウィル・フィッツギボン（31）が参加メディアを募った。

すぐに他のメディアから参加表明の手が挙がり、取材手法についての議論も重ねられていった。

デンマーク公共放送の記者セーレン・クリステンセンは、「丁寧に、穏やかに、またナイスに行こう」と呼びかけた。一方、フィッツギボンは別の投稿で、「向こうに着いたら、事前に現地の誰とも接触しないでほしい。我々の目的は、10日の朝に事務所を当たることだ」と、統制を図っていた。観光客が多いリゾート地で、仮に海外メディアが何社も業務的なカメラを回してインタビューをしていれば、どうしても目立ってしまう。「本丸」の取材前に、それは避けたいという呼びかけだった。

直接取材は、各国のメディア7社、約20人による異例の協働作業となったが、テレビ・映像系が大半だった。日本のNHK、調査報道で知られる米新興メディアVICE（ヴァイス）、オーストラリアのＡＢＣなどだ。パラダイス文書の膨大な書類を映すだけでは「なかなか絵にならず」、映像メディアの特性を生かせる数少ない機会が、事務所への突撃取材というわけだった。

ＮＨＫは、目立たないように、日ごろ使っている大きな業務カメラではなく、家庭用としても使われる手のひらサイズのカメラだけを取材用に持って現地入りした。

7社のうち新聞社は、朝日新聞だけだった。

前々夜の作戦会議

取材の前々夜の10月8日午後10時、現地で打ち合わせがあり、初めて各社の記者が顔を合わせた。

集合場所は、フィッツギボンが泊まっている島内のゲストハウス「Windsong Guest Apartments」。周囲に街灯は少なく、夜の静寂《しじま》にアマガエルが鳴く声だけが響いていた。部屋のドアを静かに開けると、先着していた記者たちが一斉にこちらを向き、動画撮影のクルーがカメラレンズを向けてきた。報道解禁後にドキュメンタリー映像に使うため、記録しているのだという。

ICIJの提携メディアによるバミューダでの会議。ICIJ専属記者のウィル・フィッツギボン（右）が進行を務めた＝17年10月

撮影が続くなか、笑顔で歩み寄ってきたフィッツギボンと握手する。そして、集まった記者らと、所属と名前を自己紹介しあった。

30歳前後から50歳代までの男女。米国や英国、オーストラリア、デンマーク、日本……。見た目も背格好もバラバラだ。

その場を取り仕切るフィッツギボンは、オーストラリア出身。地元の大学法学部を出たあと、英国でジャーナリストとしての歩みを始めた。米国のＩＣＩＪには２０１４年にフェロー（研究員）として入り、その後に専属記者となった。Ｔシャツにハーフパンツ姿で自分の家のように振る舞い、笑顔で明るい雰囲気を作っていた。「何か飲む？」とフィッツギボンから聞かれ、水を入れたコップを片手に議論に加わった。

「大勢で一気に行くと、騒ぎにならないかな」

「事務所敷地のどこまでが、入っても問題ないだろうか」
「もし警察を呼ばれたらどうしよう」
「ＩＣＩＪから事前に送付した質問状を印刷して手に持ち、『この件だ』と言ってみたら取材がスムーズでは」
「訪問時間は『早すぎもせず、遅すぎもせず』がいい」……。

各国で調査報道に携わってきた中堅・ベテラン記者たち。打ち合わせは、トントン拍子で進んでいった。

その様子を動画撮影クルーは、引き続き撮影していた。ＶＩＣＥのクルーは、日本から来たメディアの声を拾いたい、ということで、記者にワイヤレスマイクを付けたいと言ってきた。

カメラを向こうに、ワイシャツに着替えておいてよかったと安心したが、英語ネイティブ同士のテンポの速い議論に加わるのは簡単ではない。ついていくのがやっとだった。

大事な話を聞き逃していないか。最後に「作戦会議」の結果をフィッツギボンと一緒に皆の前で整理した。

・10日午前10時半に、アップルビー事務所近くのカフェで落ち合う
・訪問は午前11時ごろ。現地の始業時間は通常10時で、昼休憩のある正午とのちょうど間を取った
・事務所の受付で、取材チームから一人が代表して取材の依頼をする
・もしインタビュー時間を設けてもらえれば、代表取材を終えたあとに、各メディアが聞きたいことを聞く

「ほかにないよね？」

フィッツギボンが隣にいた私に、そう相づちを求めたころ、時計の針は午後11時半に迫っていた。

ゲストハウスを後にするとき、米カリフォルニア州のラジオ局のスタッフが「大きめの車を呼んでいるから、ホテル近くまで送ってあげるよ」というので、その言葉に甘えた。

車から降ろしてもらい、ホテルまで歩きながら、作戦会議の様子を思い返していた。昨日まで互いに顔も知らず、国は違っても、日ごろは報道を競い合う間柄。

ただ、パラダイス文書を基にいま暴こうとしているのは、ときに国境を越えて巨額の金が動く「タックスヘイブン」の深層。真実を暴かれては困るアップルビー側が、どのような対応に出るかわからない。

メディアは競い合っている場合ではない。即席のチームだが、連帯感はあった。

突撃の瞬間

打ち合わせは、「突撃」の前夜にも行われた。

アップルビーの担当者とどう接触するか、テレビカメラはどのタイミングで建物に入るか。さらに綿密に打ち合わせした。2日間で、計3時間以上。

「明日の取材では、市民の邪魔にならないように」

最も避けたいのは、取材拒否とともに、記者が当局から拘束されるといった取材トラブルだった。「ジェントル（穏やか）であろう」と互いに声を掛け合った。

バミューダの中心都市はハミルトン。人口1万人の街で、海岸から数分歩くと、司法省や金融庁と並んでガラス張り4階建ての近代的な建物が立つ。パラダイス文書の主な流出元である法律事務所「アップルビー」だ。

バミューダの中心都市ハミルトンにあるアップルビーのオフィスに入る記者たち＝17年10月10日午前10時53分

10月10日朝、事務所に近いカフェに記者たちは集合した。カメラ機材の点検をしたり、アプローチの段取りを最終確認したり。みんな期待と緊張が入り交じった表情をしている。

質問状送付などを担ってきたフィッツギボンは、「1年かけて文書を読み込んだ。聞きたいことはたくさんある」と意気込んでいた。

皆でカフェを後にし、事務所に向かって歩き始めると、不思議な一団に地元の人々も足を止める。

7分ほどかかり、午前10時53分に到着した。

一番のベテランである米テレビ局「ユニビジョン」上級編集者のデービッド・アダムス（56）がドアを開け、フィッツギボンが最初に入り、各社の記者とカメラクルーが続いた。

年長者という理由で、アダムスが代表して受付の女性の前に立ち、メディア担当による対応を依頼した。

「私たちは国際調査報道ジャーナリスト連合（ＩＣＩＪ）です」

女性は、いぶかしそうな目つきで、座ったまま対応した。

「国際……？　名刺をください」

そうして、私たちは入り口そばのソファで待つよう促された。

それを見て、外から撮影していたオーストラリアのテレビクルーが合流した。同国では、たとえ受付であっても、アポなしでは施設に入ることができないためだ、と事前に説明を聞いていた。国によって取材ルールが違うと頭では理解していたつもりだが、実際に目の当たりにしたのは初めてだ。さっきまでみんなで一緒に歩いてきたのに、肝心なところで傍観せざるを得なかったクルーたち。自分が同じ立場なら、もどかしかっただろう。

私たちが待機した1階ソファのすぐ隣には、応接室があった。帆船の模型や写真が飾られ、中央に10人ほどが向き合える立派な木製の机がある。

前夜までの打ち合わせでは、すぐに追い返されることも想定していただけに、「第一関門」突破に少し気が和らいだ。ただ、次にどんな展開がくるのか。みんな落ち着かない様子で、雑談をしながら待った。

「アップルビー」の施設責任者（右）に取材を申し込む米テレビ局「ユニビジョン」のデービッド・アダムス上級編集者（左）ら、ICIJ提携の各国メディア＝17年10月10日、英領バミューダ諸島のハミルトン

しばらくして現れたのは施設責任者の男性だった。半袖のワイシャツに、島の正装である、ひざより短い半ズボン「バミューダパンツ」をはいている。

アダムスが質問状を示しながら、流出文書について「直接うかがいたくて来ました」と説明する。男性は表情を変えずに「聞いてみます」と答え、上階へあがっていった。

当初は対応した受付の女性を含めて2人しかいなかった職員が、5人、6人と増えていく。そして、警戒した表情でバタバタと1階フロアを動き回った。

そうこうするうちに訪問から30分ほど経った。

先ほどの施設責任者の男性が、2回目に現れたのは11時半前。アダムスのもとに来て、

2人は立った状態で同じ目線で向き合った。

「申し訳ありません。残念ながらいま、話ができる人間がいません。名刺をありがとう。担当の者からこちらのEメールアドレスに連絡させます」

男性が淡々と伝えてくる。回答を聞くアダムスは、口を一文字にして、眼鏡の下から鋭いまなざしで男性の目を見た。男性もアダムスから目をそらさない。

事前に送った質問状をアダムスが渡そうとすると、男性は「私は受け取れない」と拒否。集まった記者らの追加の質問にも「今日は対応できる人がいない」と言って打ち切ると、きびすを返してエレベーターに乗り込んだ。

取材は終わった。わずか1分足らずの、事実上のゼロ回答。

タックスヘイブンの実態を正面から暴くことの難しさを実感させるものだった。それでもフィッツギボンは、この取材に意味があったと話す。

「来てよかった。これだけの記者がここに来たということは、真剣さや事実を追求したいという思いを伝えられたと思う」

アダムスも「ともかく訪問を実現した。真のジャーナリズムの結びつきに参加できたことを光栄に思う」と、メンバーたちに、にこやかな笑顔を向けた。

米ワシントン、ＩＣＩＪ事務局へ

バミューダ諸島から北西へ飛行機で4時間半。２０１７年10月、米東海岸の首都ワシントンに向かう。

ホワイトハウス前では、大勢の観光客らが建物を背に、ニコニコと笑みを浮かべ、記念撮影をしていた。トランプ米大統領が16年の大統領選で使ったキャッチフレーズ「Make America Great Again（アメリカを再び偉大に）」と刺繍《ししゅう》された赤い帽子をかぶった若者も見かける。

そこから歩いて数分のオフィス街へ。近代的なビルが立ち並ぶなか、入り口や柱に彫刻が施され、小さい窓が並ぶ一棟の建物。その4階に、ＩＣＩＪの事務局はあった。「International Consortium of Investigative Journalists」

その表札がかかった部屋のドアを開けると、右手の壁一面は、賞状で埋められていた。どれもジャーナリズム賞。そのなかには、コロンビア大学から17年4月に贈られた米国の優れた報道をたたえる「ピュリツァー賞」の賞状やガラスの記念品もあった。各国指導者らのタックスへイブン関与の実態を暴いた「パナマ文書」報道への評価だ。

16年4月にパナマ文書の報道が始まった後、アイスランドのグンロイグソン首相やスペインのホセ・マヌエル・ソリア産業相が辞任に追い込まれた。国際サッカー連盟（FIFA）のジャンニ・インファンティノ会長の不正疑惑が持ち上がるなど、スポーツ界にも波紋が広がった。

ICIJのまとめによると、約80カ国で税務当局などが調査を開始。16年末までに、コロンビアやスロベニアなどで少なくとも1億1千万ドル（121億円）の未申告の税金や資産を押さえたという。

「パナマ文書」報道は国際的な税逃れを防ぐ枠組みづくりも後押しし、税情報を交換する枠組みに入っていなかったパナマやバヌアツなど一部のタックスヘイブンが参加を表明した。パナマ文書の流出元となった法律事務所の創業者は資金洗浄容疑で逮捕された。

「6大陸にまたがる記者たちの協働で、タックスヘイブンの隠された構造と世界的な規模を明らかにした」。ピュリツァー賞の選考委員会は授賞理由でこう評価した。

世界中の記者が協力すれば、国際的な問題をより深く報道できる――。ICIJは、そんな発想で1997年に米国にできた非営利の報道機関だ。現代社会に調査報道は不可欠だと考える人たちから寄付を集め、記者を雇って社会のひずみや政治の裏側などを深く取材する。パナマ文書以前からタックスヘイブンに関する調査報道を続けてきた。

パラダイス文書の報道意義

パラダイス文書の報道に関わる記者たちの情報交換サイト「アイハブ」で、全体の議論を主導し、まとめているのが、ＩＣＩＪ副事務局長マリナ・ウォーカー・ゲバラだ。

ＩＣＩＪの事務局で、彼女にインタビューした。事務所入り口の「賞状の部屋」をそのまま正面に突き抜けた、８畳ほどの個室が仕事部屋だ。

まず、パナマ文書とパラダイス文書との違いは何かを聞いた。彼女の答えは明快だった。

「パナマ文書では、市民が街頭で抗議をしたり首相が辞任に追い込まれたり、社会が変わりました。タックスヘイブンについて取材経験を重ねた我々は、それがどんなものか、わかったつもりになっていました。

しかし実際、事業の仕組みは常に複雑で、これまで以上に洗練されてきています。

今回、パラダイス文書で判明した多くのケースは、完全に合法です。富裕層や大企業を手伝うエリート弁護士たちが、合法と違法のすき間をぬって仕事をしているためです。ただ合法だといっても、実際は凶悪で、不道徳で、現実世界に多くの犠牲者を抱えています。パラダイス文書の意義は、我々が、タックスヘイブンについてまだまだ知らないことだらけだ、ということがわかったことです」

部屋の壁に、大きなホワイトボードがあった。青と緑、赤の3色で、文字が所せましと埋まっている。パラダイス文書の報道まで残り1カ月となり、ICIJ専属の記者たちを集めてアイデアを出し合う「ブレーンストーミング」をつい先日、ここで開いたという。

ICIJ副事務局長のマリナ・ウォーカー・ゲバラ。パラダイス文書の報道を引っ張った＝17年10月、米ワシントンのICIJ

彼女はホワイトボードに記した「What is the story about?」を指さしながら、こう説明した。「私はここでみんなに繰り返し問いかけました。パラダイス文書って、いったい何がニュースなのかって」

そして、その場で至った結論として以下の三つを紹介してくれた。

・これは、グローバルエリートたちの秘密だ
・これは、不平等な物語だ
・これは、社会のなかで最も豊かな人々と残りの人々との格差がますます広がっている現実だ

パラダイス文書の成果は、ほかにもあるという。トランプ大統領に近い政治家ら大勢の米国人顧客を発見できた。これはパラダイス文書より前は、見つけられなかったことだ。国家主義的な「アメリカ・ファースト（第一主義）」の政策が進められているが、そんな政治理念の人たちでさえ、米国の外でタックスヘイブンを探し求めている。読者が政策を判断する際に、その事実を知るのは重要なことだと力説する。

政治家だけでなく富裕層、スポーツ界、音楽出版業界、エリート大学までも、タックスヘイブンを利用していた。「イデオロギーや業種に関係なく、秘密を守りたいすべての人たちにとって、タックスヘイブンの世界は魅力的なのでしょう」

最後に、ジャーナリズムの世界へのインパクトを聞いた。

彼女は、パナマ文書の報道は、社会だけでなく、ジャーナリズムを変えたところにも意義があるとした。政治も経済も犯罪も国境をまたぐ時代にありながら、ジャーナリストは別々に活動している。それが実際に一緒に働けることを、これほどの世界規模で実証できた例は過去にない。そして、今度のパラダイス文書報道によって、それが一度ならず二度にわたって証明されることに期待を込めた。

「メディアが、米国や世界で攻撃されている時こそ、このような深い情報交換と連携、証拠を基にしたジャーナリズムが重要だと思う。公衆に関心が持たれる重要な人々の犯罪や隠された行為を明らかにする情報が今後も告発され続ける限り、私たちはこうした報道を続けるつもりです」

マルタから飛び込んできた悲報

こうしてICIJ事務局でインタビューをしていた最中、オフィス内は実はピリピリしていた。パラダイス文書の報道解禁まで約3週間に迫った10月16日、ある悲報が飛び込んできたからだ。

地中海の島国マルタで、ジャーナリストのダフネ・カルアナガリチアさん（53）が車を爆破され、即死したのだ。彼女は、2016年に公開されたパナマ文書を基に同国政府首脳らの疑惑を追及していた。

事件の背後には暴力組織の影もちらつく。「言論の自由を守れ」と、マルタの人々は連帯して声を上げた。

「悪党だらけ。状況は絶望的だ」

カルアナガリチアさんが自らの人気ブログに書き込んだのは、17年10月16日午後だった。直後にレンタカーで自宅を出たところ、車に仕掛けられた爆弾が爆発した。

パナマ文書を基に政府の疑惑を追及した彼女は、欧州では知られた存在だった。政府の重要閣僚やジョゼフ・ムスカット首相の妻が中米パナマに会社を置き、マルタにエネルギー輸出を図るアゼルバイジャン大統領の家族の会社から大金を受け取っていたと指摘。追い詰められたムスカット首相は17年6月、批判をかわすために前倒し総選挙に踏み切った。

政権は前倒し選挙で過半数を確保し、「再出発」が軌道に乗り始めた矢先だった。ムスカット氏は事件の打撃を抑えようと、米国連邦捜査局（ＦＢＩ）やオランダの鑑識チームを招き、徹底捜査を誓った。

だが選挙の勝利で疑惑のみそぎを済ませたとする政府への批判が、10月の事件で一気に噴き出した。

主要紙「マルタ・インディペンデント」のラチェル・アタルド編集長は、「疑惑に対して首相がすべきだったのは、関係者に責任をとらせること。選挙を前倒しすることではなかった」と言う。

マルタは人口わずか42万。欧州連合（EU）内でも治安の良さを誇り、記者が殺されたのも初めてだ。

首都バレッタ周辺では、記者殺害や政府の対応に抗議する集会が2度開かれ、いずれも1万人近くが集まった。10月29日の集会では若者からお年寄りまでが、彼女がブログに残した最後の言葉を染めたTシャツを着て、「我々は黙らない」と訴えた。

知人によると、カルアナガリチアさんは学生時代の1980年代、反政府活動で逮捕された経験をバネに記者を志した。主な執筆の舞台はブログだ。大手メディアに属さず、腐敗を追及する特ダネを連発した。

マルタは二大政党制。一緒に仕事をしたカメラマンは、「人も企業も二つに分かれ、両方の内部に不満を持つ人がいる。そんな『ネタ元』が電話する先が、彼女だった」と明かす。

マルタを経由してリビアから石油を密輸する犯罪グループの動きも書いた。今回の事件の後、イタリア南部シチリアの検察当局は、彼女の記事に登場した人物が捜査対象になっていたことを明かした。

マルタでは最近2年、それまで例のなかった車爆弾事件が5回も起きていた。イタリアのマフィアが使う手法だ。

地元の弁護士、アンドレウ・ボルグカルドナ氏は「事件が起きる環境を作ったのは政府だ」と話す。

マルタは大幅な税還付制度で法人税の負担を軽くして、外国投資を呼び込んでいる。2013年に発足した現政権は、投資した人に国籍を与える優遇制度を作り、EU市民の権利を望む域外投資家を引きつけてきた。

政府は「競争力を高める手段。すべてEUの規則に沿っている」とするが、事件に抗議する人々には、外国マネーがマルタの腐敗を招き、言論の自由が脅かされていると映っている。

懸念は欧州全体にも広がる。ＥＵの行政機関である欧州委員会は11月３日、記者の調査報道を「我々の価値の核心」とする声明を発表。欧州刑事警察機構（ユーロポール）も、マルタで捜査に加わることになった。

この11月３日にあった彼女の葬儀には千数百人が集まった。

シクルーナ大司教は訓話で、「記者のみなさん、人々の目、耳、口となる使命を続けてください」と訴えた。

世界各国の記者には、事件直後の10月17日午前１時58分（日本時間）、ＩＣＩＪ副事務局長マリナ・ウォーカーからメールで悲報が伝えられた。

「ジャーナリズムとマルタの報道の自由にとって、本当に悲しい日になった」

ダフネの息子、マシュー・カルアナガリチアは、ビッグデータの処理の専門家として13年からＩＣＩＪのために働いてきた。各国の記者がよく知る、頼れる存在である。

バミューダの現地取材を取り仕切ったフィッツギボンは、沈み込んでいた。

「新たな疑惑を報じようとするタイミングで、なんと言ったらいいか……。ただ、多くのメディアが、事件を非難する記事を大きく出してくれたのは心強い」

弔意を表すメールが各国の記者の間を行き交った。だが、パラダイス文書の報道をやめよう、とか解禁時期を変えようという意見は皆無だった。

そして11月5日(日本時間6日)、パラダイス文書は予定通り、世界で一斉に報道が始まった。

12月4日。マルタ人容疑者ら10人がカルアナガリチアさんの殺害事件に関与したとして逮捕されたと、発表があった。

情報共有という成功モデル、多くのメディアが認識

命の危険をも伴うタックスヘイブンの取材。機微に触れる情報はどのようにジャーナリストの手に渡ったのか。パラダイス文書を入手した南ドイツ新聞記者のフレデリック・オーバーマイヤー(33)が朝日新聞、共同通信、NHKの合同取材に応じ、内部告発者の保護と情報共有による記者の協働の重要性を語った。インタビューは17年3月28日、南ドイツ新聞本社で行われた。

今回のデータはいつ、どのようにもたらされたのか。

オーバーマイヤーは「情報提供者を保護するため何も話せないことを理解してください」とだけ答えた。

パナマ文書に続く「メガリークス」。前回の成功が今回の情報提供を促したのだろうか。そんな仮説をぶつけてみた。

「世界中の多くのメディアが情報を共有しても内部告発者が匿名を維持され、保護され得ることをパナマ文書は証明しました。内部告発者が『そんなことが可能なのだ』と悟った、という印象があります」と、彼もこの考えに同意した。

パラダイス文書では、さらに多くの記者や報道機関が加わり、ジャーナリストの協働がグローバルに広がっている。そのきっかけを作った。

「一人で動き、他者のスクープを心配してばかりいた記者に対し、ICIJは『共有』を呼びかけ、それがうまくいくことを次々と証明しました。より多く、より徹底的に情報を共有するほど良い結果につながるのです。その一例がパナマ文書。我々はデータだけでなく、その中から発見したことを大規模に共有しました。それを世界中のメディアが成功モデルと認識したからこそ、多くの記者がチームの一員にしてほしいとICIJに言ってきているのでしょう」

そして、最後にこう力を込めた。「グローバル化した世界では、こうした方法で取り上げるべきトピックスがたくさんあります。このモデルが成功し続け、もっと多くの協働につながることを私は希望しています」

パナマ文書、パラダイス文書に続く、第3の「メガリークス」はくるのだろうか。

リーク元「ジョン・ドウ」のマニフェスト

パナマ文書では、情報源が自らを「ジョン・ドウ」と呼び、2015年8月、パナマにある法律事務所「モサック・フォンセカ」に属する内部データの提供を南ドイツ新聞に申し出た。「ジョン・ドウ」とは、日本語で名無しの権兵衛《ごんべえ》に相当する英語だ。南ドイツ新聞は、そのデータをICIJと協力して分析することに決めた。16年4月、パナマ文書の報道は世界中で大きなムーブメントを起こしたが、「ジョン・ドウ」が何者かは今もなお、明らかではない。

その「ジョン・ドウ」は南ドイツ新聞にマニフェスト（声明）を送り、16年5月に公開された。

パナマ文書の「信頼と実績」が、その第2弾とも言われる「パラダイス文書」を引き寄せた。マニフェストを改めて読み返すことで、内部告発者の真意を感じ取れるかもしれない。

所得格差は、現代における典型的な課題の一つであり、世界中のすべての人に影響を与えている。所得格差が急速に進むことに対する論争は何年ものあいだ続いている。数え切れないほどのスピーチ、統計分析、無味乾燥な抗議デモ、時折のドキュメンタリー番組などがあるにもかかわらず、政治家や学者、活動家は格差拡大を止めることができない。疑問は残されたままだ。なぜなのか？　なぜ今なのか？

パナマ文書は、これらの疑問に説得力のある答えを示している。それは、巨大で広範囲な汚職だ。そして、その答えが法律事務所によってもたらされたことは、偶然ではない。モサック・フォンセカは「富の管理」という機械の単なる歯車ではなく、世界中で法律を作成してねじ曲げるためにその影響力を最大限行使し、何十年にもわたって犯罪者の利益のために活動してきた。ニウエ島の場合、モサック・フォンセカは実質的にずっとペーパーカンパニーを運営していた。ラモン・フォンセカとユルゲン・モサック（訳注＝モサック・フォンセカの共同経営者）は我々に、時に「特殊目的車両」と呼ばれる彼らの会社のペーパーカンパニーが、ただの車だと信じ込ませる。

その車両が犯罪に使われたとしても、売り手は責任を負わない。そして彼らが製造した車の唯一の「特殊目的」は往々にして、広大なスケールで行う詐欺行為だった。

ペーパーカンパニーはしばしば脱税に関わっている。ペーパーカンパニーは定義上違法ではないものの、脱税をもしのぐ幅広くて重大な犯罪を実行するために使用されていることが疑いないことを、パナマ文書は示している。モサック・フォンセカの創設者、従業員、顧客はこれらの犯罪――今のところそのごく一部しか明らかになっていない――に対する己の役割について答えなければならないと考えたため、私は暴露することに決めた。同社の卑《いや》しむべき行為が全面的に知られるまでに、おそらく数十年はかかるだろう。

その間に、勇気を与えてくれる新しいグローバルな議論が始まった。これまではエリートによる悪事が巧みに隠されてきたが、この議論は重要なことに直接焦点を当てている。

その点、私にはいくつかの考えがある。

念のために言うと、私は政府機関や諜報《ちょうほう》機関の職員でもなければ、雇われてもいない。私の見解は完全に自分のものだし、南ドイツ新聞やＩＣＩＪに資料を提供したのも私の判断によるものだ。特別な政治目的があったわけではなく、単純に不正の規模を十分に理解したからだった。

一般的なメディアのストーリーはこれまで、制度上合法で許可されていることの問題について焦点を当てていた。許可されているといっても実際はスキャンダラスであり、正される必要がある。しかし、私たちは別の重要な事実を見失ってはならない。法律事務所、創設者、従業員たちは実際、世界中の無数の法律をわざと繰り返し破っていた。公には、彼らは自分たちが無知だったと言うが、詳細な知識を持って故意に悪事を働いていることを文書は示している。少なくとも、モサックはネバダ州の連邦地裁で偽証したことがわかっているし、彼のスタッフがそのウソを隠そうとしたこともわかっている。彼らは全員、特別な処置など受けずに訴追されるべきだ。

もしも法執行機関がパナマ文書にアクセスして価値を見極めることができれば、最終的には、何千件もの訴追が可能になるだろう。ICIJとそのパートナーは、それらを法執行機関に提供しないとはっきりと述べている。しかし私は、可能な範囲で法執行機関と協力したいと考えている。

私は、米国と欧州の内部告発者や活動家が明白な悪事に光を照らした後、生活が破壊される様を次から次へと見てきた。エドワード・スノーデンは、オバマ政権がスパイ防止法で彼を起訴する決定によって、モスクワに取り残されたかのように亡命している。NSA（米国家安全保障局）に関する彼の暴露は、流刑《るけい》などではなく、英雄として帰国させて相応の賞を贈られるに値するほどだ。ブラッドリー・バーケンフェルドはスイスの銀行UBSについての情報をもたらすことによって多額の報奨金をもらったが、実刑判決を受けた。アントワーヌ・デルトールは現在、ルクセンブルクがどのようにして秘密の「恋人」税を多国籍企業に適用し、隣国から何十億も税収を奪っているかをジャーナリストに提供したことで、公判中である。そして、もっとたくさんの例がある。

内部であろうと外部であろうと、疑いのない不正行為を明らかにする正当な告発者は、政府の報復から免責を受ける権利がある。政府が内部告発者の法的保護を法制化させるまでは、法執行機関は己の情報源か、メディアが手がけている現在進行中の報道に頼る必要がある。

その間、私は欧州委員会、英国議会、米国議会、そしてすべての国に対して、内部告発者を保護するだけでなく、法人登記の世界的な悪用を終わらせるために、素早い行動を取るよう求める。欧州連合（EU）では、全加盟国の法人登記に自由にアクセスでき、最終的な受益者（訳注＝法人の真の所有者）についての詳細なデータを入手可能にする必要がある。英国はこれまでの国内的な取り組みに誇りを持つだろうが、さまざまな島や領地での財政的な秘密主義を終わらせる重要な役割がまだ残っている。それらが、世界中の制度的腐敗の根幹となっていることは疑いがない。そして米国はもはや、全米50州がそれぞれの企業データについて賢明な判断をすると信じることはできない。議会が音頭を取って一般公開の基準を設定し、透明性を確保する必要がずっと前からあったのだ。

首脳たちが会議や演説で政府の透明性を称賛することと、実際にそれを実施することとは別の話だ。米国では、選出された議員が大半の時間を資金運用に充《あ》てていることが公然の秘密となっている。選挙で選ばれた議員が、税逃れについて他のどんな人たちよりも強い動機をもつ超エリートに対して献金を頼んでいる間は、脱税が解決される見込みはないだろう。これらの腐敗した政治的活動は堂々巡りするばかりで、解決ができない。米国の破壊された財政制度の改革は、待ったなしだ。

もちろん、正されるべきはこれらの問題だけではない。ニュージーランドのジョン・キー首相は、クック諸島が金融詐欺の「聖地」であり続けることに国が加担してきた事実について、不思議と沈黙したままだ。英国では保守党が、臆面もなくペーパーカンパニーを含む自らの行いについて隠そうとしている。また同じ頃、米財務省金融犯罪取締ネットワークの責任者であるジェニファー・シャスキー・カルバリーは辞任を発表して、この惑星で最も悪名高い銀行の一つであるHSBCに転職した（ロンドンに本部があるのは偶然ではない）。米国ではカルバリーのような無気力な人材が、めまぐるしく入れ替わり続けている。その陰で、いまだ公になっていない無数の最終受益者たちが世界中で息を潜めているのだ。政治的臆病さに直面すると、敗北主義にひれ伏したくなり、現状は根本的には変わらないと主張したくなる。少なくともパナマ文書は、私たちの社会のモラルが病み、腐敗しつつあることのまぎれもない兆候である。

しかし、その問題はついに机上に乗った。変革に時間を要することに驚きはない。50年間にわたって、世界各地の行政府、立法府、司法府は、地球上に転々と現れるタックスへイブンへの対応に失敗してきた。今日でも、パナマは「ペーパー」でないことで世に知られたいというが、政府はタックスヘイブンという名のメリーゴーラウンドにある馬1頭を調べただけだ。

銀行や金融規制当局、税務当局も失敗した。中・低所得層の市民を押さえつけることを狙った決定をする一方で、裕福な人たちの利益を守った。

絶望的に時代遅れで、非効率的な裁判所も失敗した。裁判官は富裕層の主張をずっと黙認してきた。彼らの弁護士――モサック・フォンセカだけではなく――は法律の条文に従うことにおいては十分に訓練されている一方で、同時にその魂を冒涜《ぼうとく》するためにできるすべてのことをしている。

メディアも不首尾に終わった。多くのニュースネットワークはばかげたパロディーのように同じことを繰り返し、億万長者たちは趣味として新聞の所有権を得て、富裕層に関する深刻な課題に対する報道を制限している。一方、真面目な調査報道は資金が不足している。影響は現実に表れている。南ドイツ新聞とICIJに加えて、いくつかの主要メディアの編集者がパナマ文書の一部を閲覧した。それにもかかわらず、彼らは報道しないことを選んだ。悲しいことに、世界で最も知名度があり有能な複数のメディアの中に、この問題の報道に関心を持つ社が一社もなかった。ウィキリークスでさえも、回答がなかった。

しかし何よりも、法曹界が失敗した。民主的な統治方法は、法を理解したうえで悪用する人物ではなく、法を支持する責任ある個人に依存するシステムになっている。概して弁護士は非常に腐敗しており、すでに議論されている控えめな案よりもはるかに大きな変革が必要だ。行動規範や営業免許といったものの根底にある「法的倫理」という言葉は、矛盾に満ちている。モサック・フォンセカは孤立していたわけではない。度重なる罰金に加えて恒常的な違反が文書化されているにもかかわらず、すべての国の大手法律事務所に仲間や顧客がいる。ダメになった弁護士業界が十分な証拠と言えないのならば、もはや弁護士に互いを規制させてはいけないことは明白だ。単純に、法律はもはや機能していないのだ。惜しみなく報酬を払える者は、その弁護士がモサック・フォンセカか、まだ知られていない法律事務所にいるのかどうかにかかわらず、常に目的にかなう弁護士を見つけることができる。だが、社会にいる残りの人々はどうだろう。

これらの失敗による共通の影響は倫理基準の完全な衰えをもたらし、私たちが今も資本主義と呼ぶシステムにたどり着く。だがこれは、経済奴隷に匹敵するほど悪い。このシステム――私たちのシステム――では、奴隷たちは自らの立場と支配者たちの存在の両方に気づいていない。その支配者たちは、理解できない法律用語の別世界に存在している。世界に与える恐ろしく巨大な損害は、私たちをたたき起こすだろう。しかし内部告発者が警報を鳴らすまでの段階にきているとなると、より一層の懸念が生じる。なぜならば、民主主義のチェックとバランスの機能がすべて失敗し、崩壊は組織的に起こり、深刻な不安定さはすぐ近くまできている可能性が示されているからだ。だからこそ、今こそ行動を起こす時なのだ。それは、疑問を呈することから始まる。

歴史家は、課税や力の不均衡さといった事柄を含む課題が過去に、いかに革命につながったかを詳しく話すことができる。その後は、人々を支配するために軍事力が必要となり、現在は情報へのアクセスを抑えることが効果的だ。なぜなら、ほとんどの場合、目に見えない行為だからだ。

けれど私たちは安価で無限のデジタル容量と、国境を超える高速インターネットの時代に生きている。端緒をつかんでからグローバルメディアで報じられるまで、点と点がつながるのに時間はかからない。次なるは、デジタル化された革命だろう。あるいは、もうすでにそれは、始まっているのかもしれない。

（抄訳＝軽部理人）

3メディア「協働」の醍醐味

【朝日新聞・共同通信・NHK】3社鼎談《ていだん》

パラダイス文書では取材の当初から、国内の大手3メディアが異例の協業態勢を取った。取材を率いた朝日新聞の奥山俊宏と共同通信の澤康臣、NHKの加戸正和の3氏にメディア連携の面白さ、今後の課題を聞いた。

――まずICIJに加入したのは朝日新聞。そもそも入ったきっかけは。

奥山　2006年に朝日新聞に特別報道チームという組織ができ、その一員になった。斬新な取材・報道を試す実験の場にしたいと私たちは考えた。ネタだけでなく、手法についても、新しい何かを求めた。そういうなかで、08年、アメリカで非営利の調査報道機関が有力になってきていると耳にして、取材に飛び込んでみた。09年にはICIJの創設者、チャールズ・ルイスさんのもとに留学した。その縁で11年にICIJのメンバーになった。

これとは別に12年春、朝日新聞の編集担当の役員から、非営利組織（NPO）との提携を検討してほしいというミッションが特別報道チームの後身の特別報道部におりてきた。「プロパブリカ」などアメリカの調査報道NPOだけでなく、日本のNPOもその検討対象に含まれていた。渡りに船で、ICIJが一番見込みがあると提案した。

――「非営利組織との提携」というのは、どういう意図があったのでしょうか。

奥山　「報道機関の経営環境が今後ますます厳しくなっていくなか、調査報道は報道機関生き残りの核になる。調査報道でジャーナリズムを生き残らせていかなければいけない」という問題意識があったのだと思う。「朝日新聞社から特別報道チームをスピンアウトさせ、非営利組織として独立させなければならないような事態が将来くるのではないか。そのためにも海外の仲間との連携を」と彼は考えていた。

――次いで共同通信が入ったのですね。

澤　私を誘ったのは、ICIJのシッラ・アレッチさん。私が早稲田大学のジャーナリズム・スクールで非常勤講師を奥山さんと一緒にやっているときの大学院生だった。彼女が私をよく知っていたというのも、恐らく要素の一つだったと思う。もう一つのきっかけは、ニューヨーク支局時代。調査報道の熱みたいなものがあると感じていた。伝統的なニューヨーク・タイムズ紙のような組織もあるし、ウェブで展開している小さい新しい組織もある。私自身は社会部記者から外信部に行き、調査報道記者ではなかったが、そのうち、「ICIJ提携記事」というワッペンがついた記事を朝日さんが時々出すようになった。これがICIJかと。そうするうちに、東京に戻って調査報道をやれ、と言われた。試行錯誤していた16年ごろにICIJから連絡が来た。中身は言えないが興味はあるか、というメール。そう聞かれれば、答えは「大いに興味がある」だけの一択ですよね（笑）。

奥山俊宏（おくやま・としひろ）／朝日新聞編集委員。1966年、岡山県生まれ。89年、朝日新聞社入社。社会部などを経て特別報道部へ。近著に『パラダイス文書——連鎖する内部告発、パナマ文書を経て「調査報道」がいま暴く』（朝日新聞出版）。

——そしてNHK。

加戸　我々NHKはパナマ文書の報道解禁のときは完全に蚊帳《かや》の外だった。当時、私は社会部で、政治・経済問題の調査報道班デスクをやっていたが、世界一斉報道に大きな衝撃を受けた。国家を揺るがしかねない大きなスクープを、世界中のジャーナリストが水面下で連携してやっていて、日本でも朝日と共同がそれに入っていたこと。驚きというか、危機感があった。ウィキリークスなどのメガリークスがいろいろ相次ぎ、新たにパナマ文書が出てきて、そこに入っている者しかリークを分析もできず伝えられもしない。責任ある報道機関として、タッチできないことは非常な問題だと思ったし、今後関わっていかないと、仮に日本に関わる話が出てきたときに受け皿になれない。そう危機感を覚えて、とにかく頼み込んだ。一方で、ＩＣＩＪとしては、日本で既にパートナーとして２社がいたので、そちらの了解がないと認められないということだったので、国内では澤さんと奥山さんにお願いして、ようやく受け入れていただいた。

澤 康臣（さわ・やすおみ）／共同通信特別報道室編集委員。1966年、岡山県生まれ。90年、共同通信入社。社会部、ニューヨーク支局などを経て調査報道を担当。著書に『グローバル・ジャーナリズム』（岩波新書）など。

――パラダイス文書の取材は「新たなプロジェクトがある」という漠然とした情報で始まったと思うが、社内でどういう位置づけだったのでしょうか。

奥山　17年1月ぐらいから

徐々に態勢を整えた。最初は特別報道部だけで、担当記者を1人2人と増やしていく。最終的には特別報道部でデスク以下5人。原稿を出す直前には、さらに3人ほど応援を入れた。加えて夏以降は、国際報道部からも記者を入れてやっていた。デジタル編集部や国際発信部からも、9月以降は全面協力を得ていた。

パナマ文書の報道を始めたときは、正直言って、付け焼き刃の態勢だった。今回については、社内のいろんな人からしっかりやるようにと言われた。特にデジタル展開についてては「質の高いものを」と意識した。パナマ文書の時はテキストの原稿を出すことしか考えていなかった。一方、ＩＣＩＪのウェブサイトや英ガーディアン紙のウェブサイトを見ると、デジタルグラフィックスなどのコンテンツが素晴らしかった。ビデオもあれば、インタラクティブ（双方向）なグラフィックスもあった。

澤　デジタル展開の反響やビューは？

奥山　17年11月下旬から12月にかけて、上智大、東京外大、京都大、神戸大、近畿大で調査報道について講義する機会があった。朝日新聞デジタルにアップされているビデオやインタラクティブ・グラフィックスを見せながら、あるいはＮＨＫスペシャルのビデオを引用しながら講義すると、学生の反応が「まるで映画を見ているようで、とてもわくわくした」とか「ドキドキハラハラしながら話を聞けた」とか非常に良かった。わかりにくいだろう話を退屈せずにわかりやすく聞くことができたという趣旨のコメントがたくさん寄せられた。「ウェブならではの表現を使って、わかりやすく伝えるよう努力されていると感じた」というコメントもあった。デジタルコンテンツや映像は大事なんだと認識を新たにした。

――共同、NHKはどうですか。

澤　うちは室長入れて元々4人。前回のパナマ文書も4人がかりでやった。パナマ文書で予想以上に盛り上がったので、会社としても力を入れよう、となった。最後のほうは若干応援をもらい、4人プラス数人の態勢でやることになった。朝日さんのようにデジタル展開できなかったのが、今後の課題かなと。同じことを同じキャンペーンでやっていて、NHKはNスペ中心に、朝日

加戸正和（かど・まさかず）／NHK報道局社会部副部長。1971年、岡山県生まれ。96年、NHK入局。社会部などで脱税事件や経済事件を主に取材。司法キャップを経て2014年から調査報道担当デスク。パナマ文書、パラダイス文書でNHK取材班を指揮。

はデジタル展開がいつにも増してすごい感じで。それらを見ていると、自分たちだったらどうするべきか、あらためて考えたり悩んだり、いい意味で学ぶ機会でもあった。

加戸　うちは情報の扱い方が難しかった。プロジェクトに最初から入るのは初めてだったから。どこまで保秘を徹底しなければいけないのか、経験がなかった。今回のように世に出ていないプロジェクトについては、情報漏れを気にしすぎた面もあり、社内でもやっていることを、ずっと伏せていた。このプロジェクトへの参加に合意するときに、新しいものをやるからこれ以上は聞かないでくれということを言って社会部長のサインをもらい、その後は、部内でも伏せていた。人員的には社会部の3人の記者を中心に、国際放送局などの記者、ディレクターで少人数のチームを組んだ。今回はＮＨＫスペシャルという番組をメインにした。番組は予算がかかるから、社内での提案会議がある。ギリギリまで先延ばしにしていたが、最後にはある程度オープンにしなければいけない場面が来て、それが17年10月末だった。元々パラダイス文書の解禁は日本では11月6日で、それより前の段階に社内で説明しなければいけなくなく、どうしようとなった。結局、あくまでパナマ文書を継続取材した番組だという説明を行い、パラダイス文書のことは伏せたまま提案会議を乗り切った。報道解禁の後、朝日は積極的にデジタル展開をしていて、ＮＨＫでもデジタル展開に力を入れていたから、そっちの部署の人からは恨み節を言われる。もっと相談してくれたらいいろんなやり方があったのにと。もし次に同じような機会があれば、もう少し幅広い展開をやるべきかなと思う。ややもったいないことをしたという反省点がある。

――Nスペでは、英王室属領マン島の取材映像があった。あれも社会部の取材班で実施したのでしょうか。

加戸　9月末に衆議院が解散する見通しになって、なおのこと大変だった。当時私は選挙デスクも兼ねていて、突然、東京の選挙を仕切る立場になり、とてもパラダイス文書の取材どころではなくなってしまった。そうしたなかで一人だけなんとか選挙取材から、言い訳をつくって外して、その記者に「ここで行かないと何もできない」と、思いついてから3日後くらいにはマン島に行かせていた。

澤　選挙は報道機関にとって一大事だし、加戸さんの苦悩ぶりは手に取るようにわかった。我々3社での取材会議も変な会議。こんなことがわかったとか、一緒に取材行きますかとか、他社と話すなど日頃はありえないこと。あるときに加戸さんが会議にも出られず、ミーティングのアプリを使ってNHKだけテレビ参加になった。相当大変だったと思われる。

――3社はいつから、どういう形で日本国内のネタを割り振ってきたのでしょうか。

奥山　6月7日に初めて3社での合同会議を開き、その後、それを7月12日、8月3日、25日と続け、9月から11月初旬までは隔週で3社会議を開いた。主に東京・汐留の共同通信の本社の会議室を使わせてもらった。朝日新聞のある築地からは歩いて10分ほどですぐ近くだが、渋谷のNHKは遠いので、選挙期間中、NHKの加戸さんらはスカイプ経由で会議に参加した。でもスカイプがうまくいかなくて、スマホをスピーカーフォンにして会議をしたことも。

加戸　パナマ文書の途中でメンバーに入れていただいて、2社でどういう情報共有をしていたのかというのを聞いた。僭越《せんえつ》ながら思ったのが、最後に当事者に当たるときは、自社で当たって取材をしないと字にならないと言われたので、手分けしたほうが早いのではないかと。せっかく複数の社でやっているのに。取材対象も広がるし。今回、最初の段階で「少し手分けしてみませんか」という提案をした。割り振りをして、担当したところはまず一回調べて、お互い報告しあって、そのうえで直接取材するかしないかを決めた。ただ最後は、我々は総選挙があったから、こちらが責任を持ってやらなきゃいけないところが、遅れぎみになった。申し訳ないと思いつつも、それぞれの社がそれぞれの調べ方をして持ち寄ってきて、こういう調べ方もあるんだという新しい発見、見習うところがあった。コラボって面白い、とつくづく思った。

——3社の媒体はアウトプットの仕方が違う。良さや難しさはありましたか。

澤　肌が合わないというのは、あまりなかったと思う。どのネタを面白いと思うかという比重のかけ方は違うかもしれない。ただ、それは悪いことではない。興味深いと思うし、それもまた、勉強っていうと変だけど、深まったなという感じ。

加戸　立ち振る舞いや取材のなかで、一緒にやったメンバー同士は、思うところもあったと思う。というのも、テレビはどうしてもこの手の話、相手のインタビューや決定的瞬間だとか、映像で見せることがどうしても難しい。特にタックスヘイブンの話は、理屈が先行する話なので。いかに映像でわかりやすく伝えるかとなると、いかに当事者の生の声をカメラの前で聞き出すかの交渉が大事。通常のペン取材と同じような形で取材はするけど、我々の場合はカメラの前に相手を連れ出す、場合によっては行ったときにその流れで映像化する。そこも含みで普段考える作業をしているから、1社だけでなく2社、3社、皆で名刺を持って行ってカメラの前でしゃべってください、というのは難しい。

今回の場合は、対象を大きく二つ、自分たちの中では仕分けしていた。一つは相手が逃げられない立場の人。公職に就いていたとか、しかるべき立場、著名人だった場合。そういう人は表からの取材、当然に3社で同時に行くとなる。一方でやや、不正とまでは言わないまでも倫理的に問題があったり、表にしにくかったり。かといってそこまで広く知られていない人をターゲットにしたときに、どうアプローチするかに苦労した。そのときに、これまた二つあり、一つは我々の手持ちのものが、みなが共有しているパラダイス文書に依拠している場合なら、何も問題なく全員で行こうとなる。ただ、そこに名前があることしかわからず、自分たちの日常の取材源・情報源の協力を得られないとアプローチできないとか、そこから先の取材ができそうなときに、さあどの段階で2社に伝えるか。決して隠しているつもりはないけれど、取材のスタイルの問題や、そこから先の、少なくとも自分たちの媒体としての「撮れ高」を計算しなきゃいけないときのアプローチの仕方が、取りようによっては、隠しているようにも見られかねない。ただ仲間だからウソはつけない、どこかの段階でオープンにしなければいけない。フェアじゃないと言われかねないと意識しつつ、どのタイミングでどのように伝えるか、遅かったと言われればゴメンナサイと言うしかないけど、そこは苦労した。どこの段階が一番ふさわしいのか、お互いの事情もよくわかっているし、そこらへんももっと腹を割って話して、よりいい方法を議論していくべきかな、と思う。

奥山　元々持っていた独自の情報源から得られた情報が付け加わることによって、初めてニュース性が出てくるとか、その先に進めることもある。その独自の情報源が言っていることを他社と共有していいかというと、それは難しい。取材源秘匿の責任の所在があいまいになるのではないかとか、独自の情報源をなぜ他社にさらさなければいけないのか、といった論点がいろいろあり、ケース・バイ・ケースの判断になるだろうと思う。でもそういうものが付け加わるからこそ面白いとも言える。最終的に読者なり視聴者なりに最もよい情報を最もたくさん提供できるようにすることを目標にすべきなので、その前提のなか微妙な判断ではあるけど、何とかやっていけたらという感じ。

――他社のメモを使って記事を書く、海外のメディアの情報に基づいて原稿を書かなければいけない、海外と競合する難しさや醍醐味《だいごみ》もあるように思えます。

澤　この本で、この鼎談以外の本文を読んだ方はわかっていただけると思うけど、よく誤解がある。パナマ文書にせよパラダイス文書にせよ、すごい記述があって、その中に不正がいろいろ書いてあるとか、不正じゃないけど秘密がいっぱい書かれていて、それをただちに書けば記事になると思われている。そういうものでは、まったくないですよね。文書の中にあるのはちょっとした表だとか、公文書だとか。そこに独自取材を必ずふまえて、それによって、こういうことがわかったというニュースになるわけ。出発点が文書というだけで、あとは普通の取材、報道。パラダイス文書であれば、パラダイス文書というドキュメントが端緒というだけの話。2人が話しているように、いくら仲間でも、言えることと言えないことがあるのは、同じ会社内でも起こりうることだから、3社連合であればもっと起こりうること。でも同時に我々3人は司法記者クラブなど、あちこちの取材で接点がある。単にICIJの日本チームの3社というだけでなく、かなり濃い関係。ウソをしれっとつくとか、できない。悩みながらどこまでオープンに、でもフェアでありたいという、板挟みだけどフェアな感じだったことは間違いないと思う。

――ICIJから日本のネタについて、どのように取材してほしいと依頼があったのか。

加戸　ICIJがプログラムで、機械的に日本に関係する住所とか、いくつかの要素で抽出して日本関係だよね、というのを一つリストでもらった。それを見て、個人名がたくさんあったから、それぞれ各社で調べてみたら、どういう調べ方をしても、ほぼ8割ぐらいは同じ結果になる。個人名はほとんどが、大企業の社員の名前が業務で出ていたという感じ。そうすると、基本的に企業ベースとなる。何となくここは自分たちが関心あるからと、関心のあるものに手を挙げる。残ったところは、機械的に割り振ったのと、後は企業というよりは、政治家の資産隠しという問題が一番大きいので、そこは落とさないようにした。

澤　日本の現職国会議員リストを作り、それを3等分して、政治家がパラダイス文書に出てこないかをその割り振りの中で、水も漏らさないように各社で見た。確か家族もある程度試みたと思う。

――パナマ文書ではアイスランドの首相の辞任が話題の引き金になりました。海外では街頭でデモが起きたり、野党が追及したりしています。日本でそこまでのムーブメントになっていないのはなぜでしょうか。

奥山　日本の大企業によるタックスヘイブン利用は、欧米の大企業に比べれば、とても少ない。これは事実だと思う。ただし、外資系の投資ファンドや海外の多国籍企業による日本への投資にタックスヘイブンが利用されている事例は多々ある。日本に投資して日本で莫大《ばくだい》な利益を得ているのに日本で納税しないという実情はもっと広く知られるべきだし、日本の納税者も実態を知ればもっと怒るのかもしれないと思う。でも、残念ながらそれをなかなか報道できない実情がある。06年以降、日本での法人税の納税状況が公表されなくなった。それまであった公示制度が突然なくなってしまったからだ。そのため、誰もが知っている外資系企業が日本で法人税を納めているのかいないのか、我々はその確認をなかなか取れない。06年以前だと公表されていたのに、今はまったくわからない。これは困る。我々だけでなく、日本の納税者にとって困った話だと思う。

加戸　国税当局は一連のパナマ文書やパラダイス文書には、当然のことながら関心を持っている。自分たちの徴税に漏れがあるのではないかとか。これだけパナマ文書やパラダイス文書が一般に広まったことで、(これらの文書を) 実調査の資料として使っているということを公言するようにはなっている。今回も事後ではあるけれど、国税の担当者が話を聞かせてほしいと言ってきた。情報はあげられないと伝えたら、残念そうな顔をしていた。彼らは彼らで、ICIJが公表している表のオープンデータベースと、自分たちの持っている独自のデータベースとを照らし合わせている。これというものは残念ながら見つかっていないそうだが、作業はやっている。国家機関にとってみても、大きな新情報だと思う。今回そのパラダイス文書で新たな発見があるかは別問題だが、海外のタックスヘイブンにペーパーカンパニーを作って資金移動している実情を把握しきれていないという問題意識は彼らにとっても非常に強い。

――澤さんは「グローバル・ジャーナリズム」と題する著書も出されている。ICIJへの参加意義を教えてください。

澤　学ぶ機会としてすごくいいなと。彼らはこんなふうに取材してるんだとか、こういうところが面白いと思うんだとか。質問状って、海外ではこんなふうに書くんだ、ずいぶん高飛車な質問状だな、とか。夜回りして聞きましたっていうのは他国のメモにはないけど、ソース（情報源）から聞いたとかは似ているなとか。

外国のジャーナリズムというとイメージ先行で、日本のメディアはダメだとか書く人もいるけど、そんなことないと私は思っている。学ぶところは多いけど、原理原則や基本は同じ。同じ苦労をして調査報道をしている仲間がいる。取材のなかで似た工夫をしたり、報道に対し誤解に基づく非難を受けたりは外国でもあって、自分たちだけじゃないんだと思える。もう一つは、一緒に仕事をすることが可能だという現実の経験、体験が少しずつたまった。これを経験すると、国内でもやれるような気がする。例えばある2社で合同プロジェクトをしても、成功したら誰も文句を言わないと思う。それは今後の夢みたいなもの。インキュベーター（孵卵器《ふらんき》）みたいになっている気がします。

加戸　今年になってNHK局内で調査報道の研修の講師役をした。若い記者って、普段なかなかネタが取れないとか悩みつつ、調査報道と聞いた瞬間に手品やマジックみたいに何でも物事が解決するのではないか、と思っているみたい。でも、ICIJ内のやりとりを見ていると、そんな簡単なものじゃない。調査報道って聞こえはいいけど、実はすごく地道で根気のいるもの。思いを持って積み重ねするしかない。ターゲットを見つけて取材して、ねちっこく取材して、それを聞き出して世に伝える。その繰り返しだし、簡単な方法はない。世界の大手メディアやジャーナリストは特別な方法、我々の知らない方法を持っているのかなとも思っていたけど、やっぱりそれはないということを今回の経験で知った。大変な思いをしているのは自分だけじゃない、世界共通なのだという認識をできるという意味では、非常に勇気づけられた。大変だけど頑張ろうという思いになった。

澤　ただ、使えるツールに差があるとは思った。たとえば今回の取材の中で日本企業の香港子会社が出てきた。不正会計に関連してシンガポール、香港で訴訟になっている。香港とシンガポールではあっという間に訴訟記録をもらえる。詳細に数字や固有名詞も含めてウラがしっかりとれる文書。正確な記事が書ける。別の会社は米国で訴訟になっていたが、現地に行かずにカリフォルニア州の裁判所のホームページで裁判記録がダウンロードできる。海外のジャーナリストを見ていると、ある固有名詞があったときに、まずは訴訟記録を調べるというのが、だいたい手法、習慣になっているように見受けられる。

海外ではすぐに入手できるものが、日本だと個人情報だからということで、すぐブロックされる。また日本だと民事訴訟の記録は5年で、判決文以外は廃棄され、しかも手で書き写すことしか許されない。書き写すのも時間がかかるし、何百ページもあるのを一字一句間違いなく書き写すのは不可能だ。しかも刑事事件に関していえば、閲覧すること自体が実質上極めて困難で、コピーなんか冗談じゃないという扱いを受けている。裁判の公開は憲法上の要請であるはずだが、内実は空洞化してきている。

世界的に見ても、日本はこうした情報公開の流れに逆行しているまれな国。そういうことをあらためて思い知らされる機会でもあった。

——日本のメディアがメガリークを受けてICIJを主導していくような展開に持っていけますか?

澤 ひとつの夢かもしれません。今回、リークがきっかけの報道によって一つ議論が整理されたと思う。これまで、日本で報道批判をする人の中に、「リーク報道はけしからん」という人が多かった。力を持つ人が情報をゆがめる「スピン」を伴う場合もあることから、リークとスピンが一緒くたになり、混同して批判されることが多かった。それが今回、リーク自体は、市民の目から隠されていた情報が開示されることだから、いいことだと受け止められた。そういう議論の整理に役だったのかなと思います。

パラダイス文書での協働を振り返る３氏。加戸正和・NHK報道局社会部副部長（左）、奥山俊宏・朝日新聞編集委員（中央）、澤康臣・共同通信特別報道室編集委員（右）

――加戸さん、いかがでしょうか。

加戸　海外のパートナーから話を聞くと、どの国でもメディアが押されている。一般の人がＳＮＳで情報を発信することができて、情報の価値が一見して下がっているようにも思われるけど、フェイクニュースもあって、だからこそジャーナリストが本当のことなのかを調べて伝える重要性がいっそう増してきていると思う。そのなかで特に権力と対峙《たいじ》しないといけなくなる場合に、一つのメディアだとやや押されぎみになるかもしれない。それを絶対伝えないといけないという思いで、複数の国のメディアで連携できるということは、伝えるべきことがちゃんと伝わる。そういう仕掛けなのかなと思った。切磋琢磨《せっさたくま》は必要ですが、対権力という意味ではこの仕組みは大きいし、発展させていかないとメディアが今後、受け入れられなくなるのではないかなと感じた。

澤　いま対権力という話が出たけど、メディア同士が足を引っ張り合ってメディアの力が弱くなっているという面は私も感じている。「だから頑張れ」と言われるが、それには精神論を感じる。具体的にどう頑張るのか、どうすれば連帯感を取り戻せるかが大事だと思う。たとえばこういう協力取材、国際共同報道はいいきっかけ。腹を割って話す。ライバルだけど仲間だな、という気持ちになれる。そういう意味でも大事だなと思った。

奥山　かつては競合他社の情報源をつぶすとか仁義なき戦いがあったかもしれないけど、ICIJの仕事に関わって感じるのは、井戸の中の蛙《かわず》のような競争をしていてもしょうがない、ということ。1990年代に司法記者クラブで地検特捜部を追いかけていたころの特ダネ競争とは勝負の判断基準に違うところがある、ということ。建前論に聞こえるかもしれないけど、ジャーナリズムの役割や報道の倫理のあり方については3社とも発想を共有している。世界の主なメディアも共有している。民主主義を機能させるのに必要な、有権者として判断するのに必要な材料を広く世の中に提供していく。一部の人だけに情報を握らせるのではなくて、多くの人に知らされるべき情報があるのなら、それを貪欲《どんよく》に発掘して、問題提起や是正への一助にする。建前論ではなく、実際、そのように行動するのが長い目で見てみんなの利益にもなるし、記者個人としても、格好いいし、やりがいがある。そういう広いグラウンドで直球勝負をしていこうと思うようになった。

(聞き手・石田博士、野上英文)

第7章

タックスヘイブンの世界リスク

～租税回避地の何が問題か？

奥山俊宏

国家の統治への挑戦

タックスヘイブンは、国家による統治を回避しようとする人たちの楽園である。

専制支配や独裁の下にある国の国民や企業ならば、国家に没収される恐れを心配せずに自分の財産を安定的に保全するという動機からタックスヘイブンを使いたくなるかもしれない。私有財産制の否定をいつか実行に移すかもしれない国家権力の手の届かない避難先としてタックスヘイブンは格好の地だからだ。香港やシンガポールを窓口にして多くの中国人が当たり前のようにカリブ海や北大西洋の島々を利用するのには、そうした背景があるのだろう。

しかし、自由と民主主義を掲げる国ならば、国家による統治は、少なくとも理想の上では国民の基本的人権、すなわち、個人の自由を守ることを目的としており、その基本的人権には財産権も含まれているはずである。したがって、その統治を骨抜きにすることで、理屈の上では、タックスヘイブンは巡り巡って、多くの人の自由、人権を傷つける結果をもたらすことになる。近年、欧米でタックスヘイブンが特に問題視されるようになってきているのは、そのような本質を多くの人が肌身に感じているからだろう。

税逃れ取引の効果

タックスヘイブンの問題点として最もよく知られているのは、その名前の由来にあるように租税回避、いわゆる税逃れである。

国家が生まれて以降、国民は、国家によるさまざまな規制を受け入れ、その統治に服してきた。その典型が納税の義務である。これを逃れるために用いられることのある場所だから、租税回避地。すなわち、タックスヘイブンと呼ばれる。

租税法を専門とする金子宏《かねこひろし》・東京大学名誉教授の著書『租税法』第22版によれば、租税回避は次のように定義される。

すなわち、通常用いられる法形式（取引形式）とは異なる異常な法形式を合理的理由がないのに選択したり、租税減免規定の趣旨・目的に反するにもかかわらず自己の取引をそれを充足するように仕組んだりすることによって税負担を軽減・排除する行為を「租税回避」という。

租税回避は、隠匿《いんとく》行為を伴う脱税とは異なる。また、節税とも異なる。節税は、租税法規が予定しているところに従って税負担の減少を図る行為であり、租税回避と節税は、その境界に不明確なところがあるものの、基本的には異なる概念である。

租税回避は、弁護士や税理士、会計士ら専門家の国際的なネットワークの力を借りて、実際にはそこに事業の実態があるわけではないのにタックスヘイブンに法人や組合の登記を置き、そこを経由地にして租税条約の特典や各国の税制の差異を縫うように利用するという、適法ではあるけれど、異常・不合理な方法で納税額を圧縮するのが典型例だ。

租税回避が大規模になればなるほど、そのしわ寄せは、租税回避をしない一般の納税者に向かう。専門家に租税回避の手助けを依頼できない中流の人たち、納税を社会的責任ととらえる真っ当な企業が、回避された分の税を余計に負担しなければならなくなる。

法人税や所得税といった直接税が累進的に適切に課されれば、消費税などの間接税を増やさなくて済むかもしれない。しかし直接税が大規模に回避されれば、その回避された分を間接税でまかなわざるを得ない。間接税は相対的には所得の低い人により大きな負担を強いる。

米大統領だったバラク・オバマ氏が「金持ちと大企業だけが利用できる税の抜け穴がある。中流家庭はそれを使えない。失われた税収はどこかで埋め合わされなければならないから、これら多くの抜け穴は中流家庭の負担となっている」「その多くは適法だが、しかし、それこそが問題だ」と言ったのは、その点を指摘したものだ。

租税回避には、それに伴って発生する、より深刻な問題がある。すなわち、租税回避は、企業間の競争をゆがめ、また、国家間に「有害な税の競争」を引き起こし、国家財政を悪化させ、格差を拡大させる、という問題である。

見落とされがちなことだが、競争上、タックスヘイブンを使う企業が有利となり、使わない企業が不利になる。

たとえば、毎年の利益から多くを拡大再生産に回せる企業のほうが、多くを納税に回す企業よりも、競争に有利となる。日本企業の多くは利益の3割を納税しているのに、欧米の競争相手が利益の2割しか納税していないのだとすれば、日本企業は競争上、1割分のハンディを背負っていることになる。

また、日本にある企業は貸借対照表の公表を義務づけられているのに、タックスヘイブンにある企業は財務内容を公表しない。競争相手の財務内容やリスクをわかっている企業のほうが、わかっていない企業よりも、当然、優位に競争を戦える。正直者が馬鹿を見る不公正な競争環境となる。

国家間の税率ゼロへの競争は、米国の参戦により、ますます苛烈《かれつ》となっている。所得税や法人税が高い国から低い国へと富の逃避が続く現状を前に、各国家は税率を引き下げざるを得ない。「底辺への競争」である。米国も2018年に法人税率を35%から21%に引き下げた。日本も例外ではなく、法人税率を引き下げつつある。国際的に見ると、法人所得課税の制度は崩壊寸前だと言って過言ではない。その結果、多くの国々で税収が不足し、国民の福祉に回す資金が欠乏する。

そして、こうした実情は、社会の不公平感を増大させ、人々の納税への意欲を減退させる。

このように租税回避は重大な問題だ。しかし、問題はそれだけではない。

便宜置籍船で回避されるもの

たとえば、便宜置籍船《べんぎちせきせん》の問題である。実質的には日本や米国の船であるのに、船籍をパナマやバハマなどに置く問題――。

「便宜置籍の狙いは、最初は主に税金対策だった。これらの国々がもともと便宜置籍船に対してさまざまな優遇税制を実施していたためで、こうした事情は今も変わらないが、その他の理由としては、船員費コストの削減などがある」

日本船主協会《にほんせんしゅ》のウェブサイトの「海運雑学ゼミナール」のページにはこのように記されている。

「先進諸国の船員は賃金も高く、より低賃金の発展途上国海運との価格競争では不利。一方、便宜置籍国では、こうした国籍要件等に関する規制が緩やかで、賃金の安い外国人船員を乗せることができるわけだ。（中略）海運会社にしてみれば、自社船は自国籍で運航したいのはやまやまだが、国際単一市場の中で厳しい競争を強いられている現状では、便宜置籍はサバイバルのためには、やむを得ない手段となっている」（https://www.jsanet.or.jp/seminar/text/seminar_047.html）

ある電力会社はタックスヘイブンに燃料輸送船の船籍を置く理由について、「輸送コストの低減の観点から、競争力のある条件で船員の安定的な確保を図るため」と説明する。

ここで言う「競争力のある条件」とは何であろうか。

船員法など日本の労働法制や入国管理法、船舶安全法の規制を逃れて、安全確保への監督が十分とは言えない比較的劣悪な環境下で、練度の低い人を含め外国人労働者を長時間働かせようということなのだろうか。

国土交通省の資料によれば、外航日本船舶は、最も多かった1972年に1580隻あったが、2007年にはわずか92隻に落ち込んだ。外航日本人船員は1974年には5万7千人いたが、2006年には約2600人に減ってしまった。同省はこれを「極めて憂慮すべき事態」であると認識している。

なぜ、こうなってしまったのか。1970年代以降、便宜置籍船が普及したからだ。いつしか、島国・日本の輸出入を担う「日本商船隊」の外航船の9割は外国籍になってしまい、日本人船員の仕事が奪われていった。やがては、船員になろうとする日本人が少なくなって、内航船も含め船員の後継者の確保が深刻な問題となってきた。国際競争力の大切さを軽視するべきではないから個々の船主に非難の矛先を向けるべきではないだろうけれども、こうした状況を当然視するべきではない。

「船舶保有会社の設立、船舶の登記、船舶向けの融資契約など諸契約の整備も機動的に行えるため、外国の特別目的会社の利用は広く行われています」と説明する大手商船会社もある。

たしかに、日本の会社法は「機動的」ではないかもしれない。しかし、「機動的」でないことに理由があるのだとすれば、それを回避するのは適切だろうか。

日本の会社法の下では、すべての会社は貸借対照表を公告しなければならない。すべての会社は所在地や役員の氏名、代表取締役の自宅住所を登記して公表しなければならない。タックスヘイブンの会社はそうした情報公開義務をたいてい簡単に逃れることができる。日本で会社をつくるよりもタックスヘイブンでは簡単に会社を設立し、維持できるというメリットを強調する大企業が多いが、それは日本の会社法の規制を逃れる意図を自白したも同然であるように見える。

日本では、会社は、最高税率を個人よりも低く抑えられ、年度を越えて損失を容易に繰り越せるなどさまざまな特典を与えられている。これはタックスヘイブン法人であっても、日本の親会社と所得を合算して日本で納税する場合には同様である。こうした特典を享受しながら一方で日本の会社法の規制を免れるのは、それができない個人の立場から見たときにどうしても不公平に映る。

正体を隠して株価操作

資本市場の健全性の確保のために設けられている法規制を免れようとタックスヘイブンを使う事例もある。

たとえば、ＡＩＪ投資顧問の巨額年金消失事件で詐欺などの罪に問われて懲役15年の実刑判決が確定した浅川和彦《あさかわかずひこ》・元社長は、パナマ文書に自分の名前が出ていることについて、次のように説明した。

「株価操作、言うとまずいけど。つまり、日本の市場に直接出すとうるさいから、外資系を使って注文を出すと。そうすると、外資系が注文を出すと、外人買いだから。わかんないよね。だからあんまり出したくない場合には、そうやってやるんですよ」

つまり、浅川元社長は１９９０年代、名前を表に出せない顧客のために、タックスヘイブンの法人を使って「外人買い」であるかのように装って正体を隠し、日本の株式市場に注文を出し、「株価操作」をしたことがあるというのだ。

株価操作は、当時の証券取引法、現在ならば金融商品取引法で禁止される犯罪行為である。株価を人為的に上げたり下げたりすることで、それを信じた投資家は不測の損を被《こうむ》る。日本の人や会社がそんな注文を出せば、証券取引所に目をつけられ、証券取引等監視委員会や検察に摘発されるだろう。しかし、90年代には、守秘の壁が厚いタックスヘイブンには調査や捜査が及ばない実情があった。

たとえば、山一証券はバハマを使い、オリンパスはケイマンを使い、タックスヘイブンの法人に不良資産を高値で買い取らせて損失を飛ばし、決算を粉飾した。

山一の社内調査報告書によると、１９８８年から93年にかけて、山一は「ニューハイ」「ヒルトップ」「ニュートップ」「ＹＦＢ」の４社をバハマに設立。含み損を抱えた有価証券を引き取らせ、損失を隠した。４社は実体のないペーパーカンパニーで、役員は仮名で登録し、資本関係も山一から切り離し、発覚を防いだ。山一にとってバハマは「会計監査が形式的で、現地や日本の当局の追及も受けない」という利点があった。

オリンパス事件を捜査した東京地検によると、オリンパスは、帳簿に載せることなく、「メディア・トラスト」という名前のファンドをケイマン諸島に設立してもらい、それら簿外ファンドに、オリンパス側から、含み損を抱えた不良資産を取得価額（簿価）で買い受けさせた。このようにして不良資産をオリンパス本体から簿外ファンドに移管して損失を付け替え、損失計上を回避した。

これらは利益を隠して税を回避するのとは真逆の行為だ。損失を隠し、見せかけの利益を水増しし、その結果、余計に税を払うこともあっただろう。このような決算粉飾は証券市場など世の中から架空の信用をだまし取ろうとする行為で、証券取引法や金融商品取引法に違反する。日本国内にペーパーカンパニーをつくって同じ行為をすることもできるが、タックスヘイブンのほうが発覚しづらい。

このように、証券取引法、金融商品取引法の規制から逃避する場所としてもタックスヘイブンは利用されてきた。

ギャンブルヘイブン

ギャンブル規制を回避する場所としても、タックスヘイブンは使われている。

ギャンブルは人を狂わせる。自制心を失わされ、お金が足りなくなって、ウソをついて資金を借りたり、重犯罪に手を染めたりする人も出てくる。家族崩壊や自殺に追い込まれる例もある。国際社会でギャンブル依存症は大きな問題だと認識されている。

日本では、国会での政府答弁や最高裁判例によれば、「賭博行為は、勤労その他正当な原因によらずに、単なる偶然の事情により金銭など財物を獲得しようと他人と相争うものであり、国民の射幸心《しゃこう》を助長し、勤労の美風を害するばかりでなく、副次的な犯罪を誘発し、さらには、国民経済の機能に重大な障害を与えるおそれすらある」「社会の風俗を害する行為」とみなされている。

だから規制がある。日本のように刑法で原則禁止としたうえで、手続きを経て規制に従う場合にだけ、例外的に賭場の開帳を許す運用としている国が多い。

それらの規制の中でも、営業時間や営業場所の制限は特に重要だ。場所の規制があるから、多くの国で、少なくとも自宅ではギャンブルをできない。日常生活とは切り離された賭場、たとえば、パチンコ店や馬券売り場、あるいは、許可を得たカジノに行かなければ、ギャンブルに参加できない。

営業時間の規制があるから、ある時間が来れば終了せざるを得なくなり、現実生活に強制的に戻される。

こうした制約が取り払われて、自宅で手軽に、24時間いつでも、体力の続く限りギャンブルを続けられる環境があったらどうだろうか。

ギャンブル問題に苦しむ家族の相談を長年受けてきた吉田《よしだ》精次《せいじ》医師は著書『家族・援助者のためのギャンブル問題解決の処方箋』（金剛出版、２０１６年）の中で、オンラインカジノやＦＸを含めてギャンブル依存症の対策を論じ、次のように書き記している。

「現金を持たなくてもできるギャンブルがあります。ネット競馬やネットカジノがそれです。（中略）競馬場や競艇場に行っていないから大丈夫、という時代ではなくなりました。

この方法でギャンブルにハマってしまった人にとってはインターネット機能そのものがギャンブルの刺激になります。『そこにアクセスしなければいいことではないか』と思うのはシロウトです。アクセスできる可能性があるだけでギャンブル脳は賦活し始めます」

（同書86ページ）

カジノを含む統合型リゾートの制度設計を検討した日本政府の有識者会議は2017年7月、次のような結論をまとめた。

「依存症予防等の観点からカジノ施設への厳格な入場管理を行う」「実施を認めるカジノ行為は、カジノ施設内で実施されるものに限定すべきである（例えば、カジノ施設外から参加できるオンラインゲームは不可）」（「特定複合観光施設区域整備推進会議取りまとめ」44ページ）

このような実態と規制の必要性があるのに、タックスヘイブンの一部は、国家によるギャンブルへの規制を免れて、インターネット上に賭場を開帳するための根拠地として利用されている。顧客の属する国家によるギャンブル規制をすり抜けさせる装置の舞台としてタックスヘイブンが使われている。そして、ギャンブルにのめり込む人々から吸い上げた資金の行き先は日本国内ではなく、タックスヘイブンとなっている。

これは租税回避の問題ではない。賭博規制回避の問題である。この側面だけをとらえて見れば、「ギャンブルヘイブン」と呼ぶべきなのかもしれないが、それもまた、タックスヘイブンの問題の一断面である。

成長を鈍らせ、格差を拡大

このように日本にせよ、米国にせよ、中国にせよ、フランスにせよ、ロシアにせよ、タックスヘイブンには外部の個々の国家による統制が及びづらい。

タックスヘイブンはたいてい、秘密の厚いベールに覆われて、どのような経済活動がそこで行われているのか、よくわからない。国家にとっても国民にとっても制御不能、実態把握困難である。

国際的な経済制裁の対象になっている密売人、犯罪者たちは、タックスヘイブンに会社をつくって、それを隠れみのにして、経済活動を続けることができる。

犯罪で得た資金をタックスヘイブンの会社に送り、あちこちに動かしたうえで、それを戻すことによって、正当なビジネスで得た資金であるかのように装う「資金洗浄（マネーロンダリング）」も蔓延《まんえん》している。

政治家ら公職者の資産、利益相反、政治資金を透明化するための規制もまた、タックスヘイブンで回避されることがある。

離婚した元配偶者から財産を隠すためにタックスヘイブンを使う人もいる。

規制が回避されることで、その分、その規制が守ろうとしている公益は損なわれる。規制に服する者が結果的に馬鹿を見ることもある。

企業の社会的責任（CSR）の観点から租税回避は好ましくない、という議論がある。企業の税逃れが長期的にはその企業の株主の利益を害すると指摘する論文もある。しかし、そうした議論や指摘だけでは、大企業や富裕層の行動は抑えきれない。

弁護士や会計士らの頭脳が「税金以外の観点からはまったく意味のない馬鹿げた取引」のために使われるのも人類にとっては損害である。「優秀な人材が、租税回避という社会厚生の少ない分野に投入されることは、人的資源上、大きな無駄である」と、森信茂樹《もりのぶしげき》・中央大学法科大学院教授は指摘する（金融財政ビジネス2016年7月14日号「パナマ文書問題を考える」）。

タックスヘイブンは、市場をゆがめ、ひいては、成長を鈍らせ、また、経済格差を拡大させる。余っているところから足りないところへ、あるいは、上から下へと流れるべき資金などの富が、タックスヘイブンに吸い込まれることで、制度の想定する自然の流路から乖離《かいり》して、蛇行し、潜行し、滞留する。

租税法を専門とする中里実《なかざとみのる》・東京大学法学部教授は次のように指摘する。

「課税逃れ取引は、課税の不公平性を引き起こすだけでなく、租税制度の存在故に、課税を逃れようとするための不自然で経済的に無意味な取引が慫慂《しょうよう》されるという点において、深刻な経済的非効率性を引き起こすという問題点を内包したものである。のみならず、それが大規模に行われれば税収が大幅に失われ、国家の存在自体が危ういものとなり、結局、困るのは一般の国民ということになる」（税経通信2014年1月号「納税者になろうとしない存在と租税制度」）

タックスヘイブンは経済格差を増大させる。それは、タックスヘイブンを利用して税逃れをする大企業がいる、ある特定の国における現実である、というだけではない。日本や米国、中国、英国、フランスの国内で貧富の差を拡大させている、というだけではない。アフリカの貧しい国々と欧米の先進国との格差、南北の格差を拡大させる原因にもなっている。さらに、利用されるタックスヘイブン自身、その内部の格差を拡大させている。タックスヘイブンでは一般に、金融や法務の産業ばかりが比重を増して、それに携わる高所得者らに都合のいい間接税重視の税制になりがちだ。農業や観光業は育ちづらく、物価はインフレぎみ。金融や法務の専門家ではない一般の人々の生活は苦しい。それがタックスヘイブンの現実である。

タックスヘイブンをその名前に引きずられて「タックス」の側面だけから見ていては問題を間違って認識することになり、したがって解決策も誤る。タックスヘイブンの問題は税逃れだけでなく、もっと幅広く、究極的には、個々の多くの人々の自由、人権を害する結果を招来するかもしれない不条理な制度欠陥である、ということを忘れるべきではない。

税の問題は一断面に過ぎない。税制も含め、さまざまな政府の規制が回避されている。ひいては、民主主義国で国の統治機構が守ろうとする個々の国民の人権が害されている。パラダイス文書にも、パナマ文書にも、それが投影されている。

報道を受けての各国の対応

中米パナマの法律事務所「モサック・フォンセカ」から流出した1150万点の電子ファイル群「パナマ文書」に基づく報道は2016年4月3日（日本時間では4日未明）、約80カ国の100余の報道機関が参加して同時一斉に始まった。

この報道を主導した国際調査報道ジャーナリスト連合（ＩＣＩＪ）の同年暮れのまとめによると、欧州や米州の大部分の国々、韓国、インド、豪州を含む約80カ国で少なくとも１５０件の捜査・検査・訴追・逮捕がパナマ文書をきっかけに行われた。法人を含め６５００の納税者が当局の調査の対象となり、コロンビアやメキシコ、スロベニアなどの当局がパナマ文書の情報を使って少なくとも約1億1千万ドル（１２１億円）相当の資産を差し押さえた。さらに数十億ドル（数千億円）が脱税の疑いで追跡の対象となっているという。17年2月には、震源地となった「モサック・フォンセカ」の創業者２人がパナマ当局に資金洗浄の容疑で勾留された。

日本では、国税当局が、パナマ文書に名前があった日本関連の個人や法人について、17年6月までの約1年間に数十件の税務調査を行い、所得税など総額31億円の申告漏れを見つけた。自主的に数億円規模の修正申告をした個人も複数いたとされ、パナマ文書をきっかけに把握した申告漏れは少なくとも40億円弱に上るとみられる。

パナマ文書の報道では、このほか、アイスランドのグンロイグソン首相ら12カ国の現旧指導者14人とタックスヘイブンの関わりが明らかにされた。英国のキャメロン首相の亡父や中国の習近平《シーチンピン》国家主席の義兄の会社、パキスタンのナワズ・シャリフ首相の息子や娘の会社も見つかった。この結果、16年4月にグンロイグソン首相が辞任。翌17年7月にはシャリフ首相が辞任に追い込まれた。

各国で、あるいは、国際社会で、タックスヘイブンと闘うための制度の新設や改正も少しずつ進んでいる。

パラダイス文書についても、各国の当局は対応を始めている。

欧州議会は、パナマ文書の報道を受けて16年6月に調査委員会を発足させ、翌17年に勧告をまとめたが、18年2月には、今度はパラダイス文書の報道を受けて新たな特別委員会を設けた。

日本の国税庁は16年10月に「『国際戦略トータルプラン』に基づく取組方針」を公表し、17年12月にそれをアップデートした。そこには次のように書かれている。

「近年、経済社会がますます国際化している中で、『パナマ文書』、『パラダイス文書』の公開やBEPS（税源浸食と利益移転）プロジェクトの進展などにより、国際的な租税回避行為に対して、国民の関心が大きく高まっている」

「国際戦略トータルプランの各取組を推進し、課税上問題がある場合には、積極的に調査等を実施するなど適切に対処していく」

ならばどうすればいいか

タックスヘイブンの問題に私たち個々人はどのように対処すればいいのだろうか。

きわめて重要なのは、内部告発と調査報道、そして、それらを育む世論である。

日本政府の税制調査会で会長を務める、前出の中里教授は次のように指摘する。

「適切な立法を行うためには、正確な情報収集が不可避である。立法のための情報収集権限としては、議員の国政調査権が存在するが、それは、私人や私企業から情報を入手する権限ではない。また、行政庁にも、政府による立法のための特別な調査権限が与えられているわけではない。（中略）課税逃れ取引は専門技術的な取引であるのみならず秘匿されている行動であり、直接的な調査権限を持たない国会や政府が情報を集めようとしても、難しい点があるという点は認めないわけにはいかないであろう」（税経通信2014年1月号「納税者になろうとしない存在と租税制度」）

だから専門の研究者による理論的な検討が必要だと中里教授は主張を展開するが、ここでは同様に、国家機関にできることが限られているから、そのゆえにこそ内部告発と調査報道が必要だという結論を導き出すことができる。調査権限を持つ人がだれもいないからこそ、告発者による情報提供がより切実に求められており、また、それを生かして世の中に問題を明らかにする調査報道がより重要である、ということがいえる。

フランス政府の元経済・財務相で欧州連合（EU）の閣僚に相当する欧州委員（税制担当）を務めるピエール・モスコビッシ氏はICIJのインタビューに次のように語る。

「ICIJはとてつもなく大きな仕事をしました。それは公益に資するものでした。タックスヘイブン、脱税、濫用《らんよう》的な租税回避との闘いに勢いを与えてくれました」

「私は、あなた方がしてきたことにとても感謝しています。あなた方がいなければ、私たちが近年成し遂げたことのほとんどはなかっただろうと私は思います」

調査報道によって実態が明らかにされることで世論が喚起され、それによって初めて問題が認識され、対策が立案される。そして、その調査報道の起爆剤は、多くの場合、内部告発であり、潜在的な内部告発者に勇気を与えるのは、彼らを歓迎し、励ます世論である。

逆に言えば、世論が弱く、調査報道が薄い国では、問題は放置されがちとなる。タックスヘイブンはそうした問題の典型である。

他人事《ひとごと》ではなく、我が事として、タックスヘイブンの問題を知ろうとし、それの是正を求める国際世論をつくるのは、社会の構成員である私たち個々人である。パナマ文書、パラダイス文書の報道とそれを取り巻く世論や国際社会、各国政府の動きは、そうした教訓を私たちに教えてくれている。

パラダイス文書には、何が書かれていたのか——。文書をもとに、ＩＣＩＪと各国のメディアは数多くのニュースを報じてきた。代表的なトピックスを紹介する。

パラダイス文書アーカイブ

パラダイス文書、質の高い情報

過去の秘密文書に比べ、パラダイス文書は「情報の質」において突出している。電子メールや議事録など、生々しい記録はタックスヘイブンの実態を浮かび上がらせる。日本や米国をめぐる情報量も過去にないレベルだった。

パラダイス文書のファイルサイズは1・4テラバイト。これはICIJが手がけた2013年以降の一連の報道における秘密文書のなかで、パナマ文書（2・6テラバイト）に次ぐ大きさだ。文書の数にすると、1340万点に及んだ。膨大なデータには、タックスヘイブンを利用する企業名などにとどまらず、その利用実態を示す電子メールのやりとりや、詳細な議事録なども含まれ、「情報の質」も高かった。

文書の主要な流出元は法律事務所「アップルビー」。この事務所の顧客に関連して登場する住所・所在地としては、米国がダントツの3万件超。日本も1千件を超え、世界18位の多さだった。ほかにも英国や中国など、世界の大国の人々がこぞってタックスヘイブンを利用してきた事実が浮き彫りになった。

ICIJが手がけた主な報道プロジェクトとその根拠となった秘密文書

ファイルサイズの比較

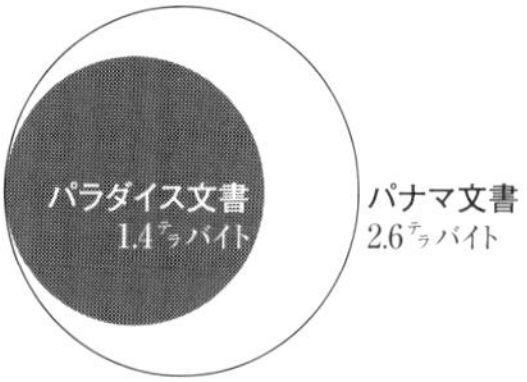

パラダイス文書の中核を占めるアップルビーの内部文書には日本の地名が多く登場する

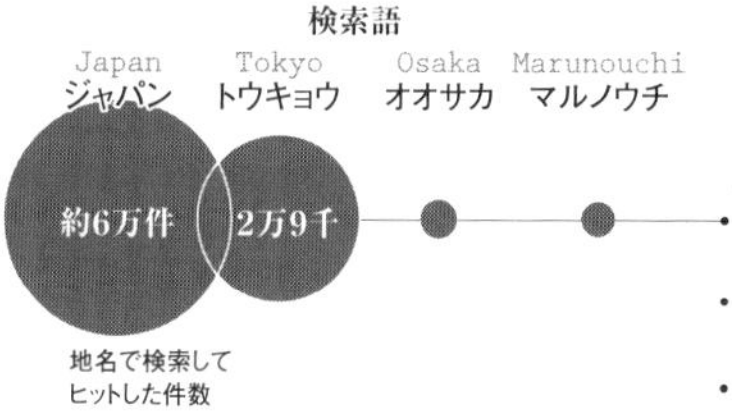

2013年4月報道開始
オフショア・リークス
シンガポールと英領バージン諸島の法人設立サービス提供会社の内部文書（260ギガバイト）

2014年11月
ルクセンブルク・リークス
大手会計事務所PwCのルクセンブルク法人が同国の税務当局と交わした文書など（548件）

2015年2月
スイス・リークス
英金融大手HSBCの富裕層向けサービス部門の口座関連情報

2016年4月
パナマ文書
中米パナマの法律事務所モサック・フォンセカの内部文書（2.6テラバイト）

2016年9月
バハマ・リークス
カリブ海の島国バハマの登記情報（38ギガバイト）

2017年11月
パラダイス文書
- 法律事務所アップルビーの内部文書
- シンガポールの法人設立サービス会社アジアシティの内部文書
- 19の国・地域の登記情報

（計1.4テラバイト）

【パラダイス文書の概要】
データ量：計1.4テラバイト（電子データ1340万点）
期間：1950年～2016年
種類：Eメール、契約書、銀行口座、データベース、出資のスキームを描いたチャート、タックスヘイブン法人の役員会の議事録など
法人数：約２万5000
国・地域数：180
分析と取材：67カ国、96報道機関の記者ら382人が参加

米国に関わる情報、続々と

パラダイス文書には、米国に関わる情報が豊富に含まれていた。米国の有力政治家たちが、表に出ないところでタックスヘイブンと深いつながりを持ち続けてきたことが明らかになった。

米政権の閣僚、ロシア企業から利益

米トランプ政権のウィルバー・ロス商務長官が、英領ケイマン諸島にある複数の法人を介して、ロシアのウラジーミル・プーチン大統領に近いガス会社との取引で利益を得る構図が明らかになった。ガス会社の主要株主には、プーチン氏の娘婿や、米国の制裁対象である実業家らが含まれていた。《1章に詳報》

別の閣僚ら12人の名も

トランプ政権関係者は、閣僚や有力支援者など、ロス氏以外にも12人の名前が判明した。レックス・ティラーソン国務長官（２０１８年3月解任）は、米石油大手エクソンモー

ビルの前会長だ。同社でイエメンを担当していた1997〜98年、現地で石油ガス事業の共同企業体（JV）の取締役に就任。この会社は英領バミューダ諸島が拠点だった。

ドナルド・トランプ氏が、米連邦準備制度理事会（FRB）の理事兼金融監督担当の副議長に指名したランダル・クオールズ元財務次官は、かつて経営に関わった投資会社に関連して、ケイマン諸島の二つの非課税法人の役員を務めていた。ゲーリー・コーン国家経済会議議長は、米金融大手ゴールドマン・サックス（GS）の元社長。2000年代前半には、バミューダ諸島に設立された20社の社長を務めていた。いずれもGS社のファンドと提携する企業だった。

米政治動かす富裕層、次々

2016年の米大統領選時に巨額の献金をしたカジノ王や投資家らが、タックスヘイブンを利用していた。朝日新聞の取材では、主な献金者のうち、文書に名前が載っていた計5人だけで計1・8億ドル（198億円）に上る。ヒラリー・クリントン元国務長官だけでなく、選挙戦で既得権層を激しく批判したトランプ氏もこうした献金に支えられていた。

《1章に詳報》

カナダ首相腹心、脱税か　政策と相反

カナダのジャスティン・トルドー首相の政治活動を支えてきた投資家が、巨額の資金をタックスヘイブンで運用していた。「税の公平負担」を掲げる政治姿勢が支持されてきたトルドー氏の周辺に、脱税の疑いが浮上した。

トルドー氏は2015年に首相に就任。父ピエール氏も1960～80年代に首相を務めた政治家一族だ。「パナマ文書」報道の際、トルドー氏は「公平な納税を逃れる特定の富裕層がいることがわかった」と批判。税逃れ対策として、3億米ドル（330億円）以上の予算を追加すると表明した。

そのトルドー氏の金回りを支えてきた一人が、カナダ随一の大富豪一族の子孫として知られる投資家ステファン・ブロンフマン氏だ。15年の総選挙では、友人のトルドー氏から党の資金調達役トップを任されていた。

カナダのトルドー首相

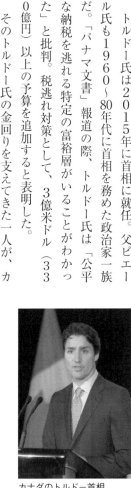

パラダイス文書によると、ブロンフマン一族の投資会社は90年代から英領ケイマン諸島にある信託会社に巨額の資金を移して運用してきた。記録では、２００２年には「無利子」で４１０万米ドル（4億5千万円）をケイマンへ融資のかたちで移していた。国際租税の専門家は「関連する当事者間での無利子融資は一般的に違法」と指摘する。04年には利子を払ったように装った後、別の名目で資金を戻した記録もあった。いずれも、融資を装って資金をタックスヘイブンへ流れさせ、課税を逃れていた可能性がある。

また、この信託会社はケイマン諸島が本拠だが、実際はカナダから運営していたことをうかがわせる文書もあった。カナダの法律は「実態として経営判断がされている場所で納税する」としており、ケイマン諸島がみせかけの所在地だった場合は、違反の疑いがある。ブロンフマン氏の弁護士はＩＣＩＪの取材に「租税回避をした取引や企業は一切ない」などと回答した。

カナダ歳入庁の報道官は、報道を受けて「カナダの法人の関わりを精査している」との声明を発表。トルドー首相は、「違法行為はないと説明を受けた」と語り、問題はないとの認識を示した。だが首相自身が税の公平負担を主張してきただけに、野党側は「国民は納得していない」と反発。徹底的な調査を求めている。

「楽園」に集う大物たち

パラダイス文書には、数々の著名人の名前も登場した。王族、スポーツ選手、歌手……。多額の資産は、タックスヘイブンへと流れていた。

◎英女王、租税回避地で資産運用

英国のエリザベス女王は２００５年、英領ケイマン諸島のファンドに７５０万ドル（８億２５００万円）の個人資産を投資。３年後に36万ドル（３９６０万円）の分配金を受けていた。女王のお金はこのファンドを通じ、高金利の家具販売で英国議会や消費者団体から批判された企業にも投資されていた。《1章に詳報》

◎Ｆ１王者、ジェット機購入で税還付

２０１７年のＦ１世界王者のルイス・ハミルトン選手

がジェット機購入の際、タックスヘイブンを使い330万ポンド（4・9億円）の税還付を受け、納税を逃れていた。ハミルトン選手は、12年ごろにジェット機「ボンバルディア・チャレンジャー605」を2680万ドル（29億円）で購入した。

本来、欧州連合（EU）内でジェット機を購入したり、輸入したりする場合は付加価値税（消費税に相当）を払う必要がある。だがハミルトン選手は、英王室属領のマン島で「商業用のジェット機」として輸入手続きをとり、4・9億円の税還付を受けた。

取材では、ハミルトン選手はペーパーカンパニーを通じて輸入し、プライベートにも利用しているなど、還付の条件を満たしていないとみられる。マン島はEU課税ルールの適用が緩いことで知られ、抜け穴として利用したかたちだ。ハミルトン選手の代理人は「マン島の企業には実体があり、購入は商業用だ」と反論した。《2章に詳報》

◎ロックバンド「U2」の歌手ボノ氏

マルタの法人を通じて、リトアニアでショッピングセンター（SC）運営などを手がける会社を共同所有。この会社は2010年、実際には収益があったのにSCの資産価値を引き下げることで損失があったように申告し、16年まで税金を払っていなかった。ボノ氏は社会活動家として貧困撲滅やアフリカ救済に取り組み、「自分はタックスヘイブンの法人の透明性を高めようと呼びかけてきただけに、深刻に受け止めている。報道を歓迎したい」と釈明した。パラダイス文書の報道がきっかけとなり、税務調査を受けていた会社は、追徴課税として計5万3千ユーロ（716万円）を納税することで税務当局と合意した。

「U2」のボノ氏

◎米歌手のマドンナ氏

英領バミューダ諸島の医薬品関連会社の株を保有する。ICIJの取材に答えず。

◎ローマ・カトリック教会の聖職者、故マルシアル・マシエル神父

「キリスト軍団」という修道会を創設し、「カトリック最大の資金貢献者」と称される一方で、神学生への性的虐待容疑で告発された人物。カトリック教会は、その資産を運用する団体がマネーロンダリング（資金洗浄）などの不正に長年関わってきたと指摘されている。

◎ヨルダン前国王の妻ヌール王妃

英王室属領ジャージー島にある二つの信託会社の受益者。「亡き国王からの遺産は、常に法と規則に従って処理されてきた」と回答。

◎ブラジルのエンリケ・メイレレス財務相

バミューダに「慈善目的」で財団を設立。ブラジル中央銀行総裁も務めた人物。

◎米投資家のジョージ・ソロス氏

ＩＣＩＪに慈善団体を通じて寄付している投資家だが、タックスヘイブンに置いた組織の運営に関し、アップルビーを利用。取材には回答せず。

◎米ネットオークションサイト「ｅＢａｙ」創設者のピエール・オミディア氏

ケイマン諸島の金融商品を所有。「投資はすべて税務当局に開示している」と回答。

ナイキ、ロゴ利用し税逃れか

米スポーツ用品大手のナイキ社が、スニーカーや帽子など同社製品にあしらうロゴ「スウッシュ」の商標権をタックスヘイブンに置くことで、欧州での販売収益への課税を逃れていた疑いがある。

巨額のマネーが流れ込むスポーツ界のビジネスも、タックスヘイブンと深くつながっていた。ナイキ製品の象徴である「スウッシュ」は、1971年に商標権が米国で登録された。このロゴが、税逃れに一役買っていた。

パラダイス文書の記録などによると、同社は英領バミューダ諸島に子会社を設置。ここに、欧州での販売に使うロゴの商標権を持たせた。2005年から10年間、この子会社は、欧州じゅうで売り上げたナイキ製品の販売収益の一部を、「ロゴ使用料」として受け取っていた。なぜ、ロゴの権利を持つ会社を、欧州本社から分離する必要があったのか。欧州での商品販売はオランダにあるナイキの欧州本社が担っている。欧州じゅうからここに集まった収益をタックスヘイブンに移せれば、納税額が減る。その道具がスウッシュだった。

「ロゴの使用料」名目で子会社にお金を支払えば、欧州本社の見た目の「利益」が減り、したがって納税額も低く抑えられる。こうした利益移転を可能にする許可を05年からの10年間、ナイキ社はオランダ政府から与えられていた。オランダは税収を失う代わりに、ナイキの進出で国内に雇用を生むことができる。

米国の訴訟記録によると、10〜12年の3年間だけでも38億6千万ドル（4300億円）が、欧州本社からバミューダの子会社に移された。この子会社は、スタッフも事務所もない「ペーパーカンパニー」だった。

同社はICIJの取材に「ナイキは規制に完全に従っている」と回答した。

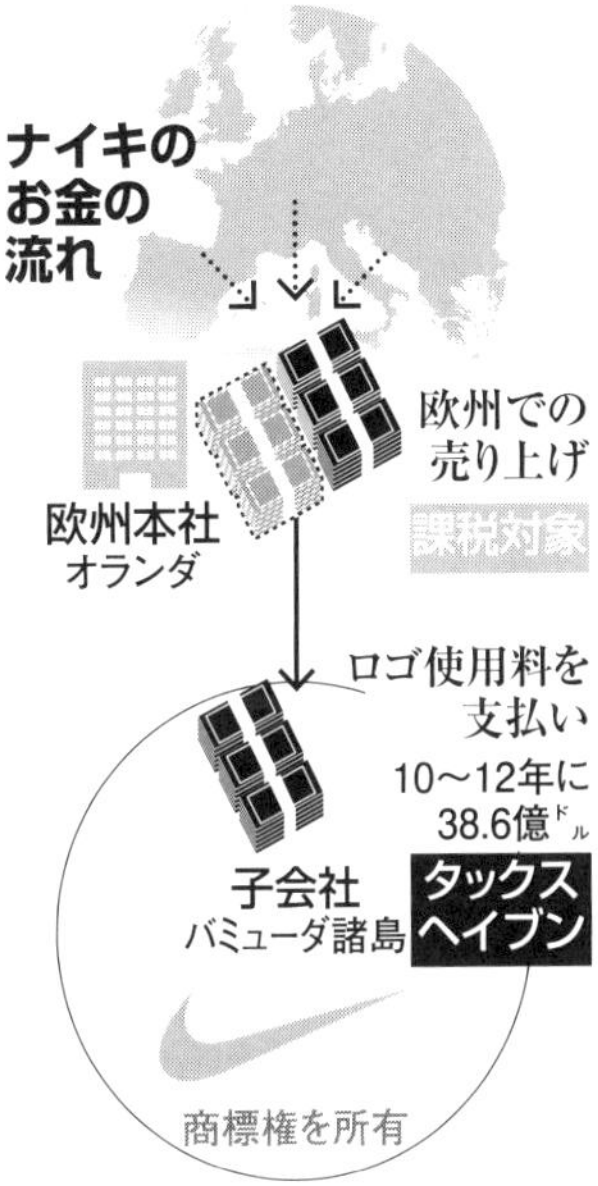

フェイスブックやツイッターにロシアマネー

米国では、ロシアによるSNSへの投稿や偽ニュースを通じた情報工作が大統領選に影響を与えたとして問題となったが、パラダイス文書はSNS大手にロシア政府系の投資が流入していることを明らかにした。

ロシア政府系の銀行や企業の資金が、プーチン氏に近い著名投資家ユーリ・ミルナー氏が創設したファンドを通じて、SNS大手の米ツイッター社と米フェイスブック（FB）社に流れていたことがわかった。

ミルナー氏がフェイスブックやツイッターなどに初期投資を行い、巨万の富を得たことは以前から知られていた。しかし、ロシア政府系の投資がその資金源の一部となっていたことが、初めて明らかになったかたちだ。

ロシア国営のVTB銀行は、ミルナー氏のファンドに1・9億ドル（209億円）を投資。ファンドは2011年、この資金でツイッター社の株を大量購入した後、株式公開後の14年に高値で売却した。

またロシアの政府系天然ガス独占企業ガスプロムの子会社も、英領バージン諸島の企業へ数億ドルを貸し付けた。この企業はミルナー氏のファンドに投資。ファンドは09～11年にフェイスブック社の株式を購入し、13年までに売却した。

ミルナー氏はＩＣＩＪの取材に対し、「投資は政治とは全く関係がない」と回答。国営銀行がツイッター社の経営に携わる権利を持ったことなどもないとした。ツイッター社とフェイスブック社は「ミルナー氏からの投資については適切に調査した」と回答した。

FBのCEOマーク・ザッカーバーグ氏(左)とロシアの著名投資家ユーリ・ミルナー氏＝13年２月、ロイター

SNS大企業に流れ込んでいたロシアマネー

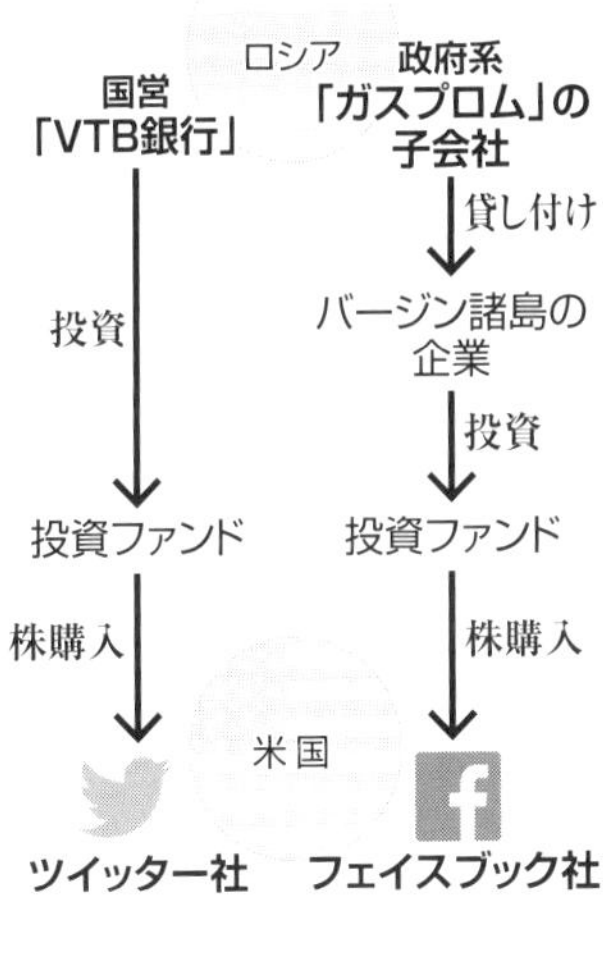

米アップル、子会社を別の租税回避地に移転

アイルランドの子会社に利益を移して米国での課税を逃れていると米議会から追及されたアップル社。規制強化に新たなタックスヘイブンを求めた。

米アップルは、アイルランドの子会社に全世界の6割近い利益を集めてきた。米議会や欧州連合（EU）はこの手口を、他の国で主に税を払っているなら法人税を課さないという同国の制度を悪用した税逃れだ、と批判した。

2013年5月の米上院公聴会で、ティム・クック最高経営責任者（CEO）は「負担すべき税は払っている」と反論した。しかしその10カ月後、アップルが新たなタックスヘイブンを探していたことが、パラダイス文書からわかった。批判に耐えかねたアイルランド政府が税の規制強化を決めたことが背景にあるとみられる。

14年末、アップルは子会社をタックスヘイブンの英王室属領ジャージー島に移転した。文書が報道された17年11月6日、アップルは声明で子会社移転を認めた。だが、「すべての国々で完全な納税義務を果たしている」と説明した。《2章に詳報》

米企業が税逃れ　仏大統領選で雇用の象徴

米家電大手ワールプールが、タックスヘイブンを使って、ため込んだ利益の課税を逃れていた。フランスでは労働者の怒りに火をつけた。

同社は英領バミューダ諸島などにペーパーカンパニーを設立。2015年に上げた10億ドル（1100億円）以上の利益を世界中の子会社間で回遊させ、適用税率を引き下げていた。

こうした税逃れが明るみに出ると、仏国内では反発が広がった。同社は17年初め、「人件費の節約」を理由に、仏北部アミアンで操業する工場を閉鎖し、ポーランドに移すことを決めていたからだ。

グローバル化の弊害が争点になった同年5月の仏大統領選では、この工場が「フランスの雇用」の象徴になった。「自国第一」を唱える右翼・国民戦線のマリーヌ・ルペン党首が「私が工場を救う」と訴えるなど「移転阻止合戦」が過熱した。大統領選後、同社は別会社に工場を引き継ぐと発表。仏政府も資金を出すかたちで閉鎖自体は免れた。

米英の有名大学、タックスヘイブンに投資

スタンフォード大など米国の104大学や、英オックスフォード大をはじめとする各国の名門大学が、タックスヘイブンのファンドに投資していた。税逃れが主な狙いとみられる。報道を受けた学生の抗議活動も起きている。

名門として知られる米テキサス大学。法律事務所「アップルビー」が2008年、ある文書を作成した。「税の優遇措置を受けるため、英領ケイマン諸島にテキサス大の免税会社を作る」――。今回流出した文書からは、アップルビーが米英の大学にも税逃れを指南していたことがわかった。米英の大学は、寄付金などによる基金をタックスヘイブンのファンドに投資し、運用していた。

米国の大学は一般的に法人税がかからないが、教育以外で得た収益は課税対象になり得る。専門家によると、米国の大学の多くは寄付金の基金を学外に設け、運用益を大学本体に流している。文書にある米104大学の基金の総額は5千億ドル（55兆円）以上で、投資収入の割合は日本の大学と比べてはるかに大きい。

投資先は、税金を「ブロックする（阻む）」ことから「ブロッカー企業」と呼ばれるファンドばかりだった。「所得税対策」との記載を含む文書もあり、本国での課税を逃れるとともに、運用益を得る狙いとみられる。

米スタンフォード大やコロンビア大は、バミューダのファンドの株主だった。英オックスフォード大は２００６年、英王室属領ガーンジー島のファンドに３４０万ドル（３・７億円）を投資。英ケンブリッジ大も、同島に１７０万ドル（１・９億円）を投資していた。

ケンブリッジ大では報道の後、キャンパス近くで学生が抗議活動をした。エセックス大のプレム・シッカ名誉教授（会計学）は、英ガーディアン紙の取材に「公的機関で公金も入る大学は、投資先の透明性を高める必要がある」と指摘する。

パラダイス文書に載り、タックスヘイブンを利用していた主な大学

大学	ランキング
オックスフォード大	1
ケンブリッジ大	2
スタンフォード大	3
プリンストン大	7
ペンシルベニア大	10
ジョンズ・ホプキンス大	13
コロンビア大	14
デューク大	17
コーネル大	19

上位２校は英国、以下は米国。ランキングは、英国の教育専門誌「タイムズ・ハイヤー・エデュケーション」が教育環境などを踏まえて発表

音楽使用料、タックスヘイブンで管理

カーペンターズや「レゲエの神様」ボブ・マーリーの楽曲など2万6千曲以上について、大手音楽グループの傘下企業は、タックスヘイブンにファンドを設け、著作権を保有させることで使用料収入への課税を逃れていた。

英王室属領のジャージー島に、1940年代以降のジャズやロックなど2万6千曲以上の著作権を保有するファンドがあることがわかった。楽曲が使用された米国や英国などからの課税を免れていて、日本からの支払いもあった。

日本では主に日本音楽著作権協会（JASRAC）が楽曲の著作権を管理している。1曲あたりの使用料は基本的に定額で、作詞・作曲家に分配される仕組みになっている。海外では著作権そのものが財産として売買されることも多い。資産価値や、得られる使用料も変動する。

グラミー賞歌手のシェリル・クロウは2009年、自作の153曲分の著作権をファンドに1400万ドル（15・4億円）で売却。95年にグラミー賞を受賞した「オール・ア

イ・ワナ・ドゥー」も含まれていた。

ザ・トランプスの70年代のヒット曲で、人気ドラマ「グリー」の劇中曲になった「ディスコ・インフェルノ」は09～10年に60万ドル（6600万円）以上を稼いだ。同期間に、このファンドが保有する曲の中で最高額だった。ファンドは、ジョン・デンバーの名曲「カントリーロード」や、ジャズの巨匠デューク・エリントンの曲も保有していた。

これらの名曲に対する使用料はタックスヘイブンに支払われ、課税されない仕組みだった。

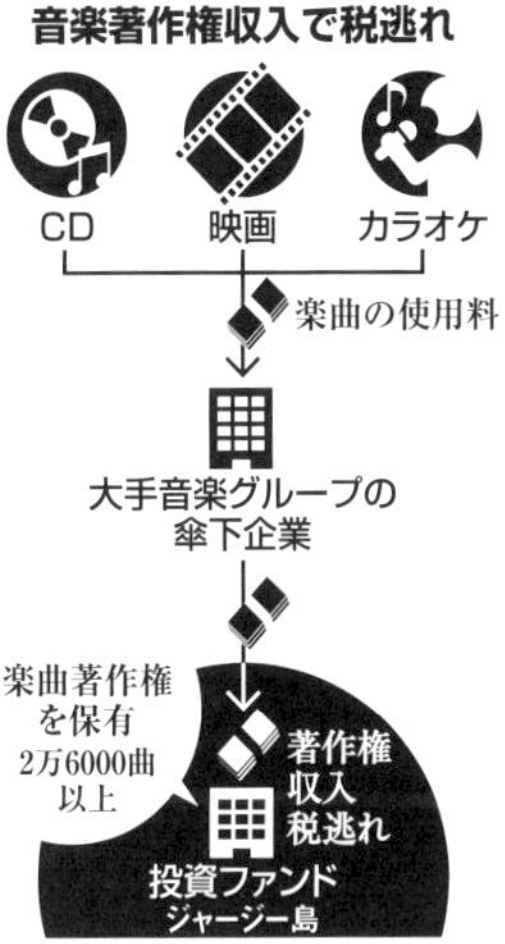

《ファンドが楽曲を管理していた主な歌手・バンド》リチャード・ベリー、チャビー・チェッカー、レオン・ラッセル、カーペンターズ、ジェファーソン・エアプレイン、ボブ・マーリー、ブルックス・アンド・ダン、ケリー・クラークソン、フィンガー・イレブン、スキッド・ロウ

環境軽視の企業へ融資　租税回避地隠れみの

インドネシアの熱帯林で環境破壊を指摘される大手製紙会社が、タックスヘイブンの法人を介して大手銀行から融資を受けていた。環境配慮に欠ける企業への批判が高まるなか、タックスヘイブンが隠れみのに利用された構図だ。

問題のエイプリル社は、インドネシアの2大製紙会社の一つ。スマトラ島に世界最大級の紙パルプ工場を持ち、安価なコピー用紙などは日本にも輸出されている。一方で、違法な森林伐採で供給元が罰金を命じられるなど、環境破壊がたびたび問題視されてきた。

近年は欧米の企業や銀行を中心に、環境への配慮に欠ける企業との取引を控える傾向にある。だがエイプリル社はタックスヘイブンに迂回《うかい》させる仕組みで、欧州の大手銀行などから多額の融資を受けてきた。

パラダイス文書によるとエイプリル社は2010年、クレディ・スイスなど複数の大手銀から1・8億ドル（198億円）以上の融資を受けた。融資は英領バージン諸島の二つの法人を経由していた。専門家は「ペーパーカンパニーを通すことで、環境法に反する企業と銀行との関与が見えづらくなっている」と指摘する。また、融資の際にエイプリル社が環境を軽視する主張をしていた記録も文書から見つかった。11年にオランダの金融大手ABNアムロなどと融資契約を結んだ際、当初の契約書には「将来にわたり環境法の変更に対応すること」を借り主に求める条項があった。だが「銀行側が将来まで監督するのは面倒だろう」とエイプリル社が指摘。最終的に削除されていた。

国際環境NGO「FoEジャパン」の三柴《みしば》淳一《じゅんいち》理事は、「環境に配慮しているかどうかは、金融機関が融資を続けるかどうかの判断にも影響する」と指摘する。

エイプリル社は環境破壊の批判を受けてきたが、タックスヘイブンを受け皿にすることで、融資を受け続けられたとみられる。エイプリル社は「関連するすべての法律や規制に従っている」と回答した。

インドネシアの製紙会社への複雑な融資の流れの一例

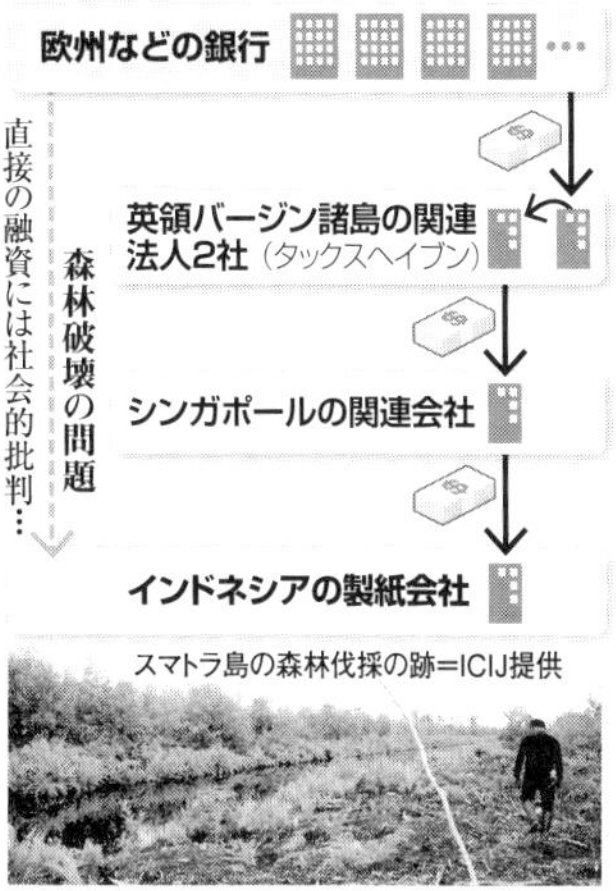

スマトラ島の森林伐採の跡＝ICIJ提供

資源商社、最貧国へ税を払わず

資源商社グレンコアは、西アフリカ・ブルキナファソの「ナントウ鉱山」を、英領バミューダ諸島にあるペーパーカンパニーを通じて所有することで、課税を逃れていた。

天然資源の取引を手がけるグレンコアは、この分野では世界トップレベルの売り上げを誇る。スイスの企業だが、各地のタックスヘイブンに関連会社を持っている。

ナントウ鉱山については、バミューダ諸島の会社を通じて開発を手がけてきた。鉱山で得た利益に対しては、本来はブルキナファソで税金を払う必要がある。ところがグレンコアは、架空の請求書などを使ってタックスヘイブンに利益を移すことで、課税を逃れてきた。２０１４〜15年には、ブルキナファソで法人税を一切払っていなかった。

ブルキナファソは世界最貧国の一つとされ、子どもたちの３人に１人は発育不良に苦しんでいる。本来は地元の生活を豊かにするはずだった天然資源による利益が、タックスヘイブンを通じて流出している実態が浮かび上がった。《3章に詳報》

モーリシャスに吸い込まれるアフリカの収益

インド洋に浮かぶアフリカの島、モーリシャス。サトウキビ畑に覆われていた国は、半世紀で国際金融都市に変貌《へんぼう》した。

2012年、アップルビーのモーリシャス支店は、ペーパーカンパニーの設立を手助けする。依頼主は、香港系の総合水産業「パシフィック・アンデス」。ナミビアで手がける漁業ビジネスのために、わざわざモーリシャスに子会社を作ったのだ。

モーリシャスは、多くのアフリカ大陸の国々と租税条約（二重課税回避条約）を結んでいる。この島に拠点を置き、そこからアフリカに投資すれば、税率を低く抑えられる仕組みだ。それが、「パシフィック」社がモーリシャスに子会社を構えた理由だった。

だがこの過程で、アフリカ大陸は税収を失う。潤うのは、税を回避できた多国籍企業やそれらを顧客とする法律事務所。そして、こうした企業で雇用が生まれるモーリシャスだ。

この島に蓄えられた海外企業の資産は、約6300億ドル（69・3兆円）。この国の国内総生産（GDP）の50年分にあたる。《4章に詳報》

日本の元首相ら議員3人

日本の元首相や元副大臣を含む国会議員経験者3人の名前が見つかった。資産公開で記載されていなかった投資も出てきた。

鳩山由紀夫元首相は政界を引退した翌2013年、英領バミューダ諸島に設立され、香港が拠点の石油・ガス会社「ホイフーエナジー」の名誉会長に就任。この人事を掲載した年次報告書などがパラダイス文書に含まれていた。

旧民主党元参院議員で元総務副大臣の内藤正光氏は06年、英領ケイマン諸島のファンドに10万ユーロを投資したことを示す書類があった。当時の為替レートで約1500万円。09年の副大臣としての資産公開では、その記載がない。内藤氏は取材に、「タックスヘイブンとは知らなかった。何ら違法なことはしていない」と説明した。

文書には旧みんなの党元参院議員の山田太郎氏の名前と住所もあった。山田氏は「中国でシステム開発会社を買収したら、たまたまケイマンの会社だった」としている。《5章に詳報》

著名漫画家ら、不動産事業出資

「ドラゴンボール」「ドクタースランプ」などで知られる漫画家の鳥山明《とりやまあきら》氏ら日本人12人が米国の事業体に出資したことを示す資料もあった。

資料は事業体を設立した際の権利関係を示す契約書で、出資者リストには化粧品「ドクターシーラボ」で知られるシーズ・ホールディングスの城野親徳《しろのよしのり》会長の名前などもあった。朝日新聞の2005年の報道や税務訴訟の記録によると、この事業体は出資金や借入金で中古アパートを購入。出資者はリース事業で生じた減価償却費などの赤字を本業の黒字と合算して所得を少なく申告した。国税当局は「税逃れ」と判断。別の事業体への出資者を含め、全国の二十数人に03年分までの3年間で三十数億円の申告漏れを指摘した。課税処分の取り消しを求めて出資者の一部は最高裁まで争い、15年に敗訴が確定した。鳥山氏は取材に、「僕自身日々多忙のため、基本的に税務面等はおまかせにしており、お話しできることが本当に何もありません」と書面で回答した。城野氏にはシーズ・ホールディングスを通じて取材を申し込んだが、同社広報は「取材をお断りします」と回答した。

租税回避地、日本企業からも

パラダイス文書には、日本の法人や個人も数多く登場する。国内の地名をもとに調べると1千超。これまで見えにくかった日本企業によるタックスヘイブンを利用したさまざまな取引の一端が浮かび上がった。

◎丸紅、複雑な投資枠組み

大手商社・丸紅は、英領ケイマン諸島に資本金1ドルで設立した特別目的会社（SPC）を通じ、重工大手・IHIの航空機エンジン開発プロジェクトに投資した。販売代金の一部を配当として受け取る契約だという。

文書によると、投資額は2007～10年で少なくとも7060万ドル（77・7億円）。丸紅は投資の際、複雑な仕組みをつくり、グループ間で資金を回していた。（1）ケイマンにある丸紅の金融子会社がSPCに貸し付け、（2）SPCがIHIに投資、（3）丸紅本社からSPCに資金を拠出、（4）SPCが金融子会社に返済、といった手順だ。

日本企業間の投資でケイマンのSPCを経由させたことについて、丸紅は「航空機業界は米ドルで決済するため、為替リスクの軽減を図った」と説明。日本にはタックスヘイブンにある法人について、実体がある場合などを除き、所得を国内の所得と合算して課税するタックスヘイブン対策税制があり、丸紅は「税制の対象会社で、適正に税務申告している」とした。ＩＨＩは「個別契約の詳細は差し控えたい。なぜ丸紅がケイマンの子会社を通じて支払うかたちにしたのかはわからない」としている。

航空機エンジン開発をめぐる投資の仕組み

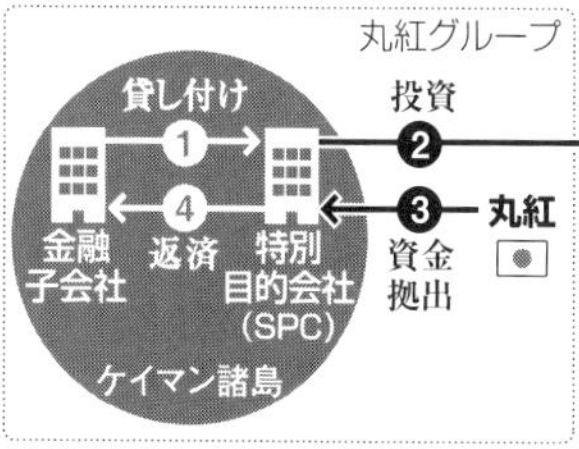

パラダイス文書から

◎日本郵船と大阪ガス子会社

海運大手・日本郵船と大阪ガス子会社は２００６～09年、中東から日本に液化天然ガスを輸送するため、共同出資で六つの船舶投資会社を英領ケイマン諸島に設立。タンカー3隻を運航している。日本郵船によると、海運業界では、船や船員の管理がしやすく、経費が抑えられる国に船籍を置く「便宜置籍船」がよく使われているという。パラダイス文書から見つかった投資会社の株主協定には両社の担当者らが署名。「本契約の当事者は、当社が特例会社として、税務目的でケイマン諸島に常駐していることを確認し、そのような税務上の地位が維持されることを確保するためにすべての合理的な努力をする」とあり、税負担の軽減が目的とも受け取れる。

日本郵船と大阪ガスは「会社運営の円滑化を目的に会社をケイマン籍にしたが、現地の法令に従い、免税会社となっている。協定の税務に関する部分は努力規定で、日本で親会社の所得に合算して適切に利益の申告と納税をしている」と説明する。

◎東京海上日動火災保険

英領バミューダ諸島は、大規模災害に備え、保険契約の一部や全部をほかの保険会社に引き受けてもらう「再保険」の一大マーケットとして知られ、日本の大手損害保険会社も進出している。東京海上日動火災保険は2000年、再保険子会社をバミューダに設立。現在は本社をスイスに移し、そのバミューダ支店として主に欧州や米国の保険を引き受け、日本人2人を含む従業員約80人が働く。同社は「実体のあるビジネスのため、日本では課税されない。また、スイスでは支店の利益は課税対象外で、バミューダに帰属する支店所得は課税されていない」としている。

◎**ソフトバンク**

2000年、世界銀行グループと共同でネット関連企業を米シリコンバレーに設立し、英領バミューダ諸島に登記した。「途上国でのネット関連企業の育成を目的に共同で会社を設立したが、本格的な活動に至らず、すでに清算した。10年以上前の話で、経緯の確認はできない」とコメントした。

◎**東京電力**

フィリピンの電力事業に参入するため、オランダにある子会社が丸紅と共同出資して会社をフィリピンに設立。その会社が英領バミューダ諸島に子会社2社を保有していた。「(米企業から電力事業を)買収後の組織再編の過程でバミューダの2社は清算した。1社は米企業から買収した会社を社名変更した会社で、組織再編や清算は各国の法制度に従い適切に実施している」とコメントした。

◎**住友商事**

中東アブダビの発電・造水事業を手がけるケイマンの事業体に、オランダ子会社が出資し、配当を受領した。「ケイマンの事業体を含むスキームについては事業権益取得前から組成されている。オランダ法人を経由しても、経由しなくても納税額に差はなく、適切に課税処理している」とコメントした。

◎商船三井

液化天然ガス船を保有するケイマンの会社の株式を東京ガス子会社に譲渡した。「船舶の取得手続きを機動的に行うため、外国に特別目的会社を設立している。ケイマンの会社の所得は日本で適切に税務申告している」とコメントした。

◎京阪ホールディングス

中国・大連の不動産開発プロジェクトに投資するため、中国企業の提案を受けてケイマンの会社への出資を検討した。「検討はしたが事業化に至っておらず、コメントすることはない」と回答した。

◎UHA味覚糖

中国現地法人の上場を計画し、持ち株会社設立を目的にケイマンに会社を設立した。「社長の個人出資で会社を設立したが、中国経済が落ち込み、上場を見合わせたため、持ち株会社に至っていない。休眠状態で会社活動をしていない」とコメントした。

*

日本とタックスヘイブンとの関係について、三木《みき》義一《よしかず》青山学院大学教授（租税法）は記者の取材に次のように語った。

「タックスヘイブンの利用について、日本企業では、租税回避を目的としているのは一部で、（税制や規制などで有利な国に船籍を置く）便宜置籍船や海外の企業の買収などが多いといわれている。一方で、日本で納税されるべきお金がタックスヘイブンに流れているのも事実だ。タックスヘイブンは『守秘性』が高く、通常はその利用法が適切かどうか、一般市民が知るすべさえない。その闇に光をあてる意味でも、秘密文書がその一部をつまびらかにする意義は大きい。本来であれば、企業が積極的に開示していくのが望ましいだろう」

英国に本拠を置く国際NGO「税公正ネットワーク」（タックス・ジャスティス・ネットワーク）の研究者は、企業の税逃れによって日本では2013年に約468億ドル（5兆円規模）の税収が失われたと推計しており、それは米国、中国に次ぐ規模となっている。

世界の政治家や君主ら127人

パラダイス文書には、世界各国の政治家や君主らの名前が含まれていた。ＩＣＩＪのまとめでは、計127人に上った（2017年11月時点）。

タックスへイブンに設立された企業の役員になるなど、何らかの関わりをうかがわせる文書が見つかった人たちだ。関与の度合いは人によって異なり、必ずしも違法行為をしているわけではない。パナマ文書では、資産隠し疑惑が持たれたアイスランドやパキスタンの首相が辞任に追い込まれた。一方、亡父の名前があったデービッド・キャメロン英首相（当時）は自らの関与を否定。同じくパナマ文書に名前があったアルゼンチンのマウリシオ・マクリ大統領も「法律を守っており、隠すことは何もない」と疑惑を否定した。

ただちに問題視されるものばかりではない一方で、各国の政治家や君主らとタックスへイブンとの関わりが、パナマ文書に続いて明らかになった。

文書に名前が載っていた各国の政治家や君主ら

敬称略

アフリカ **リベリア**
エレン・ジョンソン・サーリーフ
Ellen Johnson Sirleaf
大統領

アジア **日本**
鳩山由紀夫
Yukio Hatoyama
元首相

アジア **パキスタン**
シャウカット・アジズ
Shaukat Aziz
元首相

欧州 **オーストリア**
アルフレッド・グーゼンバウアー
Alfred Gusenbauer
元首相

欧州 **英国**
エリザベス2世
Elizabeth II
女王

中南米 **コロンビア**
フアン・マヌエル・サントス
Juan Manuel Santos
大統領

中南米 **コスタリカ**
ホセ・マリア・フィゲレス
Jose Maria Figueres
元大統領

中東 **カタール**
ハマド・ビン・ハリファ・アルサニ
Hamad Bin Khalifa Al-Thani
元首長

中東 **カタール**
ハマド・ビン・ジャシム・ビン・ジャブル・アルサニ
Hamad Bin Jasim Bin Jaber Al-
元首相

北米 **カナダ**
ポール・マーティン
Paul Martin
元首相

北米 **カナダ**
ブライアン・マルルーニー
Brian Mulroney
元首相

北米 **カナダ**
ジャン・クレティエン
Jean Chretien
元首相

地域別人数

アフリカ	アジア	欧州	中南米	中東	北米
8人	24人	34人	20人	25人	16人

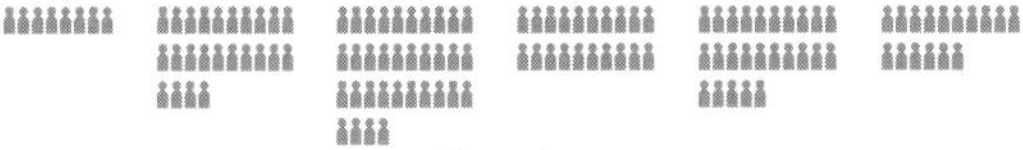

計127人

パラダイス文書に名前が載っていた政治家、君主ら（ICIJまとめ）

地域	国	肩書	名前
北米	カナダ	元首相	ポール・マーティン
北米	カナダ	元首相	ブライアン・マルルーニー
北米	カナダ	元首相	ジャン・クレティエン
北米	米国	元証券取引委員会委員	ポール・アトキンス
北米	米国	上院議員	アンガス・キング
北米	米国	元国務長官	ローレンス・イーグルバーガー
北米	米国	元ニューヨーク副市長	ダニエル・ドクトロフ
北米	米国	元ニューヨーク州知事	ジョージ・パタキ
北米	米国	元住宅都市開発長官	ジャック・ケンプ
北米	米国	元退役軍人長官	ロバート・マクドナルド
北米	米国	元アラスカ州知事	スティーブ・クーパー
北米	米国	元商務長官	ペニー・プリツカー
北米	米国	元ハワイ州知事	リンダ・リングル
北米	米国	商務長官	ウィルバー・ロス
北米	米国	元ＮＡＴＯ司令官	ウェズレイ・クラーク
北米	米国	元国務長官	レックス・ティラーソン
中南米	アルゼンチン	金融相	ルイス・カプト
中南米	アルゼンチン	エネルギー鉱業相	フアン・ホセ・アラングレン
中南米	ブラジル	元上院議員	リカルド・フランコ
中南米	ブラジル	財務相	エンリケ・メイレレス
中南米	ブラジル	農務相	ブライロ・マジ
中南米	コロンビア	元国防相	ホルヘ・アルベルト・ウリベ
中南米	コロンビア	元法務副大臣	マリア・マルガリータ・ズレタ
中南米	コロンビア	元国防相、元法務相	フアン・カルロス・エスゲラ
中南米	コロンビア	元国防相	ガブリエル・シルバ
中南米	コロンビア	大統領	フアン・マヌエル・サントス
中南米	コスタリカ	元大統領	ホセ・マリア・フィゲレス
中南米	エルサルバドル	民族主義共和同盟顧問	ロベルト・マレー・メサ
中南米	エルサルバドル	元外相	マリア・ユージニア・ブリスエラ

地域	国	肩書	名前
中南米	エルサルバドル	元副大統領	カルロス・キンタニージャ・シュミット
中南米	グアテマラ	元国会議員	マヌエル・アギーレ
中南米	メキシコ	元警察相	アレハンドロ・ゲルツ・マネロ
中南米	メキシコ	プエルトバジャルタの政治家	ルイス・ゴンザレス・コロナ
中南米	メキシコ	制度的革命党議員	ホルヘ・メンドーサ・ガルサ
中南米	ベネズエラ	元石油相	エウロヒオ・デル・ピノ
中南米	エクアドル	元大統領選候補者	ギレルモ・ラッソ・メンドーサ
中東	アルジェリア	元エネルギー相	ノルディーヌ・アイトラオシン
中東	イラク	スンニ派リーダー	ムドハル・シャウカット
中東	ヨルダン	ヨルダン前国王王妃	ヌール・アル＝フセイン
中東	クウェート	元副首相	ファイサル・ハッジ・ブカドール
中東	レバノン	元国務相	アドナン・カサール
中東	レバノン	元経済・貿易相	ナセル・サイディ
中東	レバノン	元環境相	ナゼム・コーリー
中東	カタール	王族	ハマド・ビン・ナセル・ビン・ジャシム・アルサニ
中東	カタール	王族	ハーリド・ビン・ハリファ・ジャシム・ファハド・アルサニ
中東	カタール	財務相	アリシャリーフ・アルエマディ
中東	カタール	元首長	ハマド・ビン・ハリファ・アルサニ
中東	カタール	カタール中央銀行副総裁	ファハド・ファイザル・T・アルサニ
中東	カタール	カタール投資庁長官	アブドラ・ビン・ハマド・アルサニ
中東	カタール	経済通商相	アフメド・ビン・ジャシム・ビン・モハメド・アルサニ
中東	カタール	元首相	ハマド・ビン・ジャシム・ビン・ジャブル・アルサニ
中東	オマーン	財務省事務局長	ダーウィシュ・ビン・イスマイル・アルバルシ
中東	サウジアラビア	元王妃	アルジャハラ・イブラヒム・アルイブラヒム
中東	サウジアラビア	皇太子	サウード・ビン・ファハド・ビン・アブドルアジズ・アルサウード

地域	国	肩書	名前
中東	サウジアラビア	元国防副大臣	ハーリド・ビン・スルタン・ビン・アブドルアジズ
中東	サウジアラビア	元商業副大臣	アブドル・ラーマン・アブドラ・アルザミル
中東	アラブ首長国連邦	元保健相	アフマド・サイード・アルバディ・アルダーヘリ
中東	アラブ首長国連邦	ドバイ首長	ムハンマド・ビン・ラーシド・アルマクトゥーム
中東	アラブ首長国連邦	アブダビ皇太子兼 UAE軍副最高司令官	ムハンマド・ビン・ザーイド・アルナヒヤーン
中東	アラブ首長国連邦	王族	アルネヒヤーン・シェイカ・ファティマ・ビント・ハッツァ・ビン・ザーイド
中東	イエメン	元石油相	ラシド・ガマル・アルカフ・フセイン
欧州	オーストリア	元首相	アルフレッド・グーゼンバウアー
欧州	フランス	元ジュラ県議会議員	ピエール・ベニシュ
欧州	ジョージア	国会議員	コバ・ナコピア
欧州	ドイツ	元首相	ゲアハルト・シュレーダー
欧州	ドイツ	自由民主党メンバー	ハラルド・ライブレヒト
欧州	英王室属領ガーンジー島	元首席大臣	リンドン・トロット
欧州	英王室属領マン島	元首席大臣	ドナルド・ゲリング
欧州	英王室属領マン島	元立法評議会メンバー	ダドリー・バット
欧州	英領 バミューダ諸島	政治家	エドモンド・グラハム・グラント・ギボンズ
欧州	リトアニア	欧州議会メンバー	アンタナス・グオガ
欧州	モナコ	駐英特命全権大使	エヴェリン・ゲンタ
欧州	ロシア	元副首相・経済相	アレクサンドル・ショーヒン
欧州	ロシア	下院議員	アレクサンドル・スコロボガツコ
欧州	ロシア	下院議員	アレクセイ・ペトロビッチ・エズボフ
欧州	ロシア	ロシア・タタールスタン 共和国議会議員	シャハガト・タクハウトディノフ
欧州	ロシア	元上院議員	ウィタリー・マルキン
欧州	ロシア	元エネルギー相	ゲネラーロフ・セルゲイ・ウラジーミロビッチ

地域	国	肩書	名前
欧州	英国	王族	チャールズ皇太子
欧州	英国	上院議員	ピーター・イング
欧州	英国	元上院議員	ジェームズ・サスーン
欧州	英国	王族	エリザベス女王
欧州	英国	元下院議員	アントニー・ボールドリー
欧州	英国	元保守党幹事長	ジェレミー・ハンリー
欧州	英国	元下院議員	アーチボールド・ノーマン
欧州	英国	元保守党財務局長	ジョナサン・マーランド
欧州	英国	上院議員	ピータ・バスクーム
欧州	英国	上院議員	サイモン・ウォルフソン
欧州	英国	元保守党幹事長	マイケル・アシュクロフト
欧州	英国	元外相	マルコム・リフキンド
欧州	英国	元保守党財務局長	ジョージ・マガン
欧州	ウクライナ	元副首相	ワレリー・ウォシュチェフスキー
欧州	ウクライナ	元国会議員	アントン・プリゴドスキー
欧州	ウクライナ	元国会議員	コスチャンチン・ゼバゴ
欧州	ウクライナ	元国会議員	アンドリイ・ウェレフスキー
アフリカ	ケニア	元農業相	サリー・コスゲイ
アフリカ	リベリア	元大統領	エレン・ジョンソン・サーリーフ
アフリカ	ナイジェリア	上院議長	ブコラ・サラキ
アフリカ	ナイジェリア	投資促進委員会委員	ジム・オヴィア
アフリカ	ナイジェリア	貿易相	オケチュク・エネラマ
アフリカ	南アフリカ	大統領	シリル・ラマポーザ
アフリカ	ウガンダ	外相	サム・カハンバ・クテサ
アフリカ	ザンビア	野党指導者	ハカインデ・サミー・ヒチレマ
アジア	中国	元全国政治協商会議メンバー	羅康瑞(ルオ・カン・ロイ)
アジア	中国	元全国政治協商会議メンバー	李文俊(リー・ウェン・チュン)
アジア	中国	元全国人民代表大会メンバー	チョウ・ドン・ジャン

地域	国	肩書	名前
アジア	中国	元全国人民代表大会メンバー	郭広昌(クオ・コワン・チャン)
アジア	中国	元全国人民代表大会メンバー	譚恵珠(タン・ホイ・チュー)
アジア	インド	元内閣官房長官	T・S・R・スブラマニアン
アジア	インド	元通信相	ダヤニディ・マラン
アジア	インド	元タミルナードゥ州議会議員	クンチサパダム・バラスブラマニアン
アジア	インド	上院議員	ラビンドラ・シンハ
アジア	インド	民間航空担当閣外大臣	ジャヤント・シンハ
アジア	インドネシア	元大統領候補	スビアント・プラボウォ
アジア	インドネシア	政治家	ロイ・ジャニス
アジア	インドネシア	元工業相	ファーミ・イドリス
アジア	日本	元首相	鳩山由紀夫
アジア	日本	元総務副大臣	内藤正光
アジア	カザフスタン	元石油・ガス相	サウアト・ミンバエフ
アジア	カザフスタン	国防相	ベイブート・アタムクロフ
アジア	カザフスタン	政党創始者	ムフタール・アブラザフ
アジア	マレーシア	元貿易相	ジャマルディン・ジャルジス
アジア	パキスタン	元首相	シャウカット・アジズ
アジア	シンガポール	貿易産業相	S・イスワラン
アジア	シンガポール	メキシコ大使	ケン・イェン・チュア
アジア	シンガポール	元経済開発庁委員	チョン・ゴー
アジア	タイ	元内相	コウィット・ワタナ

表作成:谷口正孝

おわりに

「税金を払っても、腐敗した政治家たちの懐に入るだけ。世の中を変えるには彼らを干上がらせるしかない」

2011年10月、ギリシャの首都アテネ中心部。国会議事堂前のシンタグマ広場には、失政が招いた緊縮財政と不景気に対する怒りが充満していた。デモに参加した約5万人の市民の中に「税金不払い運動」を名乗る人たちがいた。その一人、医師のレオニダスさん(29)が、記者に向かってそう言ったのだった。

財政危機に陥ったギリシャは、欧州連合(EU)と国際通貨基金(IMF)などから融資を受ける代わりに、厳しい緊縮財政をとった。付加価値税(消費税)は19%から23%に。不動産税も新設された。税が庶民の暮らしを直撃した。若年層の失業率は40%に達した。

増税で経済は冷え込み、見込んだ税収が得られず、さらに税率が上がるという「負のスパイラル」に陥った。だがギリシャにとって真の問題は、レオニダスさんが言ったように、資産を国外に移して蓄える政治家ら富裕層の税逃れだった。

記者は、約20年前の駆け出しの頃に先輩記者から折に触れて掛けられた言葉を思い出した。

「いいか、記者はタックスペイヤーの視点を忘れてはいけないぞ」

税は、お上に召し上げられ、意のままに使われる年貢ではない。市民がみなで出し合い、日々暮らしていくための社会サービスに使われるべき大事なお金だ。

税はまさに国の基盤。そのお金がどのように再分配されているか、市民には知る権利がある。だからこそ透明度の高い情報開示が必要だし、議員や行政の動きの取材は欠かせない。

税の使われ方を隠し、自分たちの都合の良いように使おうとする人たちがいるならば、丹念な取材で追い、その実態を伝えなければいけない。

その教えの通り、これまで辿《たど》ってきた取材現場は「税と再分配」のあり方とともにあった。

ベネズエラやボリビア、ブラジル、アルゼンチンなどの南米各国では21世紀初頭、左派政権が次々と誕生した。1990年代の右派政権が旗振り役を務めた大企業最優先の「新自由主義経済」に対抗。資源高で企業が得た利益を税として取り立て、格差是正に役立てるとアピールした。

EUが求める緊縮財政によって経済が冷え込んだのは、ギリシャだけでなく、イタリアやスペインも同じだった。金融マーケットに首根っこをつかまれたかのような既成政治に「ノー」を突きつける動きが各国で起きた。

リーマン・ショック後の米国では、金融街ウォール街を占拠する抗議運動「オキュパイ・ウォール街」が起きた。

一握りの富裕層に対して、怒る若者たちは「1%対99%」のスローガンを掲げた。その怒りは、16年の米大統領選で「民主社会主義者」を名乗るバーニー・サンダース上院議員の旋風につながった。

「公正な再分配」を求める声が、いま世界の資本主義各国で巻き起こっている。

そんななかで、「1%」の側の錬金術の一端が明るみに出たのが、ICIJによる2016年の「パナマ文書」報道だった。各国首脳や大企業の名前が取りざたされ、いくつかの国では首脳が辞任に追い込まれた。

次いで「パラダイス文書」である。

世界の格差の問題を凝縮したような、タックスヘイブンについて、いかにわかりやすく、読者を含む市民に伝えるか。

朝日新聞では、ＩＣＩＪでの取材が長い奥山俊宏編集委員のもとに、国際報道部・特別報道部・社会部の３部の記者が集まり、「ＩＣＩＪ取材班」と呼ぶべきチームが生まれた。いずれもこれまで国内外で調査報道や事件報道に携わってきた頼もしい記者たちだ。

国際報道部と社会部が海外の首脳や大企業、特別報道部が日本国内の人や企業と、大まかな取材担当を決め、文書や資料を読み込んだ。

デジタル編集部や、英文発信の国際発信部も加わり、世界一斉の報道開始日に向けて、機密保持を徹底するために東京本社３階の窓のない小部屋で連日作業を続けた。

志を同じくする世界各国の記者たちから寄せられるリポートは、どれも具体的で、タックスヘイブンの現実を広く世に示したいという熱意を帯びたものだった。

込み入ったチャートや無味乾燥な数字の羅列ではない。タックスヘイブンの恩恵を享受する人々と、一方で不公正な税のあり方に苦しむ人々の営みがそこにはあった。

「このリポートを手がかりに、私たちも、この現場にあらためて足を運ぼう。アフリカやインド洋など、ふだんはあまり報じられることのない国々を訪れ、タックスヘイブンとは何なのか、読者にわかりやすく示そう」

記者たちは現場に飛び、約1カ月にわたって朝日新聞国際面で「連載・パラダイス文書」を続けた。

この連載が、この本の大きな柱となっている。

取材については、世界に36拠点を持つ朝日新聞の海外取材網の全面協力も得た。特にタックスヘイブンに関する取材を積み重ねてきた寺西和男ヨーロッパ総局員には助けられた。なぜ英海外領や英王室属領にタックスヘイブンが多いのかという理由や、バミューダ諸島のリチャーズ元副首相インタビューなどは、彼がこれまでに記してきた記事から得た情報である。

またマルタでの調査報道記者爆殺事件については喜田尚モスクワ支局長が取材した。石原孝ヨハネスブルク支局長は、アフリカ取材についてのリサーチ、取材助手の工面などで力になってくれた。

国際報道部、特別報道部、社会部の同僚は、パラダイス文書がはらむ問題の大きさに当初から着目して取材班を鼓舞し、世界各地への出張取材を勧めるなど、おおいに背中を押してくれた。

もちろん、パラダイス文書そのものを入手した南ドイツ新聞の記者たち、世界中のメディアを束ねて調査報道の陣頭指揮をとったＩＣＩＪの記者たちにも重ねて感謝したい。

そして今回の出版にあたっては、朝日新聞出版の担当編集者、内山美加子さんに感謝したい。彼女の的確な指摘と忍耐強い対応がなければ、この本はまとめられなかった。

「パラダイス文書」を丹念に読み込み、それを基にタックスヘイブンの現場を歩いた結果をまとめたこの本で、読者のみなさん一人ひとりに「タックスペイヤー」としての意識と視点を共有していただけるなら、取材のとりまとめにあたった者として、これ以上の喜びはない。

２０１８年３月　石田　博士

解説

ジャーナリスト　池上　彰

この本の内容を一言で言えば、「不正」と断定できないもどかしさを感じながら、記者たちが事実に肉薄しようとする調査報道のドキュメントです。調べると、道義的に問題があるのではないかと思われる取引の数々が浮上する。そこで、いざ報道して告発しようとすると、「で、何が問題なわけ?」と相手から反撃されかねない。だって、どこの国の法律にも違反していないから。

法律に違反しない行為を、何の権限があって報道するのか。そう問い詰められたら、記者はどう答えるべきなのか。本書には、その苦悩が詰まっています。

いわゆる調査報道とは、警察や検察などの捜査機関が捜査しない事柄を綿密に調査し、問題点を明らかにするもの。その報道によって捜査機関が動き、犯罪として摘発することもあれば、政治が動いて対策が取られ、問題が起きないようにすることもあります。

ところが、タックスヘイブンは個々の国の法律には違反しないように設計されているものが多いのです。個々の国の法律の違いによって、他国との間に法制度上の隙が生まれる。そこを突いて活動しているため、法律違反で告発することができないものが多いという構図です。

それどころか、資源や産業に恵まれない小国は、敢《あ》えてタックスヘイブンになることによって経済発展を目指します。そういう国に対して、「そんなことはやめろ」と言うことができるのだろうか。

本書に登場する記者たちは、そんな悩みを抱えながら取材を続けています。記者の取材活動がどんなものか、その手の内がかなり赤裸々に公開されているので、読者にとっては興味深いものでしょう。

新聞記者たちも人の子。困難な課題に直面して悩み、自分の仕事の意味を自問自答しながら報道すべき内容を絞り込んでいきます。

タックスヘイブンとは、「タックスヘブン」ではありません。「タックスヘブン」は「税金天国」とでも訳せましょうか。これに対して「タックスヘイブン」は「租税回避地」と訳されます。得た収入を、その地に送れば税金を逃れることができるという意味です。結果的に「税逃れの者の天国」になります。

タックスヘイブンをめぐっては、２０１６年4月に報道が始まった「パナマ文書」が有名です。中米パナマの法律事務所「モサック・フォンセカ」から流出した膨大な量の内部文書です。南ドイツ新聞に匿名の人物が大量の電子データを送りつけたことから調査が始まりました。その分量たるや、40年間にわたる１１００万件以上の文書の電子データでした。デジタル時代になったことで、膨大な電子データが瞬時に流出するようになったのです。

データには世界各国の企業や人物に関する情報があったことから、南ドイツ新聞は、国際調査報道ジャーナリスト連合（ＩＣＩＪ）に連絡。各国のメディアと協力して取材を進め、世界同時に報道されました。ＩＣＩＪには日本から朝日新聞と共同通信が参加していました。その後、ＮＨＫも加わります。

報道する側が「パナマ文書」と名付けましたが、税逃れの手口はパナマだけを舞台にしたものではありません。各国の首脳や金持ちが、イギリス領バージン諸島やバハマなどにペーパーカンパニーを設立して自国での納税を逃れていました。これをパナマの法律事務所が手引きして多額の手数料を得ていたのです。

この報道は世界に大きな衝撃を与えました。各国の有力政治家の名前があったからです。このうちアイスランドのグンロイグソン首相は、リーマン・ショックの影響で自国が金融危機に陥っていたときにタックスヘイブンを利用していたことが判明。首相退陣を求める怒りのデモが起き、首相は退任を余儀なくされました。

パキスタンのナワズ・シャリフ首相も息子や娘がタックスヘイブンに会社を持っていたことが判明し、退任に追い込まれました。

さらにロシアのプーチン大統領の友人の音楽家が20億ドルの金融取引を行っていたことが判明すると、プーチン大統領は、「楽器を購入するためだったのだろう」と言ってのけたのです。誰もが、この資金が音楽家の名義を使った友人の取引のものだろうと思ったのですが。

また、中国の習近平国家主席の義兄（姉の夫）がバージン諸島に二つの法人を設立していたこともわかりましたが、中国国内では一切報じられず、インターネットで検索することもできなくなりました。「汚職撲滅」をスローガンに圧倒的な力を築いてきた習近平主席の裏の顔が見えたのです。

日本でも報道を受けて国税当局が調査を開始。文書に名前のあった個人や企業が税の中告漏れを指摘されて追徴課税を受けました。

この事実が報道された後、私も「モサック・フォンセカ」を取材しました。パナマの首都パナマシティの中心部の路地裏のような場所に、こぢんまりとした建物がありました。地味で目立たない建物ですが、警備だけは厳重でした。こういう業務は目立たないことが肝要なのでしょう。

「モサック・フォンセカ」は、何者かによるハッキングの被害にあって情報が流出したと主張。自分たちは被害者だと主張しましたが、2017年2月になって経営者のユルゲン・モサックとラモン・フォンセカの2人はマネーロンダリングの容疑でパナマの検察当局に逮捕されました。

その後、2018年3月、「モサック・フォンセカ」は事務所を閉鎖すると発表しました。仕事の内容がこれだけ明らかになっては、顧客が逃げ出し、新規の顧客も集めることができなくなったからでしょう。

しかし、タックスヘイブンを利用したいと考える人物や企業は、いくらでもいるはず。「モサック・フォンセカ」に代わる法律事務所もまた、次々に生まれてくることでしょう。国際的な協調によって抜け道を塞がない限り、タックスヘイブンは根絶できないのです。

一連の報道の結果、追い込まれた政治家や企業家がいる一方で、報道する側にも犠牲者が出ました。2017年10月、地中海のマルタ共和国でパナマ文書をもとに政府を追及していた女性ジャーナリスト、ダフネ・カルアナガリチアさん（53）が自動車に仕掛けられた爆弾で殺害されました。国によっては、報道は命がけなのです。

パナマ文書の報道によって、世界各地で有力者が窮地に追い込まれたのを見て、内部情報を明らかにすることは効果があると考えた人物がいたのでしょう。今度はイギリス領バミューダ諸島に拠点を置く法律事務所「アップルビー」の顧客情報が、パナマ文書と同じ南ドイツ新聞に送り届けられました。こちらも世界の報道機関が協力して調査。2017年11月に一斉に報じられました。

報道機関としては、この新たな文書に名前をつけたいところ。各国の報道機関がアイデアを出し合った結果、「パラダイス文書」と名付けられました。事務所が拠点を置くバミューダは「地上の楽園（パラダイス）」と呼ばれるほど魅力のある場所ですし、税逃れを狙う者たちにとっても「パラダイス」だからです。記者たちの発想が愉快です。

しかし、真面目な納税者にとっては、けっして愉快なことではありません。前回のパナマ文書が氷山の一角だったことが明白になったからです。

パナマ文書ではアメリカ国内の顧客情報がなかったのですが、こちらの文書では、トランプ政権の現職閣僚であるウィルバー・ロス商務長官の名前が登場しました。ロシアがクリミア半島を併合したことに対してアメリカは経済制裁を科しています。ところが、ロス長官や側近が、制裁対象になっているロシアの企業に投資して利益を得ている海運会社に関わっていたのです。

トランプ政権は、ロシアの政財界との不透明な取引をめぐってFBIと特別検察官の捜査を受けているところ。こんな状況でもロシアとの関係が深い人物を重要閣僚に登用するトランプ大統領は何を考えているのか。トランプ大統領とロシアの関係が透《す》けて見えるのです。

このパラダイス文書の内容を追ったドキュメントの本書は、タックスヘイブンの存在が、単に税逃れの仕組みにはとどまらない深刻な悪影響を世界に与えていることを描き出します。アフリカの富が現地にとどまらずに国外に流出する仕組みを暴いたルポルタージュは衝撃的です。

日本の報道機関としては、パナマ文書では途中から参加したNHKが当初から加わり、情報交換をしています。新聞記者と放送局の記者では取材手法も報じ方も異なります。世界各国の記者たちが同時に取材に入っても、国によって取材ルールが異なる戸惑いも描写されています。

タックスヘイブンは、国境を越えた税逃れのシステム。各国の税務当局の調査には限界があります。だからこそ、国境を越えたジャーナリストの協力が必須となります。グローバルな〝悪事〟にはグローバルな調査報道を。試行錯誤しながら調査を積み重ねる報道機関同士の連帯は、やがてもっと大きな成果を生み出す可能性を示しています。

2018年3月

執筆者■朝日新聞ICIJ取材班（五十音順）

奥山俊宏○編集委員
おくやま・としひろ／１９６６年、岡山県出身。89年、入社。社会部などを経て特別報道部へ。近著に『パラダイス文書――連鎖する内部告発、パナマ文書を経て「調査報道」がいま暴く』（朝日新聞出版）

北川慧一○特別報道部記者
きたがわ・けいいち／１９８１年、京都府出身。２００６年、入社。大阪経済部や東京経済部などを経て現職。労働組合や電機・流通業界の取材を担当。共著に『非正規クライシス』（朝日新聞出版）など。

高野　遼○社会部記者
たかの・りょう／１９８５年、茨城県出身。２００７年、入社。東京社会部、国際報道部、英国留学（国際関係学修士）などを経て、17年９月から現職。裁判・検察など司法分野の取材が長い。

軽部理人○国際報道部記者
かるべ・りひと／１９８７年、東京都出身。２００９年、入社。大分総局、長野総局、編集センターを経て国際報道部へ。現在は中東・北米関連を中心に、国内での取材を担当している。

木村健一○特別報道部記者
きむら・けんいち／１９７７年、神奈川県出身。２００２年、入社。07年から福岡、大阪、東京のスポーツ部でプロ野球やロンドン五輪などを取材。国際報道部や英国留学を経て、17年４月から現職。

野上英文○国際報道部記者
のがみ・ひでふみ／１９８０年、兵庫県出身。２００３年、入社。大阪社会部、経済部、米国留学などを経て現職。10年には大阪地検特捜部の証拠改竄事件を調査報道した。共著に『ルポ 橋下徹』『プロメテウスの罠４』『証拠改竄』など。

疋田多揚○国際報道部記者

ひきた・さわあき／1980年、千葉県出身。2006年、入社。盛岡総局で東日本大震災などを取材。政治部では復興庁や財務省を担当。16年から国際報道部。フランス留学を経て18年4月からパリ支局長。

石田博士○国際報道部次長

いしだ・ひろし／1970年、岡山県出身。94年、入社。横浜支局、東京社会部を経て国際報道部へ。元サンパウロ、ローマ支局長。新自由主義に抵抗する南米各国の動きや欧州債務危機下のギリシャ、クリミア紛争などを現地取材。

吉田美智子○特別報道部記者

よしだ・みちこ／1974年、山口県出身。99年、入社。大阪社会部検察担当、ブリュッセル支局などを経て、2017年5月から現職。共著に『プーチンの実像　証言で暴く「皇帝」の素顔』（朝日新聞出版）。

山本直樹○特別報道部次長

やまもと・なおき／1970年、三重県出身。93年、入社。社会部で国税、調査報道などを担当。2017年9月から現職。

パラダイス文書のデータは南ドイツ新聞が入手した。分析と取材には、ＩＣＩＪと提携する67カ国、96報道機関の記者ら３８２人が関わった。本書で紹介した記事に関わる主な海外の記者は次の通り。

サーシャ・シャフキン、マーサ・ハミルトン、スペンサー・ウッドマン、ライアン・シトゥム、ハービー・キャショア、ライアン・チッタム、ティム・ロビンソン、ジュリエット・ガルサイド、サイモン・バウワーズ、セシール・ガレゴ、シッラ・アレッチ、ウィル・フィッツギボン、ヤコバ・ラディー・バマ（順不同）

朝日新書
665

ルポ タックスヘイブン

秘密文書が暴く、税逃れのリアル

2018年4月30日第1刷発行

著　者　朝日新聞ICIJ取材班

発行者　須田　剛
カバーデザイン　アンスガー・フォルマー　田嶋佳子
印刷所　凸版印刷株式会社
発行所　朝日新聞出版
〒104-8011　東京都中央区築地5-3-2
電話　03-5541-8832（編集）
　　　03-5540-7793（販売）

Published in Japan by Asahi Shimbun Publications Inc.
ISBN 978-4-02-273761-8
定価はカバーに表示してあります。

世界の未来

エマニュエル・トッド他

資本主義とグローバリズムが民衆を収奪し、ポピュリズムと分断、憎悪が世界を暗雲のように覆う……。民主主義が機能不全を起こす中で、歴史的転換期に入った現代社会。不確実な未来を見通すための確たるビジョンを提示する。これが「世界の知性」の答えだ！

北朝鮮核危機！ 全内幕

牧野愛博

核戦争勃発か、回避か⁉ 秒読みの針は刻々と進む。核ミサイル武装に狂奔する金正恩体制の正体とその狙いは？ 米韓両国による「斬首作戦」の実行は？ 日韓中を巻き込む恫喝外交の真相は？ 北朝鮮当局筋に深く食い込む朝日新聞ソウル支局長が、徹底検証する。

語り継がれた西郷どん

発掘！ 維新スクラップブック

一坂太郎

西郷隆盛を中心に幕末から西南戦争までの薩摩士族や、その伴侶らの証言を発掘し、同時代人の肉声から「西郷とその時代」を浮き彫りに。著者は古書店で偶然、明治維新の立役者らの記事を集めた明治の新聞スクラップブックを発見した。その驚きの中身とは。

脳から身体を治す

世界のエリートは知っている最高の健康法

久賀谷亮

いまアメリカを中心に世界で、「脳から体の不調を治す医療」が注目されている。明らかな問題が見つからないにもかかわらず、なかなか改善しない症状。その多くは脳に原因があった！ 科学的根拠に基づいた「脳から健康になる」メカニズムを紹介。

朝日新書

幸福寿命
ホルモンと腸内細菌が導く100年人生

伊藤　裕

単純な寿命より健康寿命が重要だが、さらに進めて「幸せを感じられる期間」＝「幸福寿命」を追求しよう。愛情と共感をつかさどる「ホルモン」と、若さとエネルギーを生む「腸内細菌」の大いなる力によって、何歳でも幸せにすごすための健康戦略。

ゆるいつながり
協調性ではなく、共感性でつながる時代

本田直之

見せかけの人脈はもういらない――強すぎるタテ社会でも、弱すぎるネット社会でもない、共感でつながる第3の道。AI時代、人生100年時代を自由に生き抜くための新しいつながりの法則を、ベストセラー『レバレッジ人脈術』の著者が解き明かす！

ニュースの深き欲望

森　達也

ニュースとはなにか。そもそも情報とはなんだろうか。〈真実と偽り〉〈正義と悪〉の二項対立を超え、その狭間の無限の事象をとことん見つめて発信を続ける著者自らの証言。「世界はグレーゾーンで成り立っている」と唱える挑戦と希望の記録。

人口減少と鉄道

石井幸孝

人口減少で日本の鉄道は危機を迎える。2050年にはJR東海も利益が出なくなる？　早くから人口減に直面しつつ、豪華列車や外国人客誘致、多角経営で右肩上がりを続けるJR九州の初代社長が、成功事例を踏まえつつ、鉄道再生の方策を語る。

「六本木」には木が6本あったのか？
素朴な疑問で歩く東京地名ミステリー

谷川彰英

六本木には、実は地名の由来になった松の木がある？　まことしやかに語り継がれる地名の由来は真実か。「青山の青い山はどこにあるのか？」「池袋の『袋』は何の袋か？」など、実際に行って確かめた「最新」でありなおかつ〝最深〟の地名情報。

朝日新書

地方公立名門校

おおた としまさ

全国には地域の期待を担った公立高校が数多くある。気鋭の教育ジャーナリストが、全国区で有名な私立名門校に勝るとも劣らないハビトゥスを誇る「ご当地名門校」を巡り、そのあるべき姿、進むべき方向性を考察する。

睡眠負債

〝ちょっと寝不足〟が命を縮める

NHKスペシャル取材班

毎日の睡眠不足が借金のように蓄積していく睡眠負債。仕事などの活動の質が落ちるばかりか、がんや認知症といった命に関わる病気のリスクが高まってしまう可能性があるという。どう予防・対策すればいいか？ 大反響「NHKスペシャル」の新書化。

憲法の良識

「国のかたち」を壊さない仕組み

長谷部恭男

なぜ、今、憲法が話題になるのか。憲法は何のためにあるのか。どう読むのが正解か。近代ヨーロッパで生まれた立憲主義の意味や、世界水準の議論にもとづく自衛隊と9条論、自民党改憲草案のおかしさを、憲法学の第一人者が語り尽くす。

ルポ タックスヘイブン

秘密文書が暴く、税逃れのリアル

朝日新聞ICIJ取材班

バミューダ諸島の法律事務所から流出した秘密文書——。その大量データの分析をもとに取材班は、アフリカ、香港、インド洋へと訪れた。巨大企業と富裕層だけが得をする税逃れの生々しい実態とその仕組みを報告する。池上彰氏解説。

カミングアウト

砂川秀樹

性的少数者であることを打ち明ける——その時、どのような困難と葛藤があるのか。躊躇いながら「告白」を決断する当事者と、それを受け止めようとする家族。両者の関係はどのように作りなおされるのか。実際の事例から探る、LGBTの現在。